2018年度山西师范大学人文社会科学基金
（课题编号：SK1806）资助

QINGDAI DE XINXI CHUANDI YU
KEDAO JIANCHA

清代的信息传递与
科道监察 （1644—1820）

常冰霞 著

人民出版社

目　录

序　言

　　无论是"刀笔掾史，抱关之冗吏，荷戈之戍卒，朝陈封事，夕达帝阍"① 的言路大开，还是作为朝廷耳目上闻民生利害、官方优劣、政事得失诸事②的科道言官，其本质乃是一种信息传递，意在向皇帝表达政治利弊，以便其对纷繁复杂的政事做出合理决策。因此，言官的话语输出与言路的畅通无碍，不仅涉及制度运行，而且关乎决策合法与王朝统治，是中国传统政治文化中政治清明的基石。

　　在明代国家政治体制中，纠举百官的六科、督察院与监察外省各级官吏的巡抚、巡按，不仅构建了纵横交错的繁密监察网络③，而且承担着内外信息的下通上达与政治表达。不过，在满清统治者

---

　　① （清）张廷玉：《明史·列传第五十二》，卷一六四，中华书局 1974 年版，第 4461 页。

　　② 《清实录·圣祖仁皇帝实录》卷一二，中华书局 1985 年版，第 183 页。

　　③ 吴宗国主编：《中国古代官僚政治制度研究》，北京大学出版社 2004 年版，第 425—431 页。

的话语体系中，明朝国事为言官所坏①却成为朝廷内外的共识。言路的信息传递与皇权专制的强化之间，存在一种饶有趣味的守恒。若帝王勤政果敢、大权在握，言路往往会成为其掌控朝政、监察百官的信息传递渠道；若昏庸失德、阿柄下移，言路又会成为朋比团结、把持朝政的媒介，难掩亡国之咎。皇帝与言官之间审慎地权力博弈，因言路的信息搜集与整理功能变得更加生动细致。在满清统治者看来，明廷宗社不守的原因与隐于宦寺朋党交相构陷背后的言路失灵不无关联。因此，清前期君主在反思明亡教训时，往往着眼于晚明言路流弊引发的门户日分、擅威乱政、士气浇薄、民心涣散这一逻辑链条，进而对其科道监察体系进行制度层面的挪移、损益，以期构建"主流话语，掌握意识形态主动权"②。

　　在中国传统的政治体制中，言官的风闻言事与言路的畅通无碍，不仅是朝廷政事的政治表达，更是君主督察地方官员、掌控民

---

　　①　康熙五十二年九月，大学士等以科道内升外转事请旨，康熙帝谕：言路不可不开，亦不可太杂。明朝国事，全为言官所坏。《清实录·圣祖仁皇帝实录》，卷二百五十六，康熙五十二年九月甲戌。无独有偶，雍正亦曾以明季言路戒谕群臣："尝观前明季世，一二新进后生，窃居言路，遂朋比固结，挟制大臣，把持朝政，以至国是日非而不可挽。"见《清实录·世宗宪皇帝实录》，卷八十一，雍正七年五月辛未。及至乾隆，不仅谕令子孙"世守无斁"圣祖仁皇帝"明朝国事，全为言官所坏"之谕，而且警告群臣："言官习气，其所关于行政用人者实非浅鲜。朕若复崇尚虚文，故为曲意奖鹜，则明季弊政，炯鉴俱在。而欲稍为因循姑息，朕断断不肯出此……嗣后倘更有似此空言塞责、实行其私者，朕必明治其罪。"见《清实录·高宗纯皇帝实录》，卷五百七十七，乾隆二十三年戊寅。

　　②　罗冬阳：《明亡教训的清朝解题：论清前期的言路整饬》，《求是学刊》2012 年第 5 期。

间动态、把握朝廷权力的关键①。不过，言路的信息传递和政治表
达充分与否，同决策正确、王朝稳固并非必然的因果关系。因此，
在明国事为言官所坏论断的基础上，满清统治者试图通过限制言官
的自由表达实现其对言路的驾驭，力图将其限定为用于传递信息的
耳目之官。信息的搜集、处理、掌控、传布，不仅是历代朝政决策
的依据②，也是统治者开阔视听、延展皇权的重要手段。在汗权向
皇权转化的过程中，无论是努尔哈赤还是皇太极，始终对下情上达
的信息传递渠道青睐有加。从"人人得以进言"③的民隐上闻，到
"尽言直谏"④的鼓励与重视，无不表明作为信息反馈机制的言路
成为满清君王监察八旗官员、稽查内外旗务、传递政治信息的重要
武器。

　　在政简人稀、汗权掣肘的八旗议政时期，集矢于信息本身的进
言渠道无疑满足了君主的信息需求。然而，随着强化君权刚性需求
的增加，满洲王公大臣与提倡儒家政治伦理的汉臣之间，便不可避
免的出现纷争。究其根源，不仅在于满汉之间不同的处事差异，更
是汉家旧制与八旗制度间的本源性冲突。因此，君主一方面开始确
定首崇满洲的政治主张以压制汉臣对满清贵族的冲击，另一方面则

---

　　①　邓小南：《关于宋代政绩考察中的"实迹"：要求与现实》，《李埏教授
九十华诞纪念文集》，云南大学出版社 2003 年版，第 118—132 页。
　　②　邓小南：《信息渠道的通塞：从宋代"言路"看制度文化》，《中国社会
科学》2019 年第 1 期。
　　③　（清）罗振玉编：《天聪朝臣工奏议》，潘喆等编：《清入关前史料选辑》
第二辑，中国人民大学出版社 1989 年版，第 49 页。
　　④　《清实录·太宗文皇帝实录》卷八，中华书局 1985 年版，第 114 页。

审慎地变革明朝旧制以适应集权的需要。为了实现这一政治诉求，君主需要的并非明代深谙儒家政治伦理且不完全唯皇帝马首是瞻的科道体系，而是如臂使指且不涉朋党的言官群体与信息收集反馈渠道。所以，满清君主限制言官自由表达的权力、阉割言路的舆论监督与制约皇权机能①，便显得顺理成章与水到渠成。

在明代政治体制中，无论是六科的封驳，还是监察御史的封章奏劾，甚或代天子巡狩的巡按御史，无不因秩卑而权重彰显其监察内外的权力制衡与帝王心术。不过，在满清的政权建设过程中，无论以宁完我为代表的汉族官员如何言说"设官未备"②的弊窦，如何鼓吹言官纠劾带来的政治裨益，始终没有消除皇太极关于言官导致大明朝政败坏的认知以及其对言官诱发朋党搏击的防范。皇太极之所以不为所动，很大程度上源于"人人得以进言"的信息渠道以及直陈其恶、民隐上闻的言事方式。随着官僚体系日益浸入满清体制，人人进言的言事方式开始掺杂功利目的。为了消弭言路壅弊，皇太极在汉臣的建言下设立都察院。关于都察院之设，与其说是汉官群体的胜利，不若说是皇帝寻求稳定、有效、纯粹信息渠道的尝试。因为皇太极对其有着极为明确的政治预期，不仅掌控其言谏范围，而且引导其政治指向，进而成为监察百官、服务皇权的重要工具。

满清入主中原定鼎天下后，辽阔的疆域及纷繁的朝政，对信息

---

① 罗冬阳：《明亡教训的清朝解题：论清前期的言路整饬》，《求是学刊》2012 年第 5 期。

② 《清实录·太宗文皇帝实录》卷一〇，中华书局 1985 年版，第 148 页。

机制提出了更为高效、精准的需求。六科给事中的设立、巡按御史的派遣，不仅表明满清统治者着实看重下情上达、民隐上闻的信息传递渠道，而且科道言官在上位者的引导、鼓励下也确实起到了绳愆纠谬、匡正缺失、裨益国政的作用。不过，当科道陈奏触及八旗贵族核心利益时，满清统治者开始限制科道自由表达的政治权利。不仅停遣巡按御史，而且禁止风闻言事，试图以强制性政令的方式达到缓解满汉冲突、首崇满洲的政治目的。皇帝对科道"耳目之官"①的政治预期，与风闻奏事权丧失、据实陈奏碰撞后，不仅弱化了科道的言谏功能，而且力图将其限定为单纯的信息传递渠道。顺康时期，科道风闻之权的禁革虽有反复，却并非出于言事本身的考量，而是将之作为政治斗争中占据先手的工具。当皇帝不再集矢于裨益朝政的考量时，衍生于官僚体系中的科道渎奏塞责便在所难免。如此一来，科道不仅难以提供有效的政治信息，而且诱发下情上达不畅，再难成为皇帝掌控内外、监察百官的信息渠道。

　　为了弥补科道在信息传递方面的不足，康熙开始推行密折制度。无论是信息传递的准确、迅速，还是监察百官的职责与功效，密折远非风闻言事的科道所比。随着皇帝以日益娴熟地政治技巧运作密折咨访吏治、通达民意时，科道言官的职能在其侵夺之下不断萎缩，不仅疏奏稀少，而且缄默取容、无所建白。密折确实弥补了科道言官因介入党争而使信息壅蔽的弊病，但随着制度化色彩越来

---

① 《清实录·世祖章皇帝实录》卷六三，中华书局1985年版，第491页。

越重，其在信息传递方面的功能逐步削弱。当和珅擅权与关副军机①、商同缮写②等弊合流后，昔日参劾内外、周知利弊③的信息渠道沦为官员粉饰太平、虚捏报功的进阶之梯，以致皇帝在信息来源、监察官员上力有不逮。为了缓解信息的缺失，嘉庆帝遵"颁旨求言"之例，循"兼听则明、偏听则蔽"之训，谕令奏事之责者于用人、行政一切事宜封章密奏，使"民隐得以上闻，庶事不致失理"，试图通过一切事宜的"封章密奏"达到"周知天下之务"，并借此考察官员是否"尽公"以及"兴利除弊"的政治目的。④

随着广开言路谕旨的颁布，嘉庆帝对封章密奏的信息传递极为重视。不仅惩治和珅、褒奖诤臣，而且禁止副封、强调封章，试图借此重新确保信息高效、机密地传递。然而，通过行政命令建立起来的临时性信息渠道，虽然在一定程度上缓解了皇帝信息掌控的不足，却很难根治科道言事弱化引发的积弊。无论皇帝如何谆谆诫谕，妄言渎奏、干乞私情、妄行封奏等问题层出不穷。不过，嘉庆帝广开言路推动民隐上闻、下情上达，却使其有效地调控了日渐严重的吏治腐败。因此，当言路的渎奏浮词再难承担信息传递之责

---

① 中国第一历史档案馆编：《嘉庆道光两朝上谕档》第四册，广西师范大学出版社 2000 年版，第 17 页。

② 中国第一历史档案馆编：《嘉庆道光两朝上谕档》第四册，广西师范大学出版社 2000 年版，第 68 页。

③ 胡鸿廷：《清代官制研究》，五南图书出版公司 1999 年版，第 25 页。

④ 中国第一历史档案馆编：《嘉庆道光两朝上谕档》第四册，广西师范大学出版社 2000 年版，第 11 页。

时，嘉庆又借助京控涵涉的庞杂信息评判地方官员的政绩，进而以派员委审的方式整饬地方吏治。然而，科道耳目之官的设定导致的监察缺失，却并非此类不断变换的临时性举措所能弥补。随着广兴案的爆发以及地方弊政的呈现于外，满清限定言官自由表达、阉割科道监察权的政治策略最终走向崩溃。

在解构中国传统社会的政治架构时，监察在官僚政治及专制皇权的解析框架内仅占一隅。不过，随着西方理论的引入以及不同学科间学术对话的加深，学界对中国传统政治制度中监察问题的反思日益增加。"官僚责任制度的运作是围绕着对信息的控制而展开的"，[①] 因此，集矢于信息视角对科道监察权的贯通考察，不仅可以探究信息与皇权、监察失控、制度失灵等深层次问题，也可通过巡按停遣、风闻禁革、封章密奏、开禁京控等规则变动解读信息传递背后深层次的政治内涵。

---

① ［美］孔飞力：《叫魂：1768 年中国妖术大恐慌》，陈兼等译，生活·读书·新知三联书店 2012 年版，第 157 页。

绪　　论

一、研究缘起

对于清朝君主而言，如何掌控精密复杂且遍布各地的官僚体系，不仅是一个政治问题，也是一个民族问题。为了达到下情上达、周知天下的政治目的，清王朝构建了一套集思广益、祛除壅弊的政治信息传递体系。无论是科道的"风闻奏事"，还是密折言事的机密、高效，甚或勤求民隐的广开言路，无不彰显皇帝对政治信息的重视及其监察内外的成效。

有效的控制政治信息渠道，不仅是皇帝强化皇权的基本手段，也是官僚体系谋夺政治利益的便捷途径。皇帝与官僚体系之间掌控信息多的一方，便在政治斗争中占据较为有利的主动地位。我们可以如此言述：官僚责任制度的运作，围绕着对信息的控制展开。无论是对"直陈其恶"的强调，还是帝王对言官"徇情不言""缄默苟容"的失望，信息渠道辗转变化的深层次原因，始终指向并围绕皇权强化展开。

早在部族政权时期，为了强化汗权、制衡权势渐增的和硕贝勒，努尔哈赤与皇太极便依靠人人进言的信息渠道，获取部族内外的社会、政治信息。无论是八大臣的"直陈其恶"，还是听断之事的"民情皆得上闻"，尤其是百姓"欲诉之言"皆可书悬于木，在构建自上而下的信息渠道时，也为汗权强化提供了坚实的信息支持。

随着清朝制度建设愈加完善，掌规谏、稽察之事的监察机构也逐步确立。然而，由此而来的"风闻奏事"之权却再次引发了清朝廷的震荡。清廷对科道"耳目之官"的设定，与其"风闻奏事"方式互为掎角。然而，清初的满汉矛盾以及日渐加剧的朋党之争，却将承担监察之责的科道牵扯其中，成为党同伐异、排斥异己的先锋。当科道作为皇帝"耳目"却不能满足皇权需求时，密折的出现以及皇帝对其的娴熟应用，使之成为一种更安全、准确、高效的政治信息渠道。

随着密折在信息传递方面的不足，嘉庆帝又采取广开言路、开禁京控等方式重新构建信息传递体系。然而，妄言渎奏的出现、外省积弊的严重以及科道监察的不足，却说明皇帝对信息机密的掌控始终无法解决由此衍生的壅蔽问题，反而因制度缺失导致了清代监察体系的坍塌。

学界对此问题的研究，多集矢于科道、密折、言路等直观对象，或从监察视角考察其功能、架构，或从制度史框架勾勒其源流、演变，很少将其纳入信息传递维度综合考察。如果将其看作一套信息收集与反馈机制，然后进行线性梳理与宏观分析，不仅能够洞悉皇帝监察天下的目的，也能了解科道监察权的削弱，进而描绘清代监察失控、弊窦丛生的深层次原因。

二、研究综述

为了更好地深入分析清代的信息渠道这一论题,我们需要认真梳理学界与之相关的研究概况,不仅勾勒学术研究的发展脉络,更便于从中发现既往研究的不足以及深入研究之处。

(一) 科道的制度史研究

学界对科道的关注较早,且多从政治制度史的角度展开研究,集矢于科道职权、成效、制度架构等静态描述。

早在 20 世纪 30 年代,汤吉禾便发表了一系列相关文章:《清代科道组织之沿革》①《清代科道之公务关系》②《清代科道之成绩》③《清代科道之职掌》④,对科道官员的组织、职权及成效进行了系统论述。高一涵在《中国御史制度的沿革》一书中,除了对御史、给事中进行详细描述之外,也探讨了清代科道官员的隶属与执掌。认为六科并入都察院后,只是"名义上有言责",实际运行过程中却"不能实行"。⑤

---

①　汤吉禾:《清代科道组织之沿革》,《新社会科学》第一卷第一期。
②　汤吉禾:《清代科道之公务关系》,《新社会科学季刊》1934 年第一卷第二期。
③　汤吉禾:《清代科道之成绩》,《中山文化教育馆季刊》1935 年第二卷二期。
④　汤吉禾:《清代科道之职掌》,《东方杂志》1936 年三十三卷一号。
⑤　高一涵:《中国御史制度的沿革》,民国丛书第五编,上海书店出版社1996 年版。

随着西方理论的引入与学术交流的增加，学界关于科道的制度史研究也逐步深入与细化，开始更为细致地考察科道渊源流变、组织机构、职能与成效等问题。除了宏大巨著中的微观勾勒，如郭松义、李新达、杨珍的《中国政治制度通史》①，白钢主编的《中国政治制度通史》②，更多的是以小见大的细节考察。

王为东对六科给事中进行了细致描述，认为其不仅在机构、人员、品位等方面明显式微，而且言谏职能丧失、封驳无从行使，进而导致稽核成为具文。究其原因，在于君主强化专制集权引起的监察失控。③ 集矢于六科给事中的研究，还有《论清代六科给事中制度的异化与借鉴》以及《顺治朝六科制度述略》。前者着重论述六科给事中从谏官到言官、从言官到察官的职权转变。④ 后者则尝试考察六科的制度建构以及科臣的选任方式，勾勒明清易代之际六科制度的变迁。⑤

刘丽君的《略论清代顺治朝科道官员》《清代顺治朝科道官员作用受限的初步探讨》《清代顺治朝科道官典型弹劾案探析》⑥ 等文章，着重探讨了顺治朝科道官员相关问题。认为科道官在澄清吏治方面确实发挥了一定作用，不仅使封建官僚体系具备一定的自我

---

① 郭松义、李新达、杨珍：《中国政治制度通史》，人民出版社 1996 年版。

② 白钢：《中国政治制度通史》，人民出版社 1996 年版。

③ 王为东：《清代六科给事中制度之式微》，《南都学刊》2004 年第 6 期。

④ 王霞云：《论清代六科给事中制度的异化与借鉴》，苏州大学 2011 年硕士学位论文。

⑤ 马子木：《顺治朝六科制度述略》，《清史研究》2018 年第 3 期。

⑥ 刘丽君：《清代顺治朝科道官典型弹劾案探析》，《内蒙古社会科学》（汉文版）2012 年第 2 期。

调节能力，而且于朝政大有裨益。① 不过，应该注意的是，进言是否被采纳，并不在于正确与否，而取决于是否符合强化皇权的需求。②

张世闯、程天权的《清代"科道合一"得失之再认识》一文③，着重考察了清代雍正年间的"科道合一"变革。认为此改制使六科给事中转隶都察院，并于客观事实上造成了我国古代监察法制中谏议制度的终结。在其看来，"科道合一"在巩固皇权、实现监察机构规范化等方面发挥了应有实效，却在某种程度上加深了皇帝专权的力度，进而加剧了晚清的官场腐败。

（二）科道的监察史论述

与制度史分析框架相对的，是学界从监察视角对科道展开的法律制度分析。如果说政治制度史研究侧重于静态描述，那么监察视角的考察则多集矢于科道监察效果和法律约束的动态分析。

如果说徐式圭④对都察院、六科的论述稍显简单，那么曾纪蔚⑤则对都察院的组织、地位、执掌以及御史选任、职责等等问题

---

① 刘丽君：《略论清代顺治朝科道官员》，《内蒙古师范大学学报》（哲学社会科学版）2007 年第 2 期。

② 刘丽君：《清代顺治朝科道官员作用受限的初步探析》，《内蒙古社会科学》（汉文版）2007 年第 2 期。

③ 张世闯、程天权：《清代"科道合一"得失之再认识》，《北方法学》2015 年第 5 期。

④ 徐式圭：《中国监察史略》，民国丛书第五编，上海书店出版社 1996 年版。

⑤ 曾纪蔚：《清代之监察制度论》，民国丛书第五编，上海书店出版社 1996年版。

进行了详细探讨。西方概念的传入以及交叉学科的兴起，使学界开始从多重视角探究清代的监察制度以及与之相关的诸多问题，对科道监察权的研究也日渐深入。关汉华从清代监察机构的设置、监察官员的任选条件、入选范围、考选方法、授职程序、任内考核等方面入手，详细探讨了清代监察的利弊得失。① 李光辉则集矢于监察官员的选任、升转与考核，详细勾勒了清代监察官员的管理体制。②

除了考察清代监察官员之外，学界还从监察史视角考察其职能与成效。吴观文从吏治维度考察了清初的监察制度，认为科道监察权的强化与削弱，根源于皇权之需要。随着君主专制的强化，监察职能之间的平衡必被打破。不仅导致科道丧失对君权的制约，而且削弱其对六部官僚的监督。③

葛生华认为，明清监察制度的调整与改革，虽然在巩固皇权方面发挥了重要作用，但在实践过程中，却因御史权力过大、地位过高等因素弊端百出，无法起到维护皇权和澄清吏治的作用。④ 郑秦在对明清国家权力监督机制的考察中，指出科道对六部的监督，是明清时期严密而又协调的政务监督方式。然而，随着皇权的需要，科道的监察成为专制控制的工具。虽然皇帝出于稳固统治的

---

① 关汉华：《清代监察官员考选制度述论》，《广东社会科学》2002 年第 6 期。

② 李光辉：《清代监察官员的选任、升转与考核》，《成都大学学报》（社会科学版）2002 年第 1 期。

③ 吴观文：《论清初的监察制度与吏治》，《求索》1986 年第 6 期。

④ 葛生华：《试论明清时期的监察制度》，《兰州学刊》1991 年第 1 期。

需要会有所强化，但积重难返的制度弊病却最终引起监察的失控。①

　　梁娟娟从清代科道官的机制和运作状况方面，分析了清代皇权的加强与科道官谏诤职能萎缩之间的关系。② 曾坚、李雪华认为，言谏制度在咨询、规谏方面的职守和作为，为专制政体注入了难能可贵的活力。③ 赵燕玲从权力制约机制建设的角度，指出谏议制度是制约和监督古代皇权的重要组成部分。然而，由于谏议本身受制于君主专制，其作用的发挥具有不确定性和有限性。④

　　李晶君将科道的风闻言事视为监察官员的特殊权力，认为科道的风闻之权在清前期确实存在，中期以后予以限制，道光以降则被全面限制，致使监察官员噤若寒蝉。李晶君是从监察视角切入，分析了风闻言事之权的渐失其效。在其看来，风闻言事确实起到了疏通言路、集思广益、发现问题的作用。然而，皇权的极端专制以及官场风气的日益腐败，却使其言事效率降低，监察百官的作用也日渐消退。⑤

---

　　① 郑秦：《论明清时期国家权力的监督机制》，《比较法研究》1992 年第 1 期。

　　② 梁娟娟：《论清代皇权的加强与科道谏诤职能的萎缩》，《求索》2008 年第 10 期。

　　③ 曾坚、李雪华：《中国古代言谏制度探究》，《河北法学》2006 年第 6 期。

　　④ 赵燕玲：《论中国古代皇权制约理论与制约机制》，《湖北社会科学》2013 年第 2 期。

　　⑤ 李晶君：《"风闻言事"在清代的变化——以〈钦定台规〉为中心的考察》，《湘潭师范学院学报（社会科学版）》2009 年第 6 期。

刘文鹏认为，清代的科道是实现皇帝"去壅蔽"政治目的的渠道而非政治工具。皇帝如何把握分寸，既让科道敢言敢为，又避免他们在政治斗争中党同伐异，科道权力如何盈缩变化，风闻奏事为何时开时禁，成为反映清代政治斗争、政治制度演变的一条重要线索，也是洞悉宋明以来权力格局变化走向的关键落脚点。①

在诸多纵向考察中国监察制度的研究中，如邱永明《中国监察制度史》②、贾玉英等《中国古代监察制度发展史》③、张晋藩《中国监察法制史稿》④ 以及揭明《中国廉政法制史研究》⑤ 等著作，都将都察院、六科给事中纳入监察法制体系予以考察。

（三）信息传递与科道监察权

随着学科间对话的加深与交叉学科的兴起，学界对清代监察的认知也渐趋多元，许多学者开始从信息控制的角度考察清代的信息传递与反馈机制。

汤景泰、刘海贵认为，清朝在广泛借鉴中国历朝历代政治传播经验的基础上，通过机构设置、公文制度等方式，构造了一套有利于皇权专制的政治传播系统。如果说南书房与军机处旨在强化皇帝在权力中枢的信息传播控制力，那么御史与奏折制度则指向皇帝的

---

①　刘文鹏：《清代科道"风闻奏事"权力的弱化及其政治影响》，《中州学刊》2011 年第 1 期。

②　邱永明：《中国监察制度史》，上海人民出版社 2006 年版。

③　贾玉英等：《中国古代监察制度发展史》，人民出版社 2004 年版。

④　张晋藩：《中国监察法制史稿》，商务印书馆 2007 年版。

⑤　揭明：《中国廉政法制史研究》，中国方正出版社 2011 年版。

信息渠道。为了保障全国各地的信息传播，清朝构建了一个以京师为中心、连接全国的传播系统。①

拙作《嘉庆朝广开言路政策分析》《嘉庆朝的广开言路与洪亮吉上书事件》《嘉庆朝开禁京控与吏治治理》，则从信息控制视角分析了嘉庆朝的广开言路与开禁京控。认为嘉庆帝在处置和珅后便开启广开言路这一政治信息渠道的举措，其作用在于不仅借此了解帝国动态，而且据此对日渐颓败的官场进行调控，以期达到"肃清庶政、整饬官方"之目的。不过，其间的妄言渎奏始终令嘉庆心存不满，却又出于下情上达的目的而予以容忍。所以，当京控案件能更好地提供帝国信息时，皇帝便对之前采取的广开言路采取了限制措施。

崔岷指出，嘉庆帝倡导广开言路、下令受理所有京控呈词，从而形成两条分别以官、民为载体的言路。嘉庆帝对官员密奏的鼓励和彻底放开京控，不仅一度改变了官场气象，而且士民因遭受冤屈而产生的压抑和愤怒亦得到了释放的机会。虽然最终无力挽回颓势，嘉庆帝的积极行动却多少延缓了"国家的崩溃"。②

（四）不足与深入

学界关于清代科道监察的研究，可谓视角多元、分析细致。不过，无论是政治史的制度考察，还是法律史的监察探究，均指向监

---

① 汤景泰、刘海贵：《皇权专制与政治传播——以清朝前中期为例》，《国际新闻界》2012 年第 3 期。

② 崔岷：《密奏与京控：嘉庆帝寻求"下情上达"的"言路"及其疏通努力》，《暨南学报》（哲学社会科学版）2017 年第 10 期。

察制度本身，很少将其视为信息传递渠道，去考察其与皇权、监察失控、制度失灵的深层次问题。因此，研究以清代的信息渠道与科道监察权削弱为主题，意在从长时段考察清朝传递信息的方式以及与之相关的皇权强化等问题。

首先，从信息控制视角切入，对都察院、六科给事中、京控、密折等制度进行长时段的纵向考察。将其纳入信息传递的分析框架之内进行深描，重新构建其在传递信息的功能与成效。

其次，解读信息传递背后深层次的政治内涵，不仅考察风闻奏事之权的禁止、开禁，而且阐释由此而来的信息传递方式改变、科道监察弱化等一系列问题。

最后，从政治制度史视角思考制度失灵、监察失控引发的吏治腐败，对清代言官的监察职权进行贯通考察。

三、基本框架及主要内容

六科给事中与都察院十三道监察御史，是清代具有监察之责的谏诤之官，两者既相互补充又彼此制约，共同构成有清一代的监察体系。与明代纵横交错、多管齐下的多重监察体系相比，清代的科道却因皇帝"耳目之官"的设定以及统归都察院的行政设置，很难达到"品卑而权特重"以致"无敢抗科参而自行"的境地，逐步由指向皇帝的向上封驳谏议转变成提供政治信息的下情上达。因此，笔者拟对努尔哈赤至嘉庆时期的信息传递渠道进行长时段的贯通考察，在勾勒不同时期皇帝对科道政治定位的基础上，着重描述其在强化专制皇权方面起到的作用，进而反思清代的信息传递渠道、皇帝对科道言官的利用与防范、科道监察的逐渐弱化以及由此引发的科道体系坍塌，以期对思考行政与监察之间的权力平衡、清晚期吏治腐败等问题有所裨益。全文分为六部分，具体内容如下：

（一）人人进言：后金时期下情上达的信息渠道

此时期的清朝，正处于由具有氏族社会性质的贵族共和政体向封建君主专制政体的过渡期。由于议政体制的存在，为了强化汗权、制衡权势渐增的和硕贝勒，努尔哈赤与皇太极依赖人人进言的方式掌控社会信息。具体而言，如八大臣的"直陈其恶"、听断之事的"民情皆得上闻"、百姓"欲诉之言"皆可书悬于木等方式。

（二）都察院：皇太极信息控制方式的改变

随着人口增加、制度完善，人人进言的信息渠道很难满足朝廷上下的政治需求。在汉官群体的推动下，皇太极于崇德元年（1636）设立都察院，既监察百官，又风闻奏事。都察院直言谏诤，使其在承担下情上达职责时也成为洞悉全国信息的有力武器。此部分着重考察皇太极对信息渠道的构建、利用及政治功效。

（三）"耳目之官"：顺治朝的科、道

顺治元年（1644），清廷设六科"掌侍从、规谏、补缺、拾遗、稽察六部、百司之事"。科道官员不仅可以察奏满汉各官之贤与否，督、抚、按各官之廉或贪，镇守驻防各官"捍御勤慎"或"扰害地方"，亦可"明白纠驳"官员的"推举铨用与黜革降罚"，

以及内外各衙门条陈章奏的"从公起见"或"专恣徇私"。相对于都察院、六科"绳愆纠谬，匡正缺失"之责，顺治一直强调科道"一有见闻，即当入告"的"耳目之官"之实。该部分则具体考察顺治如何操控科道，使之成为为皇帝提供政治信息的耳目。

（四）从"风闻"到密奏：康雍乾时期的言路调控与监察弱化

六科、都察院的平行设置，发挥了极为重要的监察作用。不过，风闻奏事的科道官员却常常成为党同伐异、参劾政敌的工具，使统治者陷入两难境地。若沿袭风闻奏事之权，难免加剧党政；若对其予以限制，又会陷入阻塞言路、信息壅蔽的困境，难以有效地获取真实的政治信息。此部分注重考察康熙在禁止或开启科道风闻奏事之间的踌躇，在强调言官论事"据实直陈""明白确指"的同时，又审慎地防止其"挟私妄诘"。

康熙对风闻奏事之权禁止或开启的踌躇，不仅反映统治者将科道视作政治信息渠道的意愿，更揭示其在科道提供信息与风闻奏事之间的矛盾心理。鉴于科道无法满足皇帝对政治信息的需求，更为广泛、安全、准确的密折信息渠道便由此而生。因此，在分析统治者对密折渐趋重视的同时，揭示其对风闻奏事之权的潜夺，以及皇帝对科道官信任的渐趋降低。

（五）广开言路与开禁京控：嘉庆对信息渠道的重构

密折制度自其创立之初，便是统治者掌控帝国动态、调控朝廷官场的犀利武器，是"中央决策的主要信息资源"。尤其是对地方性紧要事件的处置决策，可以直接在皇帝和督抚之间进行，不仅使信息加工处理的效率明显提高，而且有利于权力的时空伸展。不过，随着制度化色彩越来越重以及乾隆后期奏折"另有副封"军机处，不仅使皇帝的信息来源大为减弱，而且使密折利器失去了皇权延展的空间，转而成为其排斥异己、把持朝政的工具。此部分则以嘉庆广开言路、开禁京控为考察对象，分析皇帝借此应对下情不能上达、信息掌控不足的弊病，尤其是嘉庆凭此获取政治信息评断官僚体系的成效。

（六）京控：民隐上闻与科道监察坍塌

嘉庆帝的封章密奏，虽然重新确立了其对信息渠道的掌控。然而，妄言渎奏的出现与外省积弊的严重，促使皇帝在言路之外又通过京控案件了解社会信息。派员委审的出现，不仅与京控、言路组建了自下而上相呼应的信息渠道，而且成为监察的主要方式。不过，随着广兴案的发生以及科道监察的不足，说明皇帝对信息机密的掌控无法解决制度涉及带来的壅蔽问题，反而在某种程度上加速或见证了科道监察的坍塌。

四、主要观点与创新之处

（一）主要观点

1. 信息渠道是强化皇权的有力武器

官僚责任制度的运作，围绕对信息的控制展开，皇帝与官僚体系之间掌控信息多的一方，便在行政过程中占据较为有利地位。无论是对"直陈其恶"的强调，还是对"下通民隐"的坚持，甚或对言官"徇情不言""缄默苟容"的失望，信息渠道辗转变化背后的深层次目的，始终围绕专制皇权展开。从对明代科道风闻奏事权的承继，到康雍时期密折制度的确立与引入，及至嘉庆时期的广开言路与开禁京控，均表明对政治信息的控制可以更好地了解官僚行政体系，甚至借此监察百官、整饬吏治、调控官场。

2. 作为司法制度的京控成为皇帝评断官僚体系的工具

作为一种向京师衙门呈递诉状请求审理案件的上诉制度，京控案件因在京师都察院、步军统领衙门、通政使司等衙门呈递诉状而更容易进入皇帝视野。皇帝不仅"通过京控遏制非正义行为"，而且还将其视为"获得有关帝国状况的基本信息的源泉"。为了保持皇帝的"洞察"力，不能让"有偏向的、欺骗性的和琐碎的事情妨碍他处理那些真实的、有根据的和重要的事情"。正如"开启或关闭其他沟通渠道（言路）一样"，嘉庆也会控制"京控的范围和流动"。①

3. 皇权对信息控制的强调导致科道监察的弱化

风闻奏事、密折以及广开言路等举措的实施，在监察百官、调控官场过程中发挥了巨大作用。然而，制度的实施难免会因设计漏洞、实施者的别有用心而引发弊政。风闻奏事的科道频频参与党争，提高行政效率的密折成为排斥异己的工具，嘉庆帝勤求民隐的

---

① ［美］欧中坦：《千方百计上京城：清朝的京控》谢鹏程译，载高道蕴等编：《美国学者论中国法律传统》，清华大学出版社 2004 年版，第 477 页。

广开言路则成为言事者"望恩幸泽"的手段。不过，统治者在以密折补充风闻奏事的不足，用开禁京控替代广开言路的同时，却也削弱了都察院、六科给事中的监察，并在某种程度上了导致清代科道体系的坍塌。

（二）创新之处

1. 选题相对新颖

学界对清代科道问题的探讨，或从宏观视野考察其结构、职掌、沿革、官员选任、考核等问题，抑或将之纳入监察法体系分析其监察效果与法律约束，甚或着眼于谏诤体系的坍塌，考量其制约皇权层面的不足，却很少从信息控制角度自上而下地考察皇帝对政治信息渠道的依赖，以及由此而来的对科道言官的定位与掌控、言路的范围与流转以及密折、京控等方式的引入。因此，试图对此进行长时段的贯通考察，揭示信息控制与科道监察逐渐弱化之间错综复杂的关系。

2. 研究方法有所突破

在研究过程中，采用政治史、法律史、社会学多视角的综合解读。既运用政治制度史的分析框架，对都察院、六科给事中、京控、密折等制度进行静态阐述，又借助社会学的控制论理论解读科道、密折、言路、京控的信息传递功能，对清代的信息控制进行长时段的纵向考察。此外，在涉及京控、广兴案等问题时，则从法律史视角解读皇帝对司法的利用及政治成效。因此，既有关于制度演变的静态描述，亦有信息传递背后的社会学解读，还有京控监察职能的见解创新。质而言之，试图通过多种研究视角的切入，对清代的言路进行全方位的深描与解读。

3. 学术观点的批判性反思

与学界侧重科道的谏诤职能不同，旨在从皇帝视角探讨其对科道、言路、密折等问题认知，力图描述皇帝并不仅仅借此纳谏，而是将其作为信息传递渠道。为了维护信息渠道的机密性，皇帝也会采取诸多举措予以防范。因此，无论是分析顺治对科道的定位，还是解读嘉庆对洪亮吉事件的处理，更倾向于皇帝借此进行信息控制的阐述与分析。

第一章 "人人得以进言"[①]：后金的下情上达与民隐上闻

　　言及专制帝国的官僚政治时，美国学者道格拉斯·诺斯使用"代理人"描绘统治者与行政官员之间纷繁复杂的关系。依其所言，作为统治者代理人的各级官吏虽然会在君主统摄下履行职责，但两者之间却一直存在利益"冲突"。统治者试图"使收入最大化"以"控制臣民"，而代理人的自身利益却"很少与统治者利益完全一致"。官僚政治的结构演变表明，统治者在努力对其代理人进行更为"严密的监控"。虽然不能完全消除两者的利益冲突，但是"局部性的成功"从侧面印证了行政监察与政治掌控的必要。[②]要实现对官僚体系乃至整个社会的监控，统治者需要一个政令下传与下情上达的信息传递系统，在传递政令的同时将国家运行的信息

---

① （清）罗振玉编：《天聪朝臣工奏议》，载潘喆等编：《清入关前史料选辑》第二辑，中国人民大学出版社 1989 年版，第 49 页。

② ［美］道格拉斯·诺斯：《经济史中的结构与变迁》，陈郁等译，上海人民出版社 2003 年版，第 135 页。

尤其是官僚体系内部的情况，自下而上地集中到君主手中，以便其作出准确、快捷且有效的应对措施。若想介入官僚机器并实现对国家的有效控制，君主必须全面地掌握可靠的信息。① 因为对其而言，"有效控制政治信息通道"不仅是"分官设职"之目的，更是"维护并强化君权的基本手段"。②

第一节　努尔哈赤的信息渠道

对于官僚政治而言，承担信息收集与反馈职责的监察机制，无疑具有不可替代的重要地位。无论是历代王朝不断完善的精密复杂且遍布全国的官僚体系，还是具有浓厚"部族"③ 色彩且军政合一、简约粗放的后金政权，均会采取相应举措使民情上闻、下情上达，除却构建政令下达的传递体系之外，也形成了君主掌控国家动态的信息渠道，进而为其决策提供丰富的信息支持。

一、议政制度下的求言纳谏

清太祖努尔哈赤以十三副遗甲起兵，征建州、统女真，不仅在

---

① 参见王成兰：《从"陈四案"管窥康熙五十年前后的社会控制》，《清史研究》2002 年第 2 期，第 64 页。

② 吴予敏：《无形的网络——从传播的角度看中国的传统文化》，国际文化出版公司 1988 年版，第 41 页。

③ 钱穆：《中国历代政治得失》，生活·读书·新知三联书店 2008 年版，第 127—131 页。

辽东建立了取代明廷的后金政权，而且汲取中原王朝治国理念完善其政治制度建设。在其看来，"天欲平治天下，而立之君"，一国之君若"欲经理国事，而任之臣"。君主治理天下，需臣僚"勤敏恪慎，殚心厥职"。倘若"身秉国钧"之臣"因循从事"，不能"申明教令、诚谕群下"，那么"无知之民罹于法者"必多。所以，百官之责在于"各尽厥职，明法度，以训国人，使不罹于刑戮"。若能像"皋陶、伊尹、周公、诸葛亮、魏徵诸臣，生膺显爵，没垂令闻，斯于臣职为无负耳。"①

　　当然，国家治理并非仅仅要求各级官僚尽职尽责。在努尔哈赤看来，相对于臣僚对百姓的教化，更需要君主对"天锡基业"持"敬以承之"态度，在治理国家时"举忠良，斥奸佞，日与大臣讲明治道"。这既是令"皇天眷佑、人民悦服"的君主之责，更是"天欲平治天下而立之君"之目的。因此，努尔哈赤认为，如果为君者如夏桀、商纣、秦始皇、隋炀帝、金完颜亮般"贪财好色，沉湎于酒，昼夜宴乐，不修国政"，必会导致"干戈相寻，盗贼蜂起，黎民有死亡之忧"，实乃"一人失德，祸及万方"的"甚于鬼魅"之恶。因此，努尔哈赤诚谕诸贝勒："从来国家之败亡也，非财用不足也，皆骄纵所致耳。"② 一言蔽之，"人君之祸，非自外来，皆由自致。"③

　　从努尔哈赤所言来看，无论是诚谕臣下的政治姿态，还是勤于

---

① 《清实录·太祖高皇帝实录》卷五，中华书局1986年版，第73页。
② 《清实录·太祖高皇帝实录》卷五，中华书局1986年版，第74页。
③ 中国第一历史档案馆编：《满文老档》，中华书局1990年版，第302页。

国政的感慨，其更看重君主的勤政与否。不过，在政简人稀的女真初期，并无滋生不修国政的政治温床。各部遇有大事，往往"适野环坐，画灰而议"，议毕"使人献策"。对于所献之言，"主帅择而听焉。合者，则为特将，任其事"①。此种具有原始民主色彩的议政方式，在某种程度上极大地抑制了上位者擅权独断的政治野心。随着征战渐广、部众日繁，八旗制度渐趋完善。万历四十三年（1615）十一月，努尔哈赤统一建州女真各部，在初设四旗的基础上"添设四旗"，组为八旗。每固山下辖五甲喇，每甲喇下设五牛录，每牛录统率三百人。自下而上为牛录额真、甲喇额真、梅勒额真、固山额真的职官架构，不仅使八旗将士"攻则争先，战则奋勇，威如雷霆，捷如风雨"，也令努尔哈赤对各旗"节制严明""了如指掌"。② 此外，又置"征伐则帅师以出""实兼将帅之重"③ 的理政听讼大臣"佐理国事"④。

在军政合一的八旗体制下，努尔哈赤与诸贝勒、大臣"每五日集朝一次"，协议国政。⑤ 所议涵涉宽泛，既商"国民劳逸之事"，又论"军旅得失之计"。⑥ 遇有战事，则"登山密谋，计定猝发，疾如风雨。"⑦ 在确保作战方略机密的同时，又能保证信息

---

① （元）马端临：《文献通考》卷三二七，中华书局1986年版，第2571页。
② 《清实录·太祖高皇帝实录》卷四，中华书局1986年版，第62页。
③ （清）赵尔巽：《清史稿》卷二二五，中华书局1977年版，第9190页。
④ 《清实录·太祖高皇帝实录》卷四，中华书局1986年版，第62页。
⑤ （清）金梁：《满洲秘档》，文海出版社1967年版，第21页。
⑥ 中国第一历史档案馆编：《满文老档》，中华书局1990年版，第171页。
⑦ （明）王在晋：《三朝辽事实录》卷一，上海古籍出版社2002年版，第37页。

的快速传递。八旗内权力的向上集中，虽然加强了努尔哈赤的专制王权，但其与贝勒、大臣的议政制度，又因上位者掌握更多的政治信息以便集思广益，进而有效地避免一人独断的专权格局。在赵尔巽看来，努尔哈赤之所以"扫清群雄，肇兴大业"①，与其采取的上述举措有很大关系。正是因其"日与四大贝勒、五大臣讨论政事得失"，咨访"士民疾苦，上下交孚"，才使朝政"鲜有壅蔽"。② 如果说议政制度体现的是具有原始民主集中意味的决策机制，那么咨访士民疾苦则指向努尔哈赤对社会信息渠道的看重与依赖，两者相辅相成。民间"疾苦"在提供"讨论政事得失"信息支持的同时，也成为定议国政的政治考量。与之相较，"讨论政事得失"则是上位者对民间"疾苦"的应对，是解决社会问题的信息反馈。因此，社会信息的收集与反馈通过努尔哈赤与"四大贝勒、五大臣讨论政事得失"进行连接，构建了掌控内外的信息渠道。

尽管议政体制对努尔哈赤的帝业大有裨益，但八旗内部尊卑有别、阶层森严的壁垒，也在某种程度上阻碍了其全面掌控社会信息。早在万历四十一年（1613），努尔哈赤便对诸贝勒、大臣的讳言有所抱怨。在努尔哈赤看来，"洩密谋、慢法令"之人对于君主的"为国之道"并无裨益，实乃"国之祟也"。即便努尔哈赤自己所言，他也担心群臣对其所言"果皆是"的言不由衷。所以，对于言语中的"拂戾"之处，努尔哈赤诏令诸王、大臣等对切当之

---

① （清）赵尔巽：《清史稿》卷二一五，中华书局 1976 年版，第 8979 页。
② （清）赵尔巽：《清史稿》卷二一五，中华书局 1976 年版，第 8979 页。

言"尽言所知"。之所以如此严厉姿态，在于"一人之智虑几何"？君王会有"拂戾"之言，臣工之语也并非全无"切当"之处。正是因为如此认识，努尔哈赤要求诸王、大臣"勿面从"其"拂戾"之言，并于国事得失"尽言所知"。①

无论是努尔哈赤故意彰显的政治姿态，抑或是"尽言所知"祛除壅蔽的治国理政感慨，努尔哈赤此言却透露出其对信息渠道的重视与倚仗。随着后金封建政权的建立，具有部族性质的社会在应对国事方面日渐不足，努尔哈赤对裨益国政的"尽言规谏"愈益看重。天命元年（1616）七月，努尔哈赤谕诸贝勒：君臣"奏对之间，无有大于尽言规谏者"，足见其对"尽言规谏"评价之高。在其看来，为臣者于"事方兴而即谏者，上也；事已定而后谏者，下也。"相对于"即谏"或"后谏"而言，"知而不谏"之举则反映其人"非忠直之人也"。进谏者于"应奏之言，有闻即以入告，则治道有不裨益者乎！"之所以强调"尽言规谏"，在于"人君智虑未周"。只有"博闻广览，勤于咨询"，然后方能称为"睿哲之主焉"。②

对于后金的政治秩序，努尔哈赤有自己的认知与考虑。天命二年（1617）闰四月，努尔哈赤谕贝勒、诸臣："人君即天之子也，贝勒、诸臣即君之子也，民即贝勒、诸臣之子也。"依照努尔哈赤所言，君、贝勒与诸臣、民自下而上的统属关系，构成了后金社会差异有序的统治格局。三者彼此依赖、各有所属，又互有约束、上

---

① 《满洲实录》卷四，中华书局1986年版，第164页。
② 《清实录·太祖高皇帝实录》卷五，中华书局1986年版，第64页。

下相携。努尔哈赤认为，三者应各司其职。为君者，当"以父事天，敬念不忘，克明厥德"，才能"仰承天锡丕基"，使"帝祚日隆"。相对于君主的"以父事天"，贝勒、诸臣则"以父事君，敬念不忘"。勿怀"贪黩之心"，勿为"奸慝之事"，当以"公忠自效，则爵位常保"。民于贝勒、诸臣亦"敬念不忘，遵守法度"。若"勿萌奸宄，勿行悖乱，则身无祸患"。倘若国之上下皆"立志公诚"，自能"受福远祸"。若"居心邪慝""横行暴虐"，则罹祸不远矣。"天命之为君"者，之所以不能"自守天位"，在于其"不能修大业、行善事，以顺天意而合人心"，反而"溺志卑下，即于慆淫"，则"天必谴之，基业废坠"。君主所任为臣之人，若不能殚忠勤敏，恪共厥职，而是"邪辟存心，怠忽从事"，君主"必罪之，身亦不保矣"。至于庶民的"刑戮随之"，其原因在于"不遵贝勒、大臣约束，而行奸宄悖乱之事"，以致获咎而祸患相随。①

努尔哈赤认为，上至朝廷百官，下至黎庶万民，虽贵贱不同，但所罹之祸并非"外来，皆由自致者"。② 对于上位者国君、贝勒而言，从未有"以衣食竭尽而败亡者，惟所行恣纵至于败亡耳"。③ 因此，努尔哈赤于天命六年（1621）四月诫谕诸贝勒："国君与贝勒听断国事，皆知以至公为贵"，"以非者为非、是者为是也"。只有"处以至公，绝无私念，乃为天所佑。天果佑之，必昌其子孙、

---

① 《清实录·太祖高皇帝实录》卷五，中华书局 1986 年版，第 73 页。
② 《清实录·太祖高皇帝实录》卷五，中华书局 1986 年版，第 73 页。
③ 《清实录·太祖高皇帝实录》卷七，中华书局 1986 年版，第 107 页。

绵其福禄"。为了防止出现"明知其非，犹强以为是"，① 努尔哈赤不仅强调上位者虚心纳言于国有益，而且突出"直陈所见"② 的职责与品质。

天命六年（1621）七月，努尔哈赤向贝勒、诸臣重申纳言之重要："凡人有告以善言，反生畏惮，不愿听闻，乃甘于自弃者也，其败必速。若勉受善言而谨识之，是勇于从善，不欲自处以庸流也。将由贱而贵，由卑而尊，为益亦无穷已。"③ 依照努尔哈赤所言，"容受直言"是上位者必须采取的为政之态。只有"常怀远虑，容受直言"，下位者事其上时才能"以公忠之心，勤劬效力"。直言纳谏，不仅使"卑者可尊，疏者可密"，而且"令名克著，如风声然，四方皆闻之矣。"④ 因此，在王、贝勒臣议政时，诸臣对贝勒所言切勿"随声附和"，应当"以非为非，以是为是"。若其议有失，则"直言匡正"。⑤

无论是具有原始民主意蕴的"适野环坐，画灰而议"⑥，还是王与诸贝勒、大臣议"国民劳逸之事"、商"军旅得失之计"⑦，抑或后来的四大贝勒"按月分直"⑧，努尔哈赤始终认为，求言对

---

① 《清实录·太祖高皇帝实录》卷七，中华书局 1986 年版，第 106 页。
② 《清实录·太祖高皇帝实录》卷八，中华书局 1986 年版，第 110 页。
③ 《清实录·太祖高皇帝实录》卷八，中华书局 1986 年版，第 113 页。
④ 《清实录·太祖高皇帝实录》卷八，中华书局 1986 年版，第 111 页。
⑤ 《清实录·太祖高皇帝实录》卷七，中华书局 1986 年版，第 107 页。
⑥ （元）马端临：《文献通考》卷三二七，中华书局 1986 年版，第 2571 页。
⑦ 中国第一历史档案馆编：《满文老档》，中华书局 1990 年版，第 171 页。
⑧ 《清实录·太宗文皇帝实录》卷五，中华书局 1985 年版，第 67 页。

其政权稳固大有裨益。我们或可言说，努尔哈赤议政制度的渐进完善，与自下而上的直陈所见、尽言规谏密切相关。部族权力的向上集中，与王权对政治信息掌控之间的交相呼应，不仅有力地促进了满族共同体的形成，而且不断强化着努尔哈赤对各旗的影响与钳制。

二、努尔哈赤时期的进言与汗权强化

八旗政治、经济、军事合一的组织架构及其议政制度，确立了努尔哈赤父家长制绝对专权的合法性①。努尔哈赤将八旗作为私产，交由八和硕贝勒代为分养。其爵位、财产、权力全由努尔哈赤所赐，亦会被随时剥夺或调配。努尔哈赤对八旗的绝对控制权，为其强化汗权、统治专权奠定了基石。作为八旗社会全体成员的父家长，努尔哈赤对军国大事亲自处理，筹虑之处甚多，"或朕心倦勤，怠于治道欤？或国事安危，民情甘苦未能体察欤？功勋忠直之人，或倒置欤？吾之诸子果效朕所为，尽心国事否欤？臣工果勤于政事否欤？"② 基于"一人纵有知识，终不及众人之谋"的认知，努尔哈赤于天命七年（1622）三月设八和硕贝勒，令尔等"同心谋国"，以期"庶几无失"。③

无论是"或倒置欤""尽心国事否欤""勤于政事否欤"之类

---

① 杨珍：《后金八王共治国政制研究》，《中国史研究》2000 年第 1 期，第 121 页。

② 《清实录·太祖高皇帝实录》卷一〇，中华书局 1986 年版，第 135 页。

③ 《清实录·太祖高皇帝实录》卷八，中华书局 1986 年版，第 117 页。

的追问，还是"不及众人之谋"的肯定之语，虽然努尔哈赤借此极力强调八和硕贝勒共治制度对国政的裨益，却难掩其借此打压日渐独立、权势渐增的八旗旗主，借以强化汗权的本质。为达到此目的，努尔哈赤甚至将汗位继承牵涉其间。若八和硕贝勒内有"能受谏而有德者"，可以"嗣朕登大位"。如果其人"不能受谏，所行非善"，则"更择善者立焉"。如果八和硕贝勒出现"既无才又不能赞成人善，而缄默坐视者"，则"当易此贝勒，更于子弟中择贤者为之"。① 无论是择立汗位继承，还是易置和硕贝勒，若"不乐从众议，怫然变色，岂遂使不贤之人任其所为耶?"② 在八和硕贝勒共治体制内，是否求言纳谏成为重要的考量标准，不仅直接影响到汗位继承，而且决定八和硕贝勒的人选。换言之，对言路的重视，成为八和硕贝勒不可或缺的政治态度。努尔哈赤虽然赋予八和硕贝勒极大的权力，却也将其置于平等地位，通过彼此之间的相互监督与权力制衡，突出了汗权的无上地位。

深入地分析八和硕贝勒影响汗位继承，我们或可透视努尔哈赤的政治筹谋。从控制论的视角而言，言路类似于皇帝在官僚体系中设置的"信息反馈机制和收集机制"③。其于皇权之重要性在于，当"系统目标和系统行为之间出现不一致时，可以通过反馈机制使系统恢复正常运转。"④ 八和硕贝勒共理国政时，努尔哈赤不仅

---

① 《清实录·太祖高皇帝实录》卷八，中华书局 1986 年版，第 117 页。
② 《清实录·太祖高皇帝实录》卷八，中华书局 1986 年版，第 117 页。
③ 汤景泰等：《皇权专制与政治传播——以清朝前中期为例》，《国际新闻界》2012 年第 3 期，第 98 页。
④ ［美］米勒：《组织传播》，袁军译，华夏出版社 2000 年版，第 143 页。

要求"或一人心有所得，言之有益于国，七人宜共赞成之"，而且
对不利于信息传递的弊病做出防范。"若八和硕贝勒中或以事他
出，告于众，勿私往。若入而见君，勿一二人见，其众人毕集，同
谋议以治国政，务期斥奸佞、举忠直。"① 努尔哈赤对八和硕贝勒
议政的诸多限制，不仅实现"努尔哈赤控制下的八和硕贝勒共议
国政"②，而且达到"平衡各旗力量，巩固后金政权"③ 的预期。

　　为了防范八和硕贝勒对汗权的冲击，努尔哈赤又于天命八年
（1623）正月"设大臣八人副之"。八大臣之职，直指八和硕贝勒，
旨在"察其心也"。观"谁则以己之事、人之事视为一体，而公以
持论。谁则于己之事非是不自引咎，而变色拒谏。"④ 倘若八大臣
察知其非，即"直言责之，不受以闻"。因此，在八和硕贝勒议政
的体制内，努尔哈赤绕过八和硕贝勒与八大臣建立信息传递渠道。
八大臣的设立，既成为努尔哈赤知晓八旗旗务的信息渠道，又可以
快速高效地针对八和硕贝勒事宜做出应对。除了指向八和硕贝勒之
外，八大臣还担负言论国事、考评八旗官兵的监察职能。关于国事
"何以成，何以败"，八大臣应当"深为经画"。凡有"辅弼帝业"
之才者，可以"称其堪任而举之"。至于"才不胜任者，则指其无
能而劾之。"⑤ 此外，"总兵以下及诸武臣，凡行军之事，宜谋其何

---

　　① 《清实录·太祖高皇帝实录》卷八，中华书局 1986 年版，第 117 页。
　　② 白新良：《试论努尔哈赤时期满洲政权的中枢决策》，《南开学报》1998
年第 1 期，第 42 页。
　　③ 冯元魁：《清朝的议政大臣制》，《上海师范大学学报》（哲学社会科学
版）1987 年第 1 期，第 107 页。
　　④ 《清实录·太祖高皇帝实录》卷八，中华书局 1986 年版，第 118 页。
　　⑤ 《清实录·太祖高皇帝实录》卷八，中华书局 1986 年版，第 118 页。

以得、何以失。若野战，须何器具；若攻城，须何器具。凡应用者，修治之。能将兵者，则称其能；不能将兵者，则指其不能，以闻于朕。"①

　　无论是"欲察其心"的警诫，还是"以闻于朕"的看重，八大臣不仅成为努尔哈赤了解全国的主要信息来源，而且从某种程度上钳制了八和硕贝勒对汗权的析分。天命十年（1625）八月，努尔哈赤再次强调"直陈其恶"的重要。在其看来，诸大臣"身秉国政"，自当于"国政之何以得、何以失"予以"悉心筹画"，方显"克副倚任焉"。如今"庶事各有专司"，诸大臣当担负"稽察"之责。"谁则肩荷乃职，殚力治理，谁则怠忽存心，罔修职业。若此者，宜稽察之。"若尔等执政大臣"自矢公忠，毋畏难，毋懈惰，详为稽察"，则"所属各员，皆则而傚之，不待诫谕，各勤乃事矣"。② 若"尔等心怀邪僻，耽逸乐，畏难而懈惰焉"，则"属员傚尤，悠悠忽忽"。③ 对于"诫谕"之言，努尔哈赤谕令诸大臣勿"罔闻"。对于"尔等知有公忠之人，虽仇勿隐蔽焉，当直指其善。知有奸慝之人，虽亲勿爱护焉，当直陈其恶。"④

　　在八旗制度下，努尔哈赤通过"必均分、毋私取""各得其平"⑤ 的方式，实现八和硕贝勒之间的权力平衡与制约，进而突出汗权至高无上的地位。随着八旗旗主权势渐隆以至影响汗权，努尔

　　① 《清实录·太祖高皇帝实录》卷八，中华书局 1986 年版，第 118 页。
　　② 《清实录·太祖高皇帝实录》卷九，中华书局 1986 年版，第 130 页。
　　③ 《清实录·太祖高皇帝实录》卷九，中华书局 1986 年版，第 130 页。
　　④ 《清实录·太祖高皇帝实录》卷九，中华书局 1986 年版，第 130 页。
　　⑤ 《清实录·太祖高皇帝实录》卷一〇，中华书局 1986 年版，第 139 页。

哈赤又通过八大臣的"直陈其恶"，使之成为钳制八和硕贝勒的有力武器。依照努尔哈赤的制度设计，言路的下情上达成为其制约贝勒、强化专制汗权的重要辅助手段。正如努尔哈赤所言，若国家执政之臣"殚心国事，行亦思，坐亦思"，对于君主能"直陈所见"，对于诸贝勒之"缺失"，则"申明其非"。"守正道，死生不渝。无论众人之前及无人之地，皆无贰心。"此等忠良之人必为众所誉。"众既誉之，朕自深加亲信，任以国政，置诸左右，且解衣衣之，推食食之矣！"倘若"已得尊显"，便"图宴安、任机巧，劳则避之，逸则就之，此与塔玉何异？"对于"饰其奸伪，谓人不知，而安坐朕前？此与诬陷功臣蒙谈之奸人孟库何异？"人君"承天命，柄国政，见大臣不法，可庇之乎？见小臣之善，可不举乎？为大臣而计图便安，罔思报效者不诛不谴，何以惩恶？为小臣而勒于职事，克殚厥心者不加拔擢，何以劝善？"①

三、民隐上闻：努尔哈赤对下层社会信息的掌控

在努尔哈赤的上层制度设计中，言路下情上达的重要性毋庸置疑。"有过即当直谏，勿优容"，成为悬于诸贝勒头上的达摩克利斯之剑。若有不当之举，便成为努尔哈赤强化专制汗权的见证与警示。"若能力谏其过，乃可同心共处"，则成为努尔哈赤构建信息渠道的政治说辞。正是通过此种手段，努尔哈赤在八王共治之外，

---

① 《清实录·太祖高皇帝实录》卷一〇，中华书局 1986 年版，第 139 页。

又建立了直接对其负责、具有监察性质的信息传递渠道。因此，其对言论重要性的强调也就成为应有之义。正如努尔哈赤所言，"昔卫鞅云：貌言，华也；直言，实也；苦言，药也；甘言，疾也。又忠经云：谏于未形者，上也；谏于既形者，下也。知而不谏，非忠臣也。"因此，努尔哈赤强调："凡事勿谓其小而无害，由小而大，以致败国者多矣。"①

不过，我们应该注意的是，努尔哈赤对国家执政之臣的谏言训诫，更多地指向以八和硕贝勒为首的上位者。然而，为君者"必周知国事"。因此，为臣者除担负"直陈其恶"的职责外，又应"洞悉民隐"，使君主全面了解与掌控国家的运行情况。② 早在万历四十三年（1615）十一月，努尔哈赤便设置理政听讼大臣五人、扎尔固齐十人"佐理国事"，并通过审案程序的构建，从而建立"民情皆得上闻"的社会信息传递渠道。依照努尔哈赤所言，"凡有听断之事，先经扎尔固齐十人审问，然后言于五臣。五臣再加审问，然后言于诸贝勒。众议既定，奏明三覆审之事。犹恐尚有冤抑，令讼者跪上前，更详问之，明核是非，故臣下不敢欺隐，民情皆得上闻。"③

如果说扎尔固齐、理政听讼大臣、贝勒组成的三复审审判程序，体现努尔哈赤对听断之事的重视，那么其对讼者的详问，则使审判程序成为洞悉官员是否公正廉明的工具。细而言之，努尔哈赤

---

① 《清实录·太祖高皇帝实录》卷一〇，中华书局1986年版，第140页。
② 《清实录·太祖高皇帝实录》卷一〇，中华书局1986年版，第140页。
③ 《清实录·太祖高皇帝实录》卷四，中华书局1986年版，第62页。

对生杀予夺之司法权的牢牢掌握①，不仅使其借助案件涵盖的丰富信息以了解下层社会的运行，而且还可依照审案者的定罪量刑，对官员的执政进行评断。天命五年（1620）六月，努尔哈赤又于门外设谏木，进一步扩大民隐上闻的信息传递渠道。为了防止出现"下情欲诉者，恐不得上闻"的情形，努尔哈赤诏令"树二木于门外"。凡有"欲诉之言"，皆可"书而悬之于木"。努尔哈赤对此亲自观览，"晰其颠末而按问焉"。由此，凡八旗内"事无巨细，悉得上达。睿照所及，民无隐情。"②

无论是"令讼者跪上前，更详问之"的明核是非，还是"事无巨细，悉得上达"的民隐上闻，不仅使努尔哈赤"迅速地掌握各地关于中枢决策的一般执行情况"，而且也使其及时"了解各地突发事件并立即作出应变反应"。③ 因此，相较于诸贝勒、大臣所认为的"国人众多，稽察难遍"，努尔哈赤却借助不同的信息传递渠道达到稽察之目的。依照努尔哈赤所言，"一国之众以八旗而分隶之，则为数少矣；每旗下以五甲喇而分隶之，则又少矣，每甲喇下以五牛录而更分隶之，则又少矣。"因此，"自牛录额真以至什长，递相稽察。"八旗自上而下的权力析分，不仅有助于彼此制衡，而且更利于皇命传达与贯彻。若八旗各级官员"于所属之人，

---

① 那思陆：《清代中央司法审判制度》，北京大学出版社 2004 年版，第 14 页。

② 《清实录·太祖高皇帝实录》卷七，中华书局 1986 年版，第 97 页。

③ 白新良：《试论努尔哈赤时期满洲政权的中枢决策》，《南开学报》1998 年第 1 期，第 46 页。

自膳夫牧卒以及仆隶，靡不详加晓谕：有恶必惩"，则"盗窃奸宄，何自而生哉"。①

相对于信息传递渠道下情上达、民隐上闻的政治功用，努尔哈赤更为看重由此而来的监察职能。在其看来，"屯戍更番之兵及离队伍独行之兵"若有"劫掠汉人、窃其畜产、夺其薪木、掠取其衣服"之情形，应当"各据所见闻、即为举发！"如今"满汉既为一家"，若出现借"汉人为新附"之言，行"恣行劫掠"之举，实乃"残害我降附之国人也！"对于此类"蠹国之人，可不稽察之乎？"此外，"贝勒、诸臣及满汉各官，尝有誓言：惟君所赐予及所应得者，则受之；至民间财物，虽分金尺帛，必不妄取。今八旗中，孰贤孰否？各牛录中，牛录之孰贤孰否？其详察之"。若"互相隐蔽不举，被人讦发"，则固山额真、牛录额真俱罪。②

第二节　尽言直谏：皇太极对下情上达的重视与利用

天命十一年（1626）八月，皇太极因"才德冠世，深契先帝圣心，众皆悦服"③，被推举继任新汗。虽然八王共治体制为努尔哈赤强化汗权提供了助力，却为其继任者的权力集中带来了障碍。

---

① 《清实录·太祖高皇帝实录》卷一〇，中华书局1986年版，第141页。
② 《清实录·太祖高皇帝实录》卷一〇，中华书局1986年版，第141页。
③ 《清实录·太宗文皇帝实录》卷一，中华书局1985年版，第24页。

以代善、阿敏、莽古尔泰为首的诸贝勒"不容于皇上，皇上亦不容贝勒。"因此，皇太极"事事掣肘，虽有一汗之名，实无异镶黄旗一贝勒也。"① 为了寻求治国养民之道、汗权强化之法，皇太极一方面设八大臣析分贝勒权力，一方面强调尽言直谏的重要性，试图借助下情上达的信息渠道，摆脱议政的权力樊笼，在经理国务的同时实现汗权强化之目的。

一、皇太极对议政体制下言路的不满与应对

虽然皇太极认为言官有"隘言路"②，但其对下情上达、民隐上闻的信息渠道却极为赞同。不仅"虚怀听览，乐闻谠言"，而且谕令"直言勿讳"其所行"未协乎义"之处。即便"政事或有愆忘，宜开陈无隐。"③ 因为在其看来，只有"勤于求治"，才能促使"国祚昌隆"。若"所行悖道"，则"统绪废坠"。④ 然而，无论是三大贝勒"分月掌理"国中一切机务，还是"诸贝勒代理直月之事"，⑤ 新继汗位的皇太极与诸贝勒之间的权力之争并未使国祚昌隆，反而呈现"国人皆有怨言"⑥ 之状。

---

① （清）罗振玉编：《天聪朝臣工奏议》，载潘喆等编：《清入关前史料选辑》第二辑，中国人民大学出版社 1989 年版，第 34 页。

② （清）罗振玉编：《天聪朝臣工奏议》，载潘喆等编：《清入关前史料选辑》第二辑，中国人民大学出版社 1989 年版，第 49 页。

③ 《清实录·太宗文皇帝实录》卷一〇四，中华书局 1985 年版，第 199 页。

④ 《清实录·太宗文皇帝实录》卷二三，中华书局 1985 年版，第 303 页。

⑤ 《清实录·太宗文皇帝实录》卷五，中华书局 1985 年版，第 67 页。

⑥ 《清实录·太宗文皇帝实录》卷八，中华书局 1985 年版，第 114 页。

在皇太极看来，其与代善、莽古尔泰"众共定策，推戴眇躬"。自继位以来，"无日不兢兢业业，期上继前业，下协民情。"然而，国人却"或有怨言"上闻。之所以出现如此情状，皆因执政有所"缺失"。究其所以然者，"必因审理刑狱，以致怨讟滋多"。皇太极认为，其"咎或亦在予"，却也与二大贝勒的"言不见纳"之失有关："第已有过，何能自知？旁观者必明。将刑罚不平与？贪黩货色与？荒于佚乐，以致怠惰与？抑赏功不明，有所偏私与？夫此大业，非予眇躬所能自致也。"对于太祖皇帝"艰难缔造之基"，若"我等克缵前绪，祇承罔坠"，则"皇考神灵"欣慰，上天"亦加眷佑"。倘有所"陨越"，则"皇考神灵不无怨恫，即上天亦加谴责矣"。因此，皇太极不无抱怨六年以来"未闻诸兄一言献纳"，以致"予何由而知其失乎"？对于其过失之处，皇太极指责代善、莽古尔泰"以予故而或面从"的失责，令其有失则"尽言直谏"。如果"言不见纳，方可弃予而不言。"因此，皇太极希望两大贝勒"有当为予言者，宜即言之。国家有大事宜整顿者，务宜整饬更新，共知遵守"，以免"法纪不明"。①

与皇太极对两大贝勒的抱怨不同，其对十贝勒的言辞则充满指责与不满。自登基于兹，"未闻尔等一言规朕之过，岂以朕为不可与言者乎？"皇太极认为，十贝勒"未尝有竭忠尽言以致摈弃者，是朕未尝不乐闻已过也。"为政"缺失"，"因审理刑狱以致多怨耳！或有乖国法，审断不公与？抑朕躬耽于佚乐与？黩于财货

---

① 《清实录·太宗文皇帝实录》卷八，中华书局 1985 年版，第 114 页。

与?"不过，皇太极因"孑然独处，不自知其非。尔等旁观者明，于上下诸人之过，必皆见之。"若"知而不言"，则"以期为治"难矣。因此，皇太极谕令十贝勒："此后凡有所见，即宜直言。朕与诸贝勒之过愆，以及百姓之疾苦，各据所知，一一指陈，无有所惧。"诸贝勒若有"宜公言于朝者，会议以闻。至国家法纪，臣民遵守，务期至当。有宜更改者，作何更改，即各以所见敷奏。"①

对于皇太极的求言谕旨，大贝勒代善除将民有怨言揽归"用人之失"外，便仅言"恪遵谕上旨，凡有所见，直言无隐"。至于皇太极期望的"政令关失"，则以"尚未悉知"为由，俟其"详加咨度，再为奏闻"。相对于代善的揽责，莽古尔泰却认为"臣等虽居私第，每据三次供词覆加详阅，以断是非，未有明知而敢枉断者。"

相对于两大贝勒的虚言塞责，十贝勒的反应则各有不同。既有阿巴泰"自今以往，凡事誓从公断"、阿济格"痛改前非，勉励职业"的冠冕之词，也有多尔衮"知识短浅，何从进言"的自嘲，以及"臣有过失，犹望皇上进而教诫"的反击。当然，其间也有指陈缺失的真知灼见。济尔哈朗奏称，"嗣后凡所讦诸贝勒之事，如与外国通谋背叛、谋杀弟兄、强奸民间妇女及窃取俘获财物牲畜者，即将讦告之人断出别旗，则奸乱自息矣。"岳托则"伏祈皇上擢用直谏之士，重黜奸邪，亲近忠良，屏斥谗佞。"委廉明正直之臣讞狱以息民怨，严察祭祷之靡费、禁九衣七帽之奢华以使国家丰

---

① 《清实录·太宗文皇帝实录》卷八，中华书局1985年版，第114页。

裕，将讦告诸贝勒之人断隶别旗以屏息奸佞。①

无论是两大贝勒的"面从"，还是十贝勒未有一言的"规朕之过"，均表明八王共治体制极大地阻碍下情上达。因缘于对此的不满与失望，皇太极极力强调天命十一年（1626）八月所设八大臣的谏诤功能。在其看来，八大臣"皆由众人之中擢居要职，与于诸贝勒之列，共参国政"。倘若"朕与诸贝勒有过"之处，尔等当为"规谏，庶于国计民生，有所裨益"。然而，或"恐言之而获咎"，或"恐未必见从"，致其"逡巡缄嘿"。对于八大臣的言未尽纳，皇太极指出此前"以谏诤之故，而罢斥者为谁？谴责者为谁？"若"朕之虚怀听纳，尔等固共见矣。"因此，尔等"容默之习，断宜省改"。正当"上天垂佑"之时，若不"及时敷奏，见之施行，朕于尔等更何赖焉"？因此，皇太极谕令八大臣："嗣后有应为朕言者，其悉心陈论。朕与诸贝勒及执法诸臣，有所缺失，随时改正。国家法纪，有应更改者，作何更改，朕不难听从。凡一切政事，尔等以公忠体国之心，旦夕不忘，则治化日隆，尔等亦名垂后世矣。"②

由此观之，皇太极是以八大臣的悉心陈言为信息渠道，借其提供的政治信息疏通共治导致的下情壅弊。与诸贝勒的塞责不同，由皇太极委任、对其负责的八大臣却极力保证依言行事，进而成为皇太极指陈国政、稽察内外的信息收集与反馈渠道。"以微贱之身擢

---

① 《清实录·太宗文皇帝实录》卷八，中华书局1985年版，第116页。
② 《清实录·太宗文皇帝实录》卷八，中华书局1985年版，第115页。

居大僚"的正黄旗固山额真楞额礼奏称："皇上所行，果有过失，岂敢缄默不言；若无过举，臣又何所指陈？自今以后，愿罄所知，以抒忠悃。"以"微贱之躯拔置大臣之列"的镶黄旗固山额真额驸达尔哈亦言："如上果有过举，岂有置而不言之理？既无缺失，指谏何从。今后凡有所见，惟尽心直告，以图报称。若知而不言，难逭天谴。"自言"驽钝"的正红旗固山额真额驸和硕图、正蓝旗固山额真色勒则强调："以图报称"。凡有所见，"不敢漫然置之；所任职掌；愿竭忠效力"。若"食言背义而行，上必谴之，天必厌之。"① 与其他固山额真相较，正白旗固山额真喀克笃礼更注重原本职责。依其所言，"若有见闻，安敢缄默？自今以后，审事则矢公听断，出师则尽力驰驱。若旷职妄行，必膺天谴。上察其罪，身甘斧锧。"一言概之，"有所见闻，即行规谏"；出征临敌，"惟有捐躯效死。"②

二、议政大臣：皇太极稽察八旗的尝试

为了打破议政体制的权力限制，皇太极方继大位便以"经理国务"为由，与诸贝勒定议：设八大臣，由纳穆泰、额驸达尔哈、额驸和硕图、侍卫博尔晋、顾三台、拖博辉、车尔格、喀克笃礼，分别担任正黄旗、镶黄旗、正红旗、镶红旗、镶蓝旗、正蓝旗、镶白旗以及正白旗固山额，再设"出兵驻防，以时调遣"的十六大

---

① 《清实录·太宗文皇帝实录》卷八，中华书局 1985 年版，第 119 页。
② 《清实录·太宗文皇帝实录》卷八，中华书局 1985 年版，第 119 页。

臣，所属词讼，仍令审理。① 从"总理一切事务"的八大臣，到佐理国政的十六大臣，再到专用出兵驻防的十六大臣，皇太极在八王共治体制下又成立了仅对其负责的行政体系。此举不仅分割了议政贝勒的中枢决策权，而且加强了皇太极在议政时的话语权。

依皇太极所言，其"独居于内，惟与尔等相接，惟与尔等共议，外事何由而知？"显而易见，皇太极此言不仅将八大臣视为辅政之臣，而且依赖八大臣提供的信息以周知内外事务，进而构建起监察八旗社会的信息渠道。正是因为皇太极的信任与权力赋予，八大臣"入则赞襄庙谟，出则办理国事，上下中外一切事宜，未有不知者"。② 凡是皇太极所想之事，便在其查察之下。八大臣等人不仅提供谏言，而且负责监察以及相关信息传递，显然成为皇太极独自掌控的信息渠道。换言之，皇太极决定了八大臣的为政方向及政务筹措。天聪元年（1627）五月，皇太极谕令："各旗所属之人，勤惰不齐，贫富亦异，夫务农积贮为足食之本，而有无相恤实弭盗之原，尔诸大臣务加详察。若力不能耕种而无粮赡养者，有兄弟则令与兄弟相依，无兄弟则令牛录下殷实有粮者养之。其为诸贝勒素知才能之人，有不能耕种而无粮赡养者，须详察其情，告知诸贝勒，设法赡养，毋俾失所。"此外，对于"盗贼蜂起，乘马劫杀"之事，诸大臣还需稽察管堡拨什库是否"修葺堡墙"、缉拿盗贼，牧马之人是否"查收马匹、纵贼窃乘"，以及守门人役是否盘

---

① 《清实录·太宗文皇帝实录》卷一，中华书局1985年版，第27页。
② 《清实录·太宗文皇帝实录》卷八，中华书局1985年版，第114页。

诘出入人等。①

议政大臣的设立，为皇太极提供了八旗内外事务的信息来源，不仅为其插手各旗旗务提供了条件，而且有助于高效地应对突发事件。天聪三年（1629）二月，正黄旗管汉民千总因"科敛民间财物"被拘讯，皇太极借此谕令其他七旗大臣："各察本旗属下人等，如有此等攫食之事，即行奏闻，毋得容隐。如七旗俱无此事，即将正黄旗攫食之人定议具奏。"于是，八大臣遵旨查察本旗官员是否存在科敛之事，并据实奏闻。虽然皇太极以"朕自行察出"为由，宽宥正黄旗攫取民间食物之人，却因八大臣奏闻知悉"八旗皆然"。虑及"罪之不胜罪"，皇太极只能谕令：尔等各宜"省改前愆，共矢公忠，对天自誓，以警将来。"②

八旗官员侵夺民间财务的现象普遍存在，令皇太极倍感忧虑。皇太极召集三大贝勒、诸贝勒、八旗大臣及众民等，"因以治国养民之道"诚谕诸臣："人臣以称职为先，国家以爱民为务。尔等简阅国中器械，及区处一切事务，皆当力为身任，何俟朕言？至于奉差出使之人，定例各自备糇粮，毋许科取民间食物，违者罪之。"就"违法妄行"之人，则"严为惩治"。究其原因，在于"诸臣皆受朕恩，身居民上，衣食亦已丰裕"。若"攫取贫民辛勤挈养之牲牢以供口腹，贫民被此扰累，何所恃以为生乎？"包衣逃亡、背叛，"职此之由"。因此，嗣后有需索食物者，除凡人照常处分外，

① 《清实录·太宗文皇帝实录》卷三，中华书局 1985 年版，第 49 页。
② 《清实录·太宗文皇帝实录》卷五，中华书局 1985 年版，第 68 页。

若系管粮官、笔帖式及巡台人等，似此虐民妄行，事发不照常例治罪，定行处死。①

对于皇太极的警告与训诫，虽然诸臣声称："自今以后，仰遵圣训，爱养百姓，凡事身任，勉效公忠，以图报称"，② 却依然难消其忧虑。于是，皇太极令八旗诸大臣及各官等誓告天地。"蒙皇上委任"的诸大臣誓辞曰："若审事之时，心挟偏私，或袒护亲戚，或报复仇怨，以致颠倒是非，不行公断；见人之善不举，见人之恶不言；至于或出外，或居家，除本家兄弟以及亲戚朋友间，以钱财、食物、寻常往来馈赠外，若将小民钱财食物或行勒索，或行攫食，及出征所俘之人、田猎所获之兽，于应得分数外，或隐匿私取；又行猎出征时，本旗属下有盗窃不良之徒，不行觉察；皇上所委一切职任，不竭忠尽力者，上天谴责。使过恶上闻，获罪身死。若于所委职任，能竭忠尽力，于国中百姓，仰体上心，克加爱养，不令属下人等，违法扰民。平时严行觉察，无有欺隐，上天默佑，使寿算延长，子孙蕃衍，声名上达，永膺禄秩。"③

皇太极对八大臣的倚重，虽然便于周知八旗内外旗务，但其直指执政贝勒的最终目的，也遭到了诸贝勒的抵制。天聪五年（1631）三月，贝勒萨哈廉奏称：今所用"八大臣及审事诸臣，臣以为未必尽得其人。八大臣中不谙国事者有之，唯诺以承上旨者亦有之。"至于执法之司，贵"忠直而明决。今大臣中有不特见尤于

---

① 《清实录·太宗文皇帝实录》卷五，中华书局 1985 年版，第 68 页。
② 《清实录·太宗文皇帝实录》卷五，中华书局 1985 年版，第 68 页。
③ 《清实录·太宗文皇帝实录》卷五，中华书局 1985 年版，第 68 页。

众，并为本旗所不喜者。审事诸臣，或出身微贱，心怀畏惧。不以瞻徇为耻，听信情面，各庇其所属，希图幸免，以致迁延犹豫。"因此，萨哈廉建议："听断不必多人，皇上但慎简贝勒一人、大臣一人、审事官四人，专任其事。除死罪籍没外，俱委令断决。贝勒、大臣人数虽少，识见未到者容或有之，岂复有偏徇者乎？如仍用多人审理，则宜令各坐一处，不必参同，各以所见科断。"①

皇太极另委大臣稽察八旗政务、出兵驻防、审理词讼的做法，虽然引起了诸贝勒的不满，却极大地削弱了其对新汗的权力威胁。天聪六年（1632）正月，皇太极一改"与三大贝勒俱南面坐受"，开始"南面独坐"。八旗诸贝勒率大臣朝见，亦不以年齿为序，而是开始按照旗分以次朝见。② 崇德二年（1637）二月，皇太极以"有事咨商人员甚少"为由，于旗内各设议政大臣三员。由于以往所设八大臣或出兵，或在家，"倘遇各处差遣，则朕之左右及王贝勒之前，竟无议事之人矣"。即便议政乏人，但皇太极并"不轻令妄与会议者"。究其原因，在于"卑微之人参议国家大政，势必逢迎取悦。夫谄佞之辈最误国事，岂可轻用！"今特加选择，以巩阿岱等为贤，"置于议事之列"，希望尔等"殚心事主，乃见忠诚。为国宣劳，方称职业！"依照皇太极所言，议政大臣职责有三：启迪主心；办理事务当以民生休戚为念，遇贫乏穷迫之人，有怀必使上达；各国新顺之人，应加抚养。此三者不仅是皇太极"时切轸念"之事，亦是在王、贝勒前议事时务须言其主之事。尽管皇太

---

① 《清实录·太宗文皇帝实录》卷八，中华书局1985年版，第117页。
② 《清实录·太宗文皇帝实录》卷一一，中华书局1985年版，第150页。

极一直强调：议政大臣“凡有欲奏之事，不可越尔固山额真，如某事应施行、某事应入告，当先与固山额真公议，然后奏闻。”但是，其对进言与谏诤的强调，却难掩其借此周知八旗事务之目的。①

鉴于蒙古察哈尔林丹汗悖谬不道至于亡国的教训，皇太极极力强调议政大臣“斥言其主所行悖乱”之职。若其有“或有过举，尔等即当面诤。试思以谏诤之故，而斥责者为谁？降革者为谁？倘谏而不听，静以俟之，可也。若既不能谏，而徒于退后，咎其主上之失，议其国事之非，岂人臣之谊乎？或更有将各旗妄分彼此，明知本旗有悖乱之人，隐匿不言及人言之、反加庇护者，尤朕心之所深恶者也。”在皇太极看来，将进言者视为“谗谮”，实乃“无知之辈”。若“善，则曰善；恶，则曰恶，何所忌讳而不言！使有明知其人以恶意误其主，而不入告者，岂人臣乎？若私结党援，反欲倾害善人、指以为恶，妄行入奏。所谓谗人，乃此类也。”②

从总理一切事务的八大臣，到启迪主心的议政大臣，职能的转换从侧面印证了皇太极汗权的强化。诸大臣各有所司，在分权执政贝勒的同时，因下情上达使权力回流至皇太极手中。由是观之，不同时期的议政大臣，不仅自下而上地钳制执政贝勒，而且因皇太极对言路的强调，成为监察八旗官员、稽查内外旗务、传递政治信息的重要武器。我们可以如此言说，议政大臣的设立与施政，在某种程度上打破了八王共治的联合议政体制，为皇太极强化君权奠定了根基。

---

① 《清实录·太宗文皇帝实录》卷三四，中华书局 1985 年版，第 445 页。
② 《清实录·太宗文皇帝实录》卷三四，中华书局 1985 年版，第 445 页。

第二章　从人人进言到职司谏诤：皇太极信息控制方式的改变

在政简人稀的努尔哈赤时期，因缘于诸多下情上达、民隐上闻的政治举措，其躬身过问的勤政与周知内外的信息渠道相结合，在某种程度上掩盖了议政体制的弊病以及诸贝勒在文治层面的不足。随着人口增加①、旗务增多，具有原始民主意味的议政制度，已经很难适应专制皇权的需求，诸贝勒的执政"缺失"也导致了皇太极所言的"国人皆有怨言"②困境。在汉官群体的推动下，皇太极依照中原王朝的政治体制设立都察院，将其作为求言纳谏、周知国事的信息机制。鉴于下情上达、民隐上闻的信息收集与反馈，都察院成为皇太极介入官僚机器、掌控八旗内外的重要工具。

---

① 张国斌等：《清入关前六部两院考略》，载《沈阳故宫博物院院刊》第十五辑，中国出版集团 2015 年版，第 76 页。

② 《清实录·太宗文皇帝实录》卷八，中华书局 1985 年版，第 114 页。

第一节　职司谏诤：都察院的设立及职能

皇太极不仅沿袭了努尔哈赤时期的议政方式，而且也极为推崇"人人得以进言"① 带来的信息控制。因此，当汉官群体推动内阁、六部、都察院、六科、通政司等结构设置时，皇太极仅设六部。然而，随着人人进言轨迹的偏离，皇太极开始接受汉官群体关于言谏体系的认知，进而设立都察院。不过，与汉官群体的构建不同，皇太极赋予都察院极大权限，不仅稽察内外部务，而且谏言政论得失，成为皇太极周知内外的重要渠道。

一、有碍言路或明目达聪：皇太极君臣对言官的迥异认知

自古以来，国家"文武并用，以武功戡祸乱，以文教佐太平。"② 出于"振兴文治"的考虑，皇太极开始强调贤能之人"堪为国家之助，其利赖宁有穷也？"③ 因此，皇太极一改努尔哈赤"种种可恶皆在此辈"④ 的认知，主张"图治以人才为本，人臣以荐贤为要"⑤。天聪三年（1629）八月，为求"文艺明通"之生员

---

① （清）罗振玉编：《天聪朝臣工奏议》，载潘喆等编：《清入关前史料选辑》第二辑，中国人民大学出版社1989年版，第49页。

② 《清实录·太宗文皇帝实录》卷五，中华书局1985年版，第73页。

③ 《清实录·太宗文皇帝实录》卷六，中华书局1985年版，第96页。

④ 《清实录·太宗文皇帝实录》卷五，中华书局1985年版，第73页。

⑤ 《清实录·太宗文皇帝实录》卷二二，中华书局1985年版，第290页。

"以昭作人之典"，皇太极谕令："诸贝勒府以下及满、汉、蒙古家所有生员，俱令考试。各家主毋得阻挠。"若有考中者，则以别丁偿之。① 因此，九月初一日，诸臣公同考校，得优者二百人。皇太极对此大加奖赏：凡在皇上、八贝勒等包衣下为奴及满洲、蒙古家为奴者，"尽皆拔出"。考试"一等者，赏缎二；二等、三等者，赏布二，俱免二丁差徭。"②

除了简拔汉族士人及对其态度的缓和③之外，皇太极还于天聪三年（1629）四月设立文馆，或翻译汉字书籍，或记注政事得失，以期为处理国事提供借鉴之据。④ 无论是选拔人才的考试，还是文馆的以备咨政，我们并不考虑背后的政治指向，而是分析因此带来的政治机遇。正是皇太极于政权初建时采取的求贤、求言之策，使诸多汉族士子进入其视野。无论是遇事咨询，还是国政求言，甚或得失商讨，均为汉族士子接触中枢提供了便利，进而参与到皇太极的政权建设之中，成为后金设官立职的主要推动者。⑤ 宁完我等汉族官员，曾多次奏请"设六部、立谏臣、更馆名、置通政辨服制等事"。⑥ 然而，皇太极对其他提议"留中不下"，仅在天聪五年

---

① 《清实录·太宗文皇帝实录》卷五，中华书局 1985 年版，第 73 页。

② 《清实录·太宗文皇帝实录》卷五，中华书局 1985 年版，第 73 页。

③ ［日］谷井阳子：《清入关前汉人官僚对其政治的影响》，载中国社会科学院近代史研究所政治史研究室编：《清代满汉关系研究》，社会科学文献出版社 2010 年版，第 47—48 页。

④ 《清实录·太宗文皇帝实录》卷五，中华书局 1985 年版，第 70 页。

⑤ 张晋藩等：《清入关前国家法律制度史》，辽宁人民出版社 1988 年版，第 99—199 页。

⑥ 《清实录·太宗文皇帝实录》卷一〇，中华书局 1985 年版，第 147 页。

（1631）七月集诸贝勒、大臣，"爰定官制，设立六部"，令贝勒多尔衮、德格类、萨哈廉、岳托、济尔哈朗、阿巴泰分管六部事宜。①

天聪五年（1631）十二月，宁完我又以"设官未备，弊窦将开，立法不周，乱阶必至"为由，奏请设立"直言于未事之先"的科、道、通政司。依其所言，六部既设，"各司其事，事不留行，皇上业以为国事就理，任无冗员"，实乃"图治之道"。古之"创业帝王，虽治术多方，法制详备，犹不免日久弊生。"② 如今"官制未备，法度不周"，难免"弊窦乱阶，萌于积渐"。因此，设官立法当"相因相制，期于毫无罅隙而后已"。正是帝王"虑国事无纪纲也，而置六部；虑六部有偏私也，而置六科；虑科臣阿党、君心宜启沃也，而置馆臣；虑下情上壅、君心受欺蔽也，而置通政。此数事皆相因相制，缺一不可者。"③

宁完我关于设官定职的构想，似乎并未引起皇太极的重视。尤其是设立言官之事，皇太极不仅兴致缺缺，而且认知与汉官所言恰恰相反。在其看来，后金辖下"人人得以进言"，并无设立言官的必要。此外，明朝多设言官，依然"败坏若此"。④ 因此，皇太极认为设立言官是"隘言路"⑤ 之举。对于皇太极并未"一深长思"

---

① 《清实录·太宗文皇帝实录》卷九，中华书局1985年版，第124页。
② 《清实录·太宗文皇帝实录》卷一〇，中华书局1985年版，第147页。
③ 《清实录·太宗文皇帝实录》卷一〇，中华书局1985年版，第148页。
④ 《清实录·太宗文皇帝实录》卷一〇，中华书局1985年版，第148页。
⑤ （清）罗振玉编：《天聪朝臣工奏议》，载潘喆等编：《清入关前史料选辑》第二辑，中国人民大学出版社1989年版，第49页。

之论，宁完我并不支持，并提出切实弊政以期改变皇太极的固有认知。在宁完我看来，六部自设立之后，"曾见有一人抗颜劾罪者否？"对于国家政权而言，"似此寂寂无言"实难表证"国中太平无事"还是"其中另有情故"。若属下"既不敢是非其官长，而局外无责者，又谁敢轻议其权贵耶？是弊窦从兹而开，乱阶由此而酿也。"若举国之内"唯诺成风，浮沉为俗。以狡猾为圆活，以容隐为公道，以优柔退缩为雅重，步趋成习。"即便偶有大臣敢言一二事，亦"自觉其特立孤标之可虑"而不可为。①

如果说上述所言是宁完我对言谏缺失的利弊陈述，那么紧随其后的便是对皇太极信息控制方式的批评，指陈闻知国中之事的举措"如古之告密"。无论因此言求进的政治目的，还是出于裨益国事的分析，宁完我强烈建议采取言官这一"堂堂伟伟之举动"。若立言官，则"人必自敛"。然而，"指名弹劾，人亦不怨"。究其原因，在于"责有所归，仇怨莫避。君身尚许指摘，他人宁知忌讳，苟不至贪污欺诳。任其狂言，弗为禁制。此古帝王明目达聪之大用，寡过修省之良法也！"对于皇太极言及明朝"言官坏事"之辞，宁完我认为咎不在斯，而在于其主"藻鉴不明，非洪武之设法不藏也。"②

与宁完我高屋建瓴式的反驳不同，正蓝旗总兵马光远则向皇太极提出了具体方案，指明言官对国家政事的作用以及帝王驾驭百官的便捷。天聪六年（1632）十一月二十八日，马光远以"群下办

---

① 《清实录·太宗文皇帝实录》卷一〇，中华书局 1985 年版，第 148 页。
② 《清实录·太宗文皇帝实录》卷一〇，中华书局 1985 年版，第 148 页。

事者率多欺谎，若不设法纠察"，则"魑魅公行""有法如无法"为由，奏请皇上"选铁面鲠直之人，立为八道言官，不时访察"。如有"奸盗邪淫、谋逆贪恶、谎诈欺公、含冤抱屈者"，许其"据实指名参奏，以听皇上拿问处分"；如有"廉能公勇者，许即时奏闻，以听皇上试用"。如此一来，则"忠良进步，狐鼠潜踪，而国家事无不大治矣。"①

不过，我们应该注意的是，无论是"堂堂伟伟"之描述，还是"明目达聪"之功用，甚或"无不大治"之野望，并没有完全消除皇太极关于言官导致大明朝政败坏的认识。正是因缘于此，皇太极始终对言官持审慎之态，并未按照汉官群体立官设职的构想匆忙架设后金政治制度，而是采取了逐步推进、渐次设立的方式。

二、六部怠惰与汉官群体推动言官设置的努力

随着执政贝勒手中权势的消减，共治体制随之坍塌。皇太极不仅开始"南面独坐"，而且重新制定八旗朝见规则。凡国人朝见，皇太极不再与三大贝勒"俱南面坐受"，而是自天聪六年（1632）开始"南面独坐"。八旗诸贝勒率大臣朝见时"不论旗分，惟以年齿为序"的觐见方式，也自"是年始照旗分，以次朝见。"② 随着皇权强化及其对汉族士人的倚重，皇太极借鉴中原王朝的政事得

---

① （清）罗振玉编：《天聪朝臣工奏议》，载潘喆等编：《清入关前史料选辑》第二辑，中国人民大学出版社 1989 年版，第 41 页。

② 《清实录·太宗文皇帝实录》卷一一，中华书局 1985 年版，第 159 页。

失，于天聪五年（1631）七月"爰定官制，设立六部"①。六部承
政、启心郎、参政的行政设置，在某种程度上以分权的形式钳制八
和硕贝勒的权势②，进而削弱了八王共治的政治影响。

对于皇太极而言，由其掌控的六部既通过分权的形式强化了专
制皇权，又因国政细分提高了行政效率。但是，仅凭权力制衡以及
大臣之间的彼此参劾，很难避免六部官员的绚情枉法。天聪六年
（1632）正月，皇太极便曾抱怨六部大臣的过失之事。在皇太极看
来，国家"设官分职"的目的，在于"理庶政，佐太平"。既然
"身膺"六部之职，自当履应有之责，"洁己爱民，奉公守法，以
副朕意"。然而，六部官员的做法似乎并未达到皇帝的期许。对于
"邪慝之念"，"何以不悛耶？"之所以"择而任以部事"，在于皇
太极所言的"尔等为贤"，但"仍有挟诈妄行者，殊非朕委任之
意"。因此，皇太极谕令："乃尔见朕与诸贝勒，曾妄取国中良马
美女乎？抑贪财货乎？如有之，尔诸臣当开导进言。言之不从，咎
在朕与诸贝勒矣。今朕与诸贝勒厚自检束，而尔等惟事妄行，可
乎？"相对于六部官员的行政职责，皇太极更为看重其对皇帝、诸
贝勒的劝谏之言。因此，皇太极在最后诫谕六部大臣："大业垂
成，赞襄盛治，惟尔臣工是赖。似此妄行，何以治国？尔等当敬识
朕言，勉图职业，则天必垂佑，朕亦眷爱之。"③

从皇太极所发谕旨来看，其间透露出其对六部大臣的强烈不满

---

① 《清实录·太宗文皇帝实录》卷九，中华书局 1985 年版，第 124 页。
② 王思治：《清史论稿》，巴蜀书社 1987 年版，第 27 页。
③ 《清实录·太宗文皇帝实录》卷一一，中华书局 1985 年版，第 153 页。

与指责。在皇太极看来，六部官员并没有"洁己爱民、奉公守法"，反存有邪慝之念，挟诈妄行之举。对于六部大臣在"开导进言"方面的不足，皇太极借副将高鸿中一事敲打群臣。高鸿中虽以"广朕耳目、指陈时政得失"① 为由上疏条奏，然其"疏中所奏，多援引古人过失，彼不读书，不悉其行事，遂多以前人为刺，谬矣。"② 因此，皇太极诫谕诸贝勒大臣："毋妄议前人所行为非也。"③ 在其看来，如今之"大业、国土、人民一切诸务"皆先帝努尔哈赤"所崛起而创立者"，倘若"不以为意，而自作聪明，是遗讥于万世也。"④

六部官员的怠政以及皇太极的不满与训诫，为汉官建言设置言官提供了契机。天聪七年（1633）正月，书房秀才马国柱因"今日欺隐成风，朋党搏击"，奏请设立言官。在其看来，若"言官不立，无责成而有嫌疑，谁肯言之？"即便或有言事之人，必存"私而不公"之意。如此一来，并不是进言之利，而是"开人以报复之门""扰乱国家"之举。此外，马国柱以实际谏言之事加以佐证，指出"连年以来，谁曾公道说几件事来？即有言者，果是为汗为国，抑是报怨报仇，汗一详思而自明矣。"无论是言事数量，还是言事之目的，均称为言官之利的对比依据。因此，马国柱指出"建立言官"实乃"千古帝王之美意良法"。即便是"后世人主虽

---

① 《清实录·太宗文皇帝实录》卷一一，中华书局 1985 年版，第 155 页。
② 《清实录·太宗文皇帝实录》卷一一，中华书局 1985 年版，第 155 页。
③ 《清实录·太宗文皇帝实录》卷一一，中华书局 1985 年版，第 155 页。
④ 《清实录·太宗文皇帝实录》卷一一，中华书局 1985 年版，第 155 页。

有神圣，亦不得弃而不置"，倘若"言官一立，汗之过失得闻，贝勒是非不掩。国中善恶可辨，小民冤苦得伸"，虽然"言官至私，必不敢少隐父兄之过者，职分使然也"。除去言官的制度优势之外，如今国内"欺隐成风，朋党搏击，善恶混淆，真假莫辨，实可为寒心而扼腕者"。因此，马国柱认为："祛弊防奸之着，莫要于言官之设也。"①

对于马国柱设立言官的提议，皇太极不置可否，反而强调其"虚怀听览，乐闻谠言"② 的胸怀，鼓励官员"直言勿讳"，其所行"未协乎义"之处。即便"政事或有愆忘，宜开陈无隐"③，尤其是"六部事有不公，诸臣奸伪贪邪，宜直行纠劾"。即诸臣或有"艰苦之情，亦宜据实奏闻。"倘若"不务直言"，而"自为身谋，纷然陈奏。不惟朕难于观览，即于尔等亦无裨益"。④ 因此，皇太极谕令："嗣后凡有建白，惟当直陈。如心有独得，不妨就所创获，入献嘉谋。若剿袭故闻，以为陈奏，何益于事。"⑤ 皇太极的煌煌圣谕与言辞切切，并未改观六部情状。因此，天聪七年（1633）十月，皇太极不再以温和之态引导施政，而是直言六部政事缺失。

依皇太极所言，六部自设立以来，"惟吏、户、兵三部，办事

---

① （清）罗振玉编：《天聪朝臣工奏议》，载潘喆等编：《清入关前史料选辑》第二辑，中国人民大学出版社 1989 年版，第 49 页。
② 《清实录·太宗文皇帝实录》卷一四，中华书局 1985 年版，第 199 页。
③ 《清实录·太宗文皇帝实录》卷一四，中华书局 1985 年版，第 199 页。
④ 《清实录·太宗文皇帝实录》卷一四，中华书局 1985 年版，第 199 页。
⑤ 《清实录·太宗文皇帝实录》卷一四，中华书局 1985 年版，第 199 页。

妥协，不烦朕虑。礼、刑、工三部，办事多有缺失。"倘若"因事未谙而错误，尚可宽宥"，但令其失望的是，"伊等并不实心办事"。例如刑部听讼，"两造俱至，即当拘见证审问，自可得其实情。苟迁延日久，然后讯问，致彼串合供辞，实情岂能尽得？"至于工部，更不及他部。此外，礼部办事，亦有缺失。皇太极认为，之所以出现政事有缺，皆因"贝勒才短，承政疏忽，启心郎怠惰"。依照皇太极设想，"心郎不得干预部事，但坐于各贝勒之后。傥有差谬，则启其心。"然而，"各部贝勒，多在私家理事"，那么"设立衙门何为"？皆"妄自尊大，而慢于政事也！"①

如果说皇太极对汉启心郎未尽"启迪"之责而心存不满，那么其对汉启心郎的无益之言，则极为愤怒。在其看来，汉启心郎、生员等人，不仅未尽谏诤、启迪之责，反而"动辄以航海取山东、攻山海关为言"②。依皇太极所言，航海乃"至危之事，而我国又不善操舟。至于山海关，素号险固，未易攻取。此岂非欲航海者，咸没于水。欲攻险者，致损其兵乎？"就目前国情而言，"我国方承天眷，甫集之兵民无几。若少亏损，何以克成大业"。因此，皇太极断定："为此说者，是为敌人而损我兵，徒以空言相赚耳。此等疏奏，何益之有。朕为一国之主，与诸贝勒共图军事，岂有不相其机宜之理。此自不待尔等陈说。"③ 因此，皇太极希望其尽职尽责："如朕与诸贝勒，或不理国政、贪货利、耽酒色、贻误机务，

① 《清实录·太宗文皇帝实录》卷一六，中华书局 1985 年版，第 213 页。
② 《清实录·太宗文皇帝实录》卷一六，中华书局 1985 年版，第 213 页。
③ 《清实录·太宗文皇帝实录》卷一六，中华书局 1985 年版，第 213 页。

尔等言之，朕若不听，朕之过也。至尔等既任启心郎之职。遇本部贝勒有过，言之不从，遂默而不言，可乎？当再三言之，终不见从，方可奏朕。尔等见部务差谬，不能整饬，并无一言启贝勒之心，何以辄来渎奏乎？"①

鉴于皇太极对六部政事的极为不满与"渎言"之辞，扈应元于十二月再度提及谏官之重要。认为设立六部、书房，又分为"六夹喇、八固山，独无谏官衙门"。然而，"欲成大事者，必要先立谏官，选忠良为国之臣，正直无私之官"。② 天聪八年（1634）二月二十日，徐明远以"人无言责"为由，奏请设立言官。在其看来，"尧建闻善之鼓，舜立诽谤之木，资众人之善以为善，所以历朝之君，莫不遵法尧舜以立言官。今我国之不立言官者，或汗之意以为几人言，不如举国之人言。殊不知人无言责，不是为己为情。凡可得已，孰肯上言？故我国多有不公不法、大利大病之事，从未见有面折廷诤之臣。虽汗聪明天纵，必不能备悉隐情，以昭圣明之治。故宜择访公直廉节者，立为言官，此乃今日之急务也。"③

汉官群体设立言官的建议，随着六部政务缺失、欺隐成风、朋党搏击等问题而愈显重要。虽然皇太极并未遽设都察院，但汉官群体接踵不绝的建言，也在逐步消解皇太极对言路的既有认知。我们

---

① 《清实录·太宗文皇帝实录》卷一六，中华书局 1985 年版，第 214 页
② （清）罗振玉编：《天聪朝臣工奏议》，载潘喆等编：《清入关前史料选辑》第二辑，中国人民大学出版社 1989 年版，第 90 页。
③ （清）罗振玉编：《天聪朝臣工奏议》，载潘喆等编：《清入关前史料选辑》第二辑，中国人民大学出版社 1989 年版，第 95—96 页。

甚至可以如此言说，都察院的最终设立，与汉官群体的推动不无关联。

三、人人进言轨迹偏离与政治隐喻

皇太极对汉官群体推崇的言官始终持谨慎之态。自宁完我至马国柱，从鲍应元到徐明远，虽然汉官群体屡屡建言，但皇太极却不为所动。究其原因，在于其所依仗的"人人得以进言"①。无论是努尔哈赤的政简人稀，还是皇太极闻知国事、削弱贝勒权势的举，人人进言的方式均在某种程度上达到预期目的。随着中原王朝政治制度的引入，官僚制内蝇营狗苟的利益争夺与具有部族性质的八旗贵族的利益碰撞性质的因缘碰撞，在某种程度上削弱了直陈其恶的既定目标，反而成为政治投机、结党营私、徇私枉法的手段与掩护。

当然，我们并非指责人人进言的一无是处。事实上，人人进言的方式依然有助于皇太极处理国事。天聪九年（1635）七月，昂邦章京马光远因"刑部奉上旨传谕管堡各官功罪一事"冒死上奏。在其看来，此次"按法议罪，情理允当"。皇上此举无非出于"激励满汉各官，留心抚养人民"的考量，其"恩同日月，万民顶戴"。各堡逃亡汉人人数不一，"有二百名者，有八九十名者"。究其原因，虽属"天灾疾役"，也与"各官抚养无方，任其流离死亡"不无关联。"今日圣心轸念生民，逐堡稽察疏慢之罪。各官虽

---

① （清）罗振玉编：《天聪朝臣工奏议》，载潘喆等编：《清入关前史料选辑》第二辑，中国人民大学出版社1989年版，第49页。

万口，无以自解。律有明条，难逃国宪。"马光远各官的"疏慢之罪"，却认为"革去世职，发堡为民"有失妥当。在其看来，各官"虽功次不等，受恩已非一日，且各官世职，或应十世，或应五六世，或应一二世，皆蒙敕赐世袭，恩意何等深远，得之何等艰难。今一旦以养人无法，概革为民，众情无任惊惧。"因此，马光远奏请："雷霆之后，必有雨露。更祈我皇上大施格外之恩，止从重议罪，免革世职，仍令戴罪办事。正合使功不如使过之例，庶国法、人情两得其宜。臣非为各官营私，实为王法持平！"①

与指向具体政务的进言相较，关于对明用兵策略的进言日渐增多。天聪八年（1634）七月，监生张文衡"审知明国颠危，欲献策相助"。在其看来，当"审悉明之形势，嗣后再举"，若"克成大业，当不专嗜杀夺也"。依张文衡所言，大明"役烦赋重，生民穷困，愿见太平"，若皇上"大兵四路并入，人心愿归者大半"。不过，"大军不围宣大而围小州，大失民望"。因此，张文衡指出，"为今之计，乘民心未定，备书前后兴师之本意，布告四方，以慰其心。宣大二总兵官，亦宜致书，陈说利害，以懈其守志。若取宣府、大同，待二总兵以王礼。各处人心自安，此安民之要道也。若以此为迁延时日，则不如图其大者，可入倒马关等口，直抵燕京。东塞粮道，西绝煤路。又于京城东西各安大营，以待蓟州河南之兵，燕京可立困矣。"② 除了提出对明用兵策略之外，张文衡还建议皇太极借"天下震动，正收服人心"之时，趁"敌师未整"之

① 《清实录·太宗文皇帝实录》卷二四，中华书局1985年版，第316页。
② 《清实录·太宗文皇帝实录》卷一九，中华书局1985年版，第254页。

机乘虚攻击。在其看来，"彼兵之未及备，而我出不意以击之，庶几可获全胜"。倘若"迁延日久，田野一空，城郭完固，欲野战则不能，欲攻城则劳力，纵使深入，亦难万全。即有所得，亦不过区区屯堡，有何益哉？"无论如何畅谈攻明之策，始终难掩其"望皇上推诚垂询"的幸进本质。①

天聪九年（1635）正月，都司陈锦以"皇上虚怀下询，敢不竭诚上陈"②为由，建言"直抵中原"。在其看来，"明之君臣将帅，谁敢与皇上敌者？"因此，当"乘明人欺蔽之时，值祖大寿疑贰之际，不必攻小城以劳兵力，当直捣根本以建鸿图。"采取"或攻或困"之策"注全力于燕京"。若"燕京一破，关塞长驱，河北可传檄而定矣"。此外，"起兵之日，大张榜示明谕各路城堡，使其各安生业，是攻心之术也"。不过，其"更望皇上因人才之大小而器，使之智者务尽其心，勇者务得其力。凡任用诸臣，必使之知廉耻、贵爵秩、轻财利，则成大事易易矣"。在选取人才时，"必当豫为甄，别庶临时任用，不致贻误"。③

二月，张文衡再次奏称"明国可取，正在此时"，其于陈奏中直指明朝弊病："彼文武官僚，俱从贿赂得之。文臣无谋，武臣无勇，司军马者克钱粮，造器械者匿公费，士马无以资生器械。不堪实用，将卒何心为国用命乎？且起兵动称勤王，反肆抢掠。"兵马虽多，却无裨益。此外，太监专权贪财，赏罚俱失人心，"能任事

---

① 《清实录·太宗文皇帝实录》卷一九，中华书局1985年版，第254页。
② 《清实录·太宗文皇帝实录》卷二二，中华书局1985年版，第289页。
③ 《清实录·太宗文皇帝实录》卷二二，中华书局1985年版，第289页。

者不得有为，未任事者又不肯出，上下内外，通同蒙蔽，诸事之坏乱已极。"在其看来，之所以出现抵抗，"不过保全躯命，惧父母妻子之离散"。因此，在对敌时"凭倚火器，死守城池，以图幸免耳"。倘若"不乘时急举，彼系大邦，必无久弱之理"。期望"皇上乘天与人归之会，锐志奋兴规取中原，庶不负上天笃生皇上之心。"① 虽然张文衡极力严明"明国可取"的时机恰好，但其自"归本朝以来未任政事"之实，足以表明其借建言博取青睐之本质。因此，"处事机之会，不能无言"的说辞，也成为其谋取政治资本的解释。

对于汉官及诸生陈奏"宜速兴师征明，用兵以招抚为尚，勿杀敌人"② 之策，皇太极大为反感。在其看来，"用兵杀敌，此岂朕心所乐。但临敌之际，我不杀彼，能禁彼之不我杀乎？如彼汉人，若得我国之人，虽妇女幼稚，亦不能保其首领。朕岂如彼妄杀耶？"皇太极认为，"用兵制敌之道，逆者诛之，顺者抚之，酌恩威而并用，方为仁义之师，何伊等所见之偏耶"。至于所谓的"宜速出师以成大业"大策，皇太极认为是"不达时势之见"。正如其所言，"朕岂不愿成大业，而专以游畋为乐耶？夫但图大事，亦须相机顺时而动。今察哈尔、蒙古，皆新来归附。降众未及抚绥，人心未及安辑，城郭未及修缮，而轻于出师，其何以克成大业？且朕于旧归新附之人，皆不惜衣服、财帛、马匹、牲畜以养之。又每日三次赐宴，岂不惮烦？"倘若"人心未知，虽兴师动众，焉能攻城

---

① 《清实录·太宗文皇帝实录》卷二二，中华书局1985年版，第291页。
② 《清实录·太宗文皇帝实录》卷二二，中华书局1985年版，第293页。

必克，野战必胜"？因此，皇太极认为，如今所言"以速出师为言"之人，实乃"小人之浅见"。度其本意，"不过欲劳师旅，克城池，冀得财货，以偿一己之勤劳，而军国之艰难，竟置之膜外也。"①

鉴于此类小人浅见横行，皇太极谕令："凡建言者宜，从国事起见，或妄杀无辜，或政令有失，或所行悖戾。见有过误之处，即当实指其过误，而引其君于当道。此等直谏之人，朕则谓真诚为国，识之不忘。虽朕之素行，凡遇宠任之人，不使过分，然苟能实心为国，朕亦未尝不久而眷注也。"② 皇太极对速兴师征明的驳斥以及"实指其过误"的指示，均表明人人进言已偏离最初民隐上闻、上情下达的设定，反而成为心存侥幸之人的进身之阶。不过，我们并不应局限于斯，而是借此探究皇太极对人人进言的政治诉求。换言之，当其通过信息收集与反馈达到削弱贝勒权力、于国计民生有所裨益的预期以后，其对人人进言又持什么态度？深入地分析皇太极对鲍承先陈奏之事的反应，并不难得到答案。

天聪九年（1635）正月，鲍承先因"元帅孔有德、总兵官耿仲明、为其属员请敕"③ 一事奏称："上下之分，自有定礼。今特以诸侯之爵，隆重极矣。然元帅不识大体，未谙书史。复要请无已，甚失人臣之礼。"④ 此外，"为国者，有大臣、有陪臣。自古及

---

① 《清实录·太宗文皇帝实录》卷二二，中华书局 1985 年版，第 293 页。
② 《清实录·太宗文皇帝实录》卷二二，中华书局 1985 年版，第 293 页。
③ 《清实录·太宗文皇帝实录》卷二二，中华书局 1985 年版，第 289 页。
④ 《清实录·太宗文皇帝实录》卷二二，中华书局 1985 年版，第 289 页。

今，皆有一定之规。若任情滥予敕书，是窃名器也。名器一亵，贤者退，小人进矣"。① 因此，鲍承先奏请："傥皇上加意招徕远人，可令吏部量其轻重，暂给劄付。俟其果能立功报国，然后请旨给敕。臣之所言，皆古帝王统御臣下之常经。臣知之，不敢隐讳，故此奏闻。"②

对于鲍承先的奏议，皇太极认为其"此奏未是"。在其看来，"辽东汉人，相继逃遁，而元帅率众航海，远来投诚，厥功匪小，朕前旨已发，岂可食言。"③ 至于鲍承先，"果有何功，俱系临阵与我军抵敌，因败走被擒者，今尚置诸功臣之列，给敕恩养，似此远来归顺各官，反谓无功而弃之可乎。"④ 皇太极所言直指其误，却并非责鲍承先之言。既然其"竭诚心以入告，朕亦开诚心，以宣示之耳，朕惟言出不悖，斯人人皆效忠于朕矣。"⑤

由是观之，相对于指陈，"效忠于朕"成为皇太极重要的取舍标准。正如镶蓝旗梅勒章京张存仁所言："止知颂皇上之德，而不谏皇上之失，非忠也，非直也。忠直乃臣子之职分，臣何敢隐而不言。"⑥ 只是希望"皇上远效尧、舜、禹、汤、文、武之法，近仿汉高祖、宋太祖之制"⑦，这既是为臣者"真心报主，毫无私念"的印证，更是对其效忠于上尽职尽责的鞭策。不过，皇太极寄希望

① 《清实录·太宗文皇帝实录》卷二二，中华书局1985年版，第290页。
② 《清实录·太宗文皇帝实录》卷二二，中华书局1985年版，第290页。
③ 《清实录·太宗文皇帝实录》卷二二，中华书局1985年版，第290页。
④ 《清实录·太宗文皇帝实录》卷二二，中华书局1985年版，第290页。
⑤ 《清实录·太宗文皇帝实录》卷二二，中华书局1985年版，第290页。
⑥ 《清实录·太宗文皇帝实录》卷二四，中华书局1985年版，第315页。
⑦ 《清实录·太宗文皇帝实录》卷二四，中华书局1985年版，第316页。

达此预期的诸大臣却令其倍感失望。天聪九年（1635）六月，皇太极因"贝勒等，凡有工作，不遵朕制，额外修造，劳苦百姓"①而大发言辞，认为诸贝勒此举不仅"有违皇考之志，有亏孝道"，而且"无异于助敌长寇也"。② 对于"朝鲜宾服，蒙古举日归附，稽首来朝"，皇太极怀"仰承天眷，道在养民"之识，谕曰："察哈尔、蒙古、汉官、虎尔哈、卦尔察新旧归附之人，皆宜恩养，故时时以此为训。而贝勒等不遵朕命，遇有所获，互相争竞，夫善养人者，何论大小贤愚？随才器使，俱有裨益，譬如刊伐，则用斧斤；宰割，则用铦刃。济用于临时，必须预养于平日。岂有养人，而不得其益者乎？"③ 对于诸贝勒的违制之举，诸大臣"不能匡谏诸贝勒，知小民之疾苦而不以告。及见骄纵之人，又不能切责之，其何以为大臣也？尔等宜勉力为国，勿求逸豫。"④

　　如果说皇太极上述所言并未明确指称，更多地代表其对所倚仗大臣的失望态度，那么天聪九年（1635）八月的济马护一案以及皇太极的定罪量刑，不仅投射出人人进言的不足，而且昭示出皇太极对"壅蔽不达"的深感忧虑。超品公杨古利之弟谭泰为护军统领，凡"护军中关白诸事，令其管理，日近左右"。卓礼克图贝勒之子济马护，以"居址狭隘"为由请得杨古利所遗旧址，"杨古利不允，济马护乃嘱谭泰转奏，谭泰庇其兄不以闻"。随后又嘱图

① 《清实录·太宗文皇帝实录》卷二三，中华书局 1985 年版，第 310 页。
② 《清实录·太宗文皇帝实录》卷二三，中华书局 1985 年版，第 310 页。
③ 《清实录·太宗文皇帝实录》卷二三，中华书局 1985 年版，第 310 页。
④ 《清实录·太宗文皇帝实录》卷二三，中华书局 1985 年版，第 310 页。

赖、阿哈尼堪代奏，二人亦不以闻，以致济马护遂自言于皇太极。皇太极问话之后，怒责谭泰，认为其拔于"卑贱之中，用为耳目。凡事欲尔秉公持正、不徇偏私，随所闻见，入告无隐。尔乃不行公道，欺罔主上，专尚巧诈，大负朕委任之意。"依皇太极看来，"人之贤否，朕何由知？朕惟不能周知，故即尔等所贤者贤之，所否者否之"。但实际却并非如此，济马护"乃朕叔之子，其言尚壅蔽不达，彼在下小人，有劳苦嗟怨之事，又何由而得达乎？"对于此类恃"宗族强盛，欺陵愚弱"的奸恶之举，皇太极交由刑部质审，罚谭泰银百两，不许于御前任事，罚图赖银五十两，坐阿哈尼堪以应得之罪。后来，巩阿岱坐启奏皇上时，以无干之甯他海，与谭泰、图赖、阿哈尼堪一并牵连，亦坐以应得之罪。①

四、职司谏诤：都察院的设立及职掌

无论皇太极承认与否，随着官僚政治的涉入，其所坚守的人人进言开始掺杂功利目的，被用于干乞进阶、徇私枉法等政治用途，成为阻止下情上达、民隐上闻的障碍。为了疏通言路，皇太极除以上谕、训诫、刑罚等方式，提醒诸大臣效忠于皇帝之外，也开始寻求其他信息渠道、消弭言路壅蔽。

与皇太极的忧虑相对的是，汉官群体在建言时突出言路的广耳目、达下情、宣上意之用。天聪九年（1635）二月，正红旗牛录章京许世昌奏言："朝廷言路宜开，自古帝王，靡不以求，直言极

① 参见《清实录·太宗文皇帝实录》卷二四，中华书局 1985 年版，第319 页。

谏为先，何也？夫谏者，所以宣上意，达下情。内而弹劾奸邪，外而稽访民隐，实有裨于国家者也。"然而，我朝并未设立。许世昌建议："宜立中丞都御史总其纲，设东西两台御史司其职。"凡"国家政令之得失、百僚任事之忠佞"，准许其"风闻，不时论劾"。若其所言，"实而可行，即以擢赏；辞虽涉虚，亦宜包容，务使敢言不讳，乃昭圣朝纳谏之美"。至于"假公济私，报复雠怨"之举，则严加斥逐。总而言之，以期"朝廷得耳目之官，群小鲜欺罔之弊矣。"① 十二月，梅勒章京张存仁条奏言："多置谏官，以广耳目。如孙得功之忠直者，选擢数人为科道，专司参劾，为皇上布仁政、彰国法，使官民冤抑得伸。"②

在诸多因素推动下，皇太极下诏设立都察院，"凡有政事背谬，及贝勒、大臣骄肆慢上，贪酷不法，无礼妄行者，许都察院直言无隐。即所奏涉虚，亦不坐罪。倘知情蒙蔽，以误国论。如尽心职业，秉公矢行，三年考满，定加升赏。"③ 由此观之，皇太极将都察院指向贝勒、大臣的不法之举，并以涉虚亦不坐罪鼓励其直言无隐。随后，皇太极又颁发谕旨，对都察院的职能进行了详细阐释：

> 尔等身任宪臣，职司谏诤。朕躬有过，或奢侈无度，或误谴功臣，或逸乐游畋、不理政务，或荒耽酒色、不勤国事，或

---

① 《清实录·太宗文皇帝实录》卷二二，中华书局 1985 年版，第 297 页。
② 《清实录·太宗文皇帝实录》卷二六，中华书局 1985 年版，第 340 页。
③ 都察院编：《钦定台规》卷二，海南人民出版社 2000 年版，第 11 页。

废弃忠良、信任奸佞及陟有罪、黜有功，俱当直谏无隐。至于诸王、贝勒、大臣，如有荒废职业、贪酒色、好逸乐、取民财物、夺民妇女，或朝会不敬、冠服违式及欲适己意、托病偷安而不朝参入署者，该礼部稽察。若礼部徇情容隐，尔等即应察奏。或六部断事偏谬，及事未审结诳奏已结者，尔等亦稽察奏闻。凡人在部控告，该部王及承政未经审结又赴告于尔衙门者，尔等公议。当奏者，奏；不当奏者，公议逐之。明国陋规，都察院衙门亦通行贿赂之所，尔等当互相防检。有，即据实奏闻。若以私仇诬劾，朕察出定加以罪。其余章奏，所言是，朕即从之；所言非，亦不加罪，必不令被劾。①

与先前相比较，皇太极对都察院职责的界定更加明晰。不仅可以规谏皇帝，而且可以稽查诸王贝勒、大臣。除了指向上位者以外，都察院还监察六部行政事务，尤其是既能体现官员能力，又能传递下层社会信息的听断之争。就都察院部务而言，在其内部互相防检。因此，都察院成为监察内外大臣、上下情状的风宪衙门。"所言非，亦不加罪"的考量，则为其规谏上下提供了政治庇护。不过，我们应该注意的是，皇太极在设立都察院以后，并未关闭人人进言的信息渠道。

崇德元年（1636）六月，佟三牛录下生员刘奇遇、刘弘遇奏称其初系明国生员，为祖总兵参谋，时闻"太祖皇帝深仁大德，

---

① 《清实录·太宗文皇帝实录》卷二九，中华书局1985年版，第376页。

任用贤才"。因此，率家人"慕义来归"。于三岔河遇"太祖大军西征，即以明国兵马数目及战守事宜奏闻"。努尔哈赤曾有"若得广宁，即授尔以官"之言，及至攻克广宁之后，归顺各官俱蒙升授，而其二人隶佟三属下居住。彼时即欲"乞恩以归附，功微不敢渎奏"，后复以"臣等子弟三人编入册籍，应役迄今，未蒙豁免。夫出力供役，理所当然。但臣等家贫，衣食不给。若与众人一体应役，力有不能。况阵获官生，悉蒙给以庄田人畜，免其徭役，厚加抚养"。为免"远方之来附者，或将以臣等为口实"，刘奇遇奏请"圣恩怜念，豁免差徭"。① 对于刘奇遇所奏，皇太极"命大学士范文程、希福、刚林等，考试刘奇遇兄弟，文程等以刘弘遇可用为文职奏闻，因命弘遇为内弘文院副理事官，免其兄弟徭役各三丁。"②

　　无独有偶，崇德八年（1643）正月，怀顺王耿仲民治下民人孙舜亦曾陈奏进言。依其所言，如今"敌国切近，时加严备，尚恐疏虞，况全师远征乎？"然而，众官却"不思尽职，整理国事，止于词讼争胜，所存何心，实不可解"。在其看来，之所以出现如此情境，皆在于"胡云莺一事，诬告得志，遂致石名雄、王守春等效尤"。虽然"所讼者实少虚多"，但"株连百有余人，至今数月未结"。此外，"健讼之徒，肆行无忌"，言称：顺我者，保其无事；逆我者，令其倾家，以致"王之众官及笔帖式，牵连不已"。因此请求皇上"速降明敕，早塞讼源，则众庶俱获

---

① 《清实录·太宗文皇帝实录》卷三〇，中华书局1985年版，第383页。
② 《清实录·太宗文皇帝实录》卷三〇，中华书局1985年版，第383页。

安全矣。"①

如果说生员刘奇遇陈奏一事，因其士子身份及其与努尔哈赤的交集，很难凸显皇太极在言官之外对人人进言的支持，那么其于崇德三年（1638）七月所颁谕令，则明确表明其对有助于民隐上闻的人人进言持肯定态度。依皇太极所言，国中新旧满洲及旧蒙古、新旧汉人若有"家贫不能娶妻及披甲不能买马者，有勇敢堪充行伍、因贫不能披甲者，俱许自陈"。自陈者应先诉于本牛录章京之处，由"牛录章京率之告于固山额真"，经过固山额真详问之后，即带本人及牛录章京"启知"本王、贝勒、贝子，最终由"本王、贝勒、贝子即将无妻者配以妻，无马者给马以养之"。倘若本王、贝勒、贝子力不能给，"许奏明，朕自给与。"②

对于皇太极所言，各王、贝勒、贝子对于如此贫苦之人"既不能抚养"，若再"隐而不奏，致下情壅于上闻，膏泽不能下逮耶"！如果牛录章京、固山额真对于此等"壅蔽"，不启知本王、贝勒、贝子者，坐以罪；若牛录章京、固山额真"既已启知，而本王、贝勒、贝子不给与妻室、马匹，复不行陈奏，许无妻之人，赴户部陈诉；无马之人，赴兵部陈诉；新附蒙古无妻奴、马匹者，许赴理藩院陈诉。"对于此类之事，各部大臣即"详问本人，察其等第及从前给过之物"，倘若"给物既已相称而诳称贫苦者，即行逐遣；若给与之物不称而贫苦是实，则覆启本王、贝勒、贝子。本

---

① 《清实录·太宗文皇帝实录》卷六四，中华书局1985年版，第881页。
② 《清实录·太宗文皇帝实录》卷四二，中华书局1985年版，第556页。

王、贝勒、贝子给与妻室马匹，收而养之则已。否则来奏，应与妻奴者，朕给以妻奴；应与马匹者，朕给以马匹。不应与者，亦即逐遣，不复加罪。"皇太极所言直接指出人人进言的重要，正如其所言，其"颁此明诏，凡贫苦无告之人，毋复畏本王、贝勒、贝子，隐而不言。尔若不自陈，朕安得知耶！"①

无论是职司谏诤的都察院，还是人人进言的民隐上闻渠道，因其裨益国政的功效为皇太极所容。不过，对此之外的诸如讹言，匿名帖等信息传递方式，皇太极则极力反对，试图消弭此种传播渠道的流祸。崇德元年（1636）五月，国中有"将以童子合铁铸钟"的讹言，以致百姓各家"各匿其子，闭户不令出"。内弘文院大学士希福、内秘书院大学士范文程、举人恩格德声称"匪人捏造谣言"，奏请察究。皇太极谕令："朕未尝有旨铸钟，纵铸钟，有用童子之例？事属不仁，朕岂肯为此不仁之举乎？可令工部诸臣速行查察，以后若有此等传布讹言者，定行处死。"②

与言路不同，流言的散布多因内容的反社会性动荡内外。因此，皇太极才谕令追查散布者处以死刑。相较于统治者对谣言的严防死守，皇太极对匿名帖则采取了较为理性的处理方式。崇德元年（1636）六月，盖州城门获匿名帖，帖内声称副将蔡永年与明国有"合谋"之事。每月"申文明国，请师修筑旅顺口，令各岛修整坚固。"一闻发兵，便会"移文沈总兵，并会祖总兵一齐恢复海、盖、辽、沈四城"，实乃"勾引我国，坑陷官军，重修旅顺，惊恐

---

① 《清实录·太宗文皇帝实录》卷四二，中华书局 1985 年版，第 557 页。
② 《清实录·太宗文皇帝实录》卷二九，中华书局 1985 年版，第 376 页。

居民，摇动中外人心也。"此外，如今"两国既已安宁，尔永年每月送信。明辅于此，暗通于彼。虽生于汉地，实长于我邦。谋反谋叛，中怀二心，是侵陵我国者，皆尔永年也。永年受我国副将之职，又作诱兵之计，殆自逞诈伪，而以计败两国也。"此外，匿名帖还指出："既受一朝之爵禄，又何必希恩于两国。丧失纲常，幸图官职，情罪非轻。理应重辟，尔宜慎之。"① 与"传布讹言者，定行处死"② 的处罚不同，皇太极对此采取了极为宽容之态，认为是"仇人欲陷永年者"，并以此帖示永年。③

都察院的设立以及皇太极对其职掌的规化，使其成为清朝最大的信息汇集地。无论是人人进言的减少，还是匿名帖的相异态度，均暗示皇太极开始接受汉官群体关于言路的认知，将风宪官的职司谏诤视为重要的信息控制方式。

第二节　皇太极对都察院的把控与利用

都察院的设立，不仅表明皇太极信息收集方式的转变，而且也表明其成为皇太极最重要的信息控制手段。由于同官僚体系之间无法规避的利益冲突，皇帝往往通过全面而可靠的掌握信息介入官僚

---

① 《清实录·太宗文皇帝实录》卷三〇，中华书局1985年版，第386页。
② 《清实录·太宗文皇帝实录》卷二九，中华书局1985年版，第376页。
③ 《清实录·太宗文皇帝实录》卷三〇，中华书局1985年版，第387页。

机器，甚至实现对社会的全面控制。① 能"有效测度官吏"② 相关信息的都察院，便成为上位者审慎对待的监察机构。所以，皇太极在都察院设立之初，除给予极大权力之外，也会谨慎地将其掌控在手，通过对稽察对象、陈奏内容、参劾政务等层面的引用，达到介入官僚机器、全面控制社会的目的。

一、皇太极对言谏的设定

无论是对人人进言的自得，还是对都察院的政治预期，皇太极重视信息渠道的态度始终如一。崇德二年（1637）二月，皇太极借议政大臣设立之机，强调其对谏诤的态度："嗣后朕或有过举，尔等即当面诤试，思以谏诤之故而斥责者为谁、降革者为谁。倘谏而不听，静以俟之可也，若既不能谏而徒于退后，咎其主上之失议、其国事之非，岂人臣之谊乎？或更有将各旗妄分，彼此明知本旗有悖乱之人，隐匿不言，及人言之反加庇护者，尤朕心之所深恶者也。"③

崇德三年（1638）七月，皇太极谕令和硕亲王、多罗郡王、多罗贝勒、固山贝子等人，对其进言态度提出警示。依其所言，尔等作为"股肱耳目"，自当"直言进谏"。举错好恶，当持"一秉

---

①　参见王成兰：《从"陈四案"管窥康熙五十年前后的社会控制》，《清史研究》2002 年第 2 期，第 64 页。

②　屈永华：《中国传统官僚制度的效率之争——从〈荒政〉和〈叫魂〉说起》，《政法论坛》2010 年第 5 期，第 119 页。

③　《清实录·太宗文皇帝实录》卷三四，中华书局 1985 年版，第 445 页。

至公"之态，而非"偏私之习"。若"见朕所行"有未当之处，即
"直言进谏"，以便改图。此外，如今"国家仰蒙天佑，尔等财物
亦既充裕，家产亦既丰饶"。反观"在下之人，或有穷困而衣食不
足者，或有无故冤抑者。"① 因此，尔等"与其任此辈在外嗟怨，
退有后言，何不令穷困冤抑之人，亲自陈奏乎？且此等之人，尔等
既知之，亦当以某也穷困，某也冤抑入告于朕"。正如皇太极所
言，"如穷困之人不加恩养，冤抑之事不为昭雪，则朕之过也"。
不过，却未曾"见有生计充余，身享富厚，犹不知足，营求不已，
戚戚为忧，此等之人甚属卑鄙"。当然，也有"有功之人，众人举
而用之，彼反视若仇敌；无功之人，众人错而舍之，彼反加以恩
养"。② 之所以"不思朕之举错，皆因举人之公，不存偏私之见。
彼乃恶众人之所举，爱众人之所错，其意何居？若众之所举或有误
用，众之所错或有冤抑，则不妨秉公直言，期于至当。不然，不爱
有功之人，而反爱无功有罪之人，是岂特无忠义诚实之心且怀悖逆
之志"。因此，皇太极诫谕和硕亲王、多罗郡王、多罗贝勒、固山
贝子等人勿"妄越于法"。③

如果说皇太极上述所言，仅仅是对亲王、贝勒等八旗勋贵的陈
奏态度予以抱怨，那么其对固山额真、议政大臣在"指陈得失"
方面的不足，则倍感失望。皇太极认为，"蒙天眷佑，远迩降服"，
值"我国方兴之会"，固山额真大臣以上"为国忧勤，加意治道，

---

① 《清实录·太宗文皇帝实录》卷四二，中华书局 1985 年版，第 555 页。
② 《清实录·太宗文皇帝实录》卷四二，中华书局 1985 年版，第 556 页。
③ 《清实录·太宗文皇帝实录》卷四二，中华书局 1985 年版，第 556 页。

共立功名"之时，却无一人指"朕与和硕亲王、多罗郡王、多罗贝勒、固山贝子所行"有何得失，进而陈奏者。在皇太极看来，如果说从前"或行伍废弛及私藏财物，从而加罪者有之，曾有因直谏而遽加罪者乎？"因此，皇太极苛责众大臣："见人之善，不喜而举之；见人之过，不以为切己而诃责之，默然以处，迨其获罪、始群起而共议，此皆尔等徒尚诈伪，以为与己无涉故也。"若"见贤而不举，见不善而缄默不言，则贤者何由而劝，不肖者何由而惩，岂大臣为国之道？"① 只不过是"顾身家贪富贵、为窃位苟禄"之人而已，于国家并无任何裨益！因此，皇太极劝诫大臣："有因战功令管旗务及六部承政者，有临阵虽未有战功，因办事精勤、正直尽职，遂令管旗务及各部承政者，既以正直而举为大臣，岂可因富贵之后遂变其初心乎？夫止知贪图富贵，而不能直言进谏，乃为逢迎谄媚之人。朕索所不喜，且不以正直自持，富贵安能常保乎？国恩亦岂能常受乎？彼时悔无及矣！尔等身为大臣，不忧国，不勤政，不殚心襄赞以成至治上天下民、将何望耶。"②

　　不仅是诸王、贝勒的陈奏态度令皇太极心存怨念，八旗贵族不尽心国事的做法也令皇太极不满。崇德七年（1642）七月，皇太极召诸王、贝勒、贝子、公、固山额真、议政大臣等入清宁宫，就"尔等所行于国家政事，皆不肯身任效力"加以劝诫。在皇帝看来，尔等之所以于"因循推托"，在于认为"国家之事，于己无涉"，以致"不殚竭心力"。皇太极对于此类行为极为生气，质问

---

① 《清实录·太宗文皇帝实录》卷四二，中华书局1985年版，第557页。

② 《清实录·太宗文皇帝实录》卷四二，中华书局1985年版，第558页。

其"因循推托"是否"不畏天乎"？不勤政事之人，上天亦不会加以庇佑。因此，皇太极之所以诚谕"尔等不尽心政事者，惟恐尔等失为臣之道，而召天谴也"。从前"怠于政事而失臣道者，上天谴罚"，此为尔等已悉见之。"若勤于政事而尽臣道，则必蒙上天恩佑。政举而身荣，其理讵不彰明较著乎。今征战之事，朕不具论。但思尔诸王、贝勒、贝子、公、大臣等，每率所属大小将士，出兵于外，其人之贤否，必已熟悉。则某人贤，某人不肖，何不据实奏闻耶？若不奏闻，朕何由知之，加以黜陟也。"①

皇太极对言路的倚重，对谏诤的宽容，对诸王、贝勒言事态度的抱怨，以及对固山额真议政大臣陈奏有失的训诫，在某种程度上点明了都察院言官谏诤的态度及方式。都察院承政张存仁疏称："自入国以来，留心揆度人之贤、奸事之可否，宜兴之利、宜除之害，俱已细心筹画，但皇上未即用臣，臣不敢出位妄言，今既蒙皇上推诚，委任令司言职，切思皇上创立此衙门，臣首膺斯任如，臣正直，后人必有过于臣之正直者，如臣邪佞，后人不免亦有邪佞者。昨臣一闻命下忧喜交集，所喜者得居喉舌之地，得罄所怀之蕴，幸而皇上俯鉴微忱，言听计行，异日功名成就，亦得垂光史册。"②

虽然职高权重，但张存仁却心有忧虑，认为"举国尚逢迎而臣独直，戆举国务朦胧，而臣独无隐举国见不平之事，而竟若罔闻，触是非之而趋避，不暇臣将欲低眉媚世以全躯保位，不惟大失

---

① 《清实录·太宗文皇帝实录》卷六一，中华书局1985年版，第838页。
② 《清实录·太宗文皇帝实录》卷三〇，中华书局1985年版，第399页。

其本心且大负我，皇上知遇之恩。"① 不过，随后便表达了勇于谏诤的直言之态。在其看来，"若不陈奏明白，一旦用臣之心，行臣之事，人不敢弹劾者，而臣弹劾之，人不敢更张者，而臣更张之，举国之人，必共加攻击。皇上肯出昭旷之见，是臣万幸。"不过，其在表示敢言的同时，也担忧"皇上因众口致疑"，认为"举国皆如此，而张存仁独如彼。岂有众皆非。而张存仁独是之理！"正如张存仁所言，"虽圣恩不加显戮，亦必贬斥。彼时臣志不得遂，事不得终。身名两失，虽生犹死。思念至此，不觉汗下沾衣，椎心泣血也。"② 尽管有此担忧，却依然认为风宪官便当如此。"若夫随众，然诺不招是非，其事甚易；发奸摘伏抗节直言，其事甚难。"③作为"非颠愚之人，何故不为其易而独为其难。诚见夫不如此不足以尽职业"，因此，张存仁直言："今既受斯职，愿吐心露肝，为皇上作一番经画，伏乞皇上为臣主持，臣以三死许国。"倘若不实心任事，苟且塞责、畏首畏尾，即以负君之罪诛臣；如借公行私、顾瞻情面、遗误国政，即以欺君之罪诛臣；如贪财受贿、私家利己，即以贪婪之罪诛臣。如不犯三事，而被奸佞诬陷，愿皇上大振乾断，诛佞人以戒谗嫉。④

　　对于张存仁的担忧以及"三死许国"的言志之语，皇太极极为赞赏，谕令："此疏所言，或有所指，但朕素不听谗毁，一切是

---

① 《清实录·太宗文皇帝实录》卷三〇，中华书局1985年版，第380页。
② 《清实录·太宗文皇帝实录》卷三〇，中华书局1985年版，第380页。
③ 《清实录·太宗文皇帝实录》卷三〇，中华书局1985年版，第380页。
④ 《清实录·太宗文皇帝实录》卷三〇，中华书局1985年版，第380页。

非必由于亲见，从未惑于从旁离间之语，且朕志裁定于上，诸臣蒙
泽于下，虽有奸邪孰能售其谗哉。"① 虽然没有张存仁的悲壮言辞，
阿什达尔汉亦向皇帝表达直言之志："臣等不身先正直，何以责
人，荷蒙皇上委任有所闻见，敢隐而不奏乎？"② 祖可法在表达
"惟皇上是惧耳，余复何惧哉"③ 之意后，奏称："凡人有为恶安
行，亲见者即曰亲见，风闻者即曰风闻，必当入奏。"④ 对于祖可
法所称之"惧"，张存仁却认为此言非也，在其看来，"进谏格非，
忠直为国之臣，虽批鳞折槛亦所不惧，岂有更惧他人之理乎？见有
过误又何隐焉！"⑤

　　透过上述官员的奏疏，我们似乎能够感受到言官铁骨铮铮、勇
于直谏的书生意气。无论是"三死许国"的悲壮之言，还是直言
无隐的信誓旦旦之语，无不符合皇太极对言官的预期。当然，都察
院官员所言并非仅仅是口头之辞，更是其执政之基。崇德三年
（1638）四月，祖可法、张存仁奏称，刑部外郎陈七于去年受赃枉
法，为本衙门快役张和尚告发，审实责革。二月初五日，又赴吏部
察问。皆言陈七不宜用，随以"犯罪三次、不允复用文帖"。次日
在笃恭殿，吏部亲王反"责臣言为谬"。在张存仁看来，"陈七小
人，似无关于轻重。然从来坏事者，多由此等小人。"皆因为"小
人善迎合、工谀佞、止知有利、不知有义。止知徇私、不知为公。

---

① 《清实录·太宗文皇帝实录》卷三〇，中华书局1985年版，第380页。
② 《清实录·太宗文皇帝实录》卷三〇，中华书局1985年版，第383页。
③ 《清实录·太宗文皇帝实录》卷三〇，中华书局1985年版，第383页。
④ 《清实录·太宗文皇帝实录》卷三〇，中华书局1985年版，第383页。
⑤ 《清实录·太宗文皇帝实录》卷三〇，中华书局1985年版，第383页。

止为身谋、不顾法纪。"① 正是因为"实知小人不宜用"，才"以陈七为不可用也"。虽然"人才难得，生平全美者本少，但素行端正，才能可取者。或一时差误，犹可使之改过自新。"然而，陈七实乃"魑魅小人，虽经创惩、不知警醒。再行录用、则更加狼藉。"而且"皇上圣明天纵，知小人之坏事"，曾面谕该部：坏法之人，不详复用。今首用坏法之陈七，实违圣旨。②

　　在祖可法、张存仁二人看来，既然身任风宪，职司谏诤，所知者朝廷之法，即便触逆权贵，亦不避而敷衍。③ 如果说此次陈奏仅涉刑部、吏部官员而以"权贵"称之，难免牵强之感。那么都察院于崇德五年（1640）二月陈奏诸贝勒、固山额真的失职，则表明言官完全达到皇太极设定的政治预期。都察院承政阿什达尔汉、参政多尔济、祖可法、张存仁、翁阿岱、理事官巴兰、达尔户、马国柱、雷兴等奏称：如今皇上"欲恢张治道，深思而笃行之"，就目前来看，诸王及固山额真"彼此观望，庇护其身，无有精白乃心"，至于"为国陈奏者，不知果无可言耶，抑有所畏忌而不敢言耶？"然而，固山额真俱系简用之大臣，既然身受重任，必当"直言不隐，始称其职"。如今凡事皆以"委之六部，若奉上命，则言之；未奉上命，即缄默不言。"至于刑部审理案件，"不依本罪，而从重论拟，革职去任者甚多"。既然"升授出自皇恩，岂无故而升之乎？由常例升授者，轻去之，已可惜，以战功升授者，轻去

---

① 《清实录·太宗文皇帝实录》卷四一，中华书局1985年版，第544页。
② 《清实录·太宗文皇帝实录》卷四一，中华书局1985年版，第544页。
③ 《清实录·太宗文皇帝实录》卷四一，中华书局1985年版，第544页。

之，尤可矜。是皆捐躯报效、叙功升赏之官，偶有小过，岂可不论轻重，不视敕书，而遽革之乎？"因此，陈奏者判断"先时简选议事十人，此时皆不称其任"。①

对于都察院的此次陈奏，皇太极深感为是。我们可以如此言说，出于收集信息、闻知内外事宜、全面控制社会的政治考量，皇太极以其自己对言路的态度掌控都察院直隐无言的陈奏实践，进而使之成为服务于皇权的工具。

二、皇太极控制都察院言谏的范围与指向

随着清政权制度建设的渐趋完善，都察院之于皇权的重要性亦随之凸显。为了强化皇权，皇太极在强调言官直言无隐的谏诤之外，还会通过谕旨直接控制都察院陈奏的范围与指向。崇德元年（1636）六月，都察院承政阿什达尔汉陈奏"仆人告主及审所告是实，将原告拨与他人为奴"一事，皇太极虽然声称"此等事固应奏闻"，却也难掩其对都察院大题小做的失望。因此，皇太极直接谕令都察院陈奏之事："尔等大臣不惟如此小事应奏，今后虽朕有过失，及亲王郡王以下、众官员内，有行事乖张、欺压小民、怠政坏法等罪，俱当陈奏。民人内有自谓前知祸福及师巫邪术、左道惑众之人，俱当即行奏闻。若止奏在下细民之事，将在上之人之事匿不奏闻，非忠直之道也。"②

如果说皇太极只是对阿什达尔汉的小事上闻略感失望，那么祖

---

① 《清实录·太宗文皇帝实录》卷五一，中华书局 1985 年版，第 673 页。
② 《清实录·太宗文皇帝实录》卷三〇，中华书局 1985 年版，第 382 页。

可法、张存仁关于从满洲、蒙古、汉人家仆中选拔儒生的陈奏，则令皇太极大为震怒。考虑到"良民在平常人家为奴仆者甚多"，其情"殊为可悯"，因而"命诸王等以下及民人之家有以良民为奴者，俱著察出，编为民户"。① 随后又通过考试将"少通文义者"拔为儒生。"今在各家充役之家人，间有一二生员，然非先时滥行占取者可比。皆攻城破敌之际，或经血战而获者有之，或因阵亡而赏给者亦有之。"② 在皇太极看来，"克皮岛时，满洲官属兵丁效死力战，不若尔汉人泛同宾客坐视不顾"。③ 因此，以此次"所得之人，皆以死战擒获及因阵亡而赏给者"。若"无故夺之，则彼奋力之劳、捐躯之义，何忍弃之？若另以人补给，所补者独非人乎？无罪之人强令为奴，亦属可悯。"皇太极对祖可法等人"止知爱惜汉人，不知爱惜满洲有功之人"的进言大加指责，以致二人惟有"叩首谢罪"。④

崇德三年（1638）七月，皇太极因"礼部承政祝世昌徇庇汉人，奏请禁止阵获良人妇女、卖与乐户为娼"⑤ 之疏，指责都察院稽察之失。在皇太极看来，祝世昌所奏"甚为悖谬"，因为"朕岂肯令阵获良人之子女为娼"，尤其是"所获汉人，必加抚养"。倘若汉人"得我国之人，无论男女，岂肯容留？必尽遭屠戮矣！"因此，皇太极认为，祝世昌"身虽在此，心之所向，犹在明也。祝

---

① 《清实录·太宗文皇帝实录》卷四〇，中华书局 1985 年版，第 527 页。
② 《清实录·太宗文皇帝实录》卷四〇，中华书局 1985 年版，第 527 页。
③ 《清实录·太宗文皇帝实录》卷四〇，中华书局 1985 年版，第 527 页。
④ 《清实录·太宗文皇帝实录》卷四〇，中华书局 1985 年版，第 527 页。
⑤ 《清实录·太宗文皇帝实录》卷四二，中华书局 1985 年版，第 554 页。

世昌果系忠臣，彼明国以大元田、刘、张三姓功臣之裔为乐户，即当奏请禁止，何竟无一言耶？"因此，皇太极告诫诸臣："满洲官庇护满洲，蒙古官庇护蒙古，汉官庇护汉人，彼此不和，乃人臣之大戒"，并谕令"满洲、蒙古、汉人彼此和好，岂不为善乎？朕以娼妓有妨风俗，久经禁革。祝世昌沽名请禁，心迹显然。"① 但是，祖可法、张存仁"闻祝世昌之言，绝不参奏，是尔等之失也"②。因此，皇太极谕令"尔等尽忠为国，凡有见闻、当秉公入告，实力举行，则委任尔等、庶为有益"③，"若能时时省察其身，则可以寡过矣"。④

无论是对汉族言官爱惜汉人不满而借机敲打，还是出于维护满洲利益而提高声望，皇太极对都察院言谏之事的插手，在一定程度上加深了其对言路的控制。因此，都察院的设置符合皇太极的政治诉求。崇德六年（1641）三月，和硕睿亲王多尔衮、和硕肃亲王豪格、多罗饶余贝勒阿巴泰、多罗安平贝勒杜度、固山贝子罗托、辅国公屯齐、硕托、固山额真阿山、谭泰、叶克书等率将士往围锦州，驻营于集代地方，曾"私遣每牛录甲兵三人还家一次"，不久之后又私遣每牛录甲兵五人、每旗章京一员还家一次。除此之外，还移军过国王碑，在离锦州三十里处驻营。⑤

对于八旗贵族不听军令以致贻误战机之举，皇太极极为愤怒。

---

① 《清实录·太宗文皇帝实录》卷四二，中华书局1985年版，第555页。
② 《清实录·太宗文皇帝实录》卷四二，中华书局1985年版，第555页。
③ 《清实录·太宗文皇帝实录》卷四二，中华书局1985年版，第554页。
④ 《清实录·太宗文皇帝实录》卷四二，中华书局1985年版，第555页。
⑤ 《清实录·太宗文皇帝实录》卷五五，中华书局1985年版，第733页。

四月，都察院参政祖可法、张存仁、理事官马国柱、雷兴等人便就
此事予以陈奏，认为皇上"智勇天纵，算无遗策，兵戈所指，即
见成功"。锦州自乱便在"旬日之间，全城可得"。倘若锦州既得，
则"他城自不劳而定也"。相对于如此有利的局面，诸王、贝勒、
大臣却"领兵疏略"，有所过失。言官指责诸王、贝勒、大臣的
"退步安营"，使"敌人得有闲暇，大失机宜"，尤其是在疏漏之下
还"围猎纵乐"，法当重惩。虽然言官有参奏之责，但因"未得其
详，不敢入告"。如今"从宽治罪"，实乃"皇上格外之恩"。① 对
于言官的参劾与皇太极的宽宥，诸王、贝勒、大臣亦自知罪，"愧
悔交集"。如今"明关外等城，危在旦夕"，正值"我军奋力之时，
皇上用人之会也"，更应"相机筹画，期在速成"，诸王、贝勒、
大臣"既蒙恩宥，自必黾勉立功，以赎前愆"。② 不过，"皇上乃
一国之主，黎庶之天理，应于臣下有罪即罚，有功即赏，何必君臣
隔越。不令相见，方凛皇上之威，方显臣下之过乎？况大勋在迩，
宜与大小臣工朝夕议论，以期有成"。因此"冒昧进言"，旨在
"皇上开使过之仁，容觐天颜，自必力图报效也"。③

　　六月，都察院参政多尔济达尔汉诺颜、祖可法、张存仁、理事
官库尔禅、马国柱、雷兴，借侍卫、护军深入鏖战之事参劾诸王、
贝勒，若"能仰遵皇上解衣衣人，推食食人，则人人皆奋不顾身
矣，且是役也，以二百余侍卫及护军、而能破万余敌兵，若使众军

① 《清实录·太宗文皇帝实录》卷五五，中华书局 1985 年版，第 743 页。
② 《清实录·太宗文皇帝实录》卷五五，中华书局 1985 年版，第 743 页。
③ 《清实录·太宗文皇帝实录》卷五五，中华书局 1985 年版，第 744 页。

齐进，则敌兵片甲不存矣，况我军骁勇，一可当百，百可当万，动即制胜，而迟于奏凯，想必有临阵迟误、观望不前者，伏乞皇上严察详讯，分别功罪，亟行赏罚，以昭奖励，自皆黾勉后效矣"①。

三、皇太极借都察院监察百官、裨益国政

无论是汉官群体对设立言路的推动，还是皇太极对风宪官稽察各部政务的设定，都察院因职司谏诤而对信息的收集，不仅有助于皇太极介入官僚机器、了解官场动态，而且提高了应对内外政事的行政效率。

崇德元年（1636）六月，都察院参劾刑部官郎位"贪污不法"，奏请"当急屏黜，以彰国纪"。下法司鞫问得实，定拟大辟之罚。虽然经皇太极谕令"免死，追赃，革职为民"②，不过也表明都察院负有监察官员之责。随后不久，都察院又弹劾吏部承政李延庚徇私之事，指斥其"催办一切事体，俱用家人充骁骑校、小拨什库"。杨春华袭职时，曾向其"索银五十两"。生员张昌应家富有，相与交好，遂于去年将其举之礼部，后"未得见用"，欲"用为吏部启心郎"，因被管仓官、收税官告揭乃止。除此之外，李延庚还通同金玉和彼此互举子弟。③ 因此，都察院言官认为此人是以"皇上之官爵，徇私家之情面矣"。李延庚其人"言无诚信，

---

① 《清实录·太宗文皇帝实录》卷五六，中华书局1985年版，第751页。
② 《清实录·太宗文皇帝实录》卷三〇，中华书局1985年版，第383页。
③ 《清实录·太宗文皇帝实录》卷三〇，中华书局1985年版，第383页。

人实奸邪，止知身家之利，毫无报国之心"。① 皇太极谕令刑部勘问，"俱得实，延庚、玉和并论死"。不过，随后宽免其罪，李延庚吏部承政一职被革，由甲喇章京降为牛录章京，罚银百两；金玉和礼部承政一职被革，降梅勒章京为甲喇章京，罚银五十两。②

　　除了稽察各部政务、监察官员施政之外，都察院还关注官员言语。崇德六年（1641）十月，吴景道因"六部承政皆可杀"言辞被拘拿审讯，与之相关人员亦遭受惩罚。祖可法与之同署，因"何不鳌奏，皆属诳言"坐以应得之罪。吴景道则因"不稽察属员，任往别旗居住"，亦坐以应得之罪，郎位"挟景道劾己之仇"纳别旗李民表，并诱使其以虚词诬告吴景道，被籍家产之半入官。③

　　如果说都察院监察百官，旨在为皇太极提供洞悉官场的政治信息，那么其言谏弊病，则意在为皇帝处理国事提供借鉴之处。崇德三年（1638）四月，都察院承政祖可法、张存仁指陈户部弊病。依其所言，户部"掌司钱谷，职任匪轻"，但没有"旧管、新收、开除、实在、四柱之数"以致"收放多未详明"，且"无年终考核之例"则"侵冒难以清理"，容易导致"奸人起盗窃之心"。之所以出现韩大勋"敢于侵盗"，正在于"同官无稽察之责"所致。若"非天意不容，使自败露，即屡盗金银，亦不之觉也"。对于韩大勋所犯罪行，万难"宽宥"。相较于恩养日久的"所费巨万"，盗

---

① 《清实录·太宗文皇帝实录》卷三〇，中华书局1985年版，第386页。
② 《清实录·太宗文皇帝实录》卷三〇，中华书局1985年版，第386页。
③ 《清实录·太宗文皇帝实录》卷三一，中华书局1985年版，第397页。

窃所失"为数甚微"，不忍"遽诛"，但法不可废。倘若不依法而行，如何"示儆"韩大勋之流？尽管诛杀新人"恐伤恩养盛名"，但赏罚分明却是"人主之大柄，若徒用恩，同废法，此又开新人为盗之门也。"① 遂奏请将韩大勋"速正电刑，以彰国法，以儆将来"，并请严敕户部"速立旧管、新收、开除、实在文簿，年终再令公明官员稽察，庶仓库无侵克之弊矣！"②

　　通过上述案件，我们可以发现，都察院不仅提出刑罚得当与否，而且还针对吏部弊病提出四柱记账之法。如果说前者在于监察，那么后者则带有明显的建言意味。不过，我们应该注意到，都察院关注事务颇广，既有各部政务，亦有民生。崇德六年（1641）十一月，都察院参政祖可法、张存仁、理事官马国柱、雷兴等官员，就禾谷未收、秋霜早陨可能会出现的"价值日渐腾贵、市粜日渐稀少"情形预为筹划，奏请采取借资外藩、节省犒赉、赈发仓廪、减价平粜、暂缓工程等方法予以防范。此外，又敬陈管见四条。首先，申严沽酒之禁。因为本京及大小城堡庄屯，计造酒米数"每日不下数百石"。由于曲糵不能疗饥，与其将粮食"沉湎无益之资"，不若省民间有益之物。停止一年，可"省米数十万石"。因此，奏请明旨严禁，至来秋收之后方许沽卖。③ 其次，杜塞囤积之弊。有粮之家，或卖或借，俾得有无相济。卖则从市平粜，借则

① 《清实录·太宗文皇帝实录》卷四一，中华书局1985年版，第543页。
② 《清实录·太宗文皇帝实录》卷四一，中华书局1985年版，第543页。
③ 《清实录·太宗文皇帝实录》卷五八，中华书局1985年版，第788页。

从时起息，不许坐拥多储，妄希长价。① 其三，疏浚河渠之路。辽沈夹河六屯，近年每被水涝者，导致沿河一带良田悉委弃矣。应请敕谕挑修，用力不多，为益最大。即民间夫役，亦所乐从也。最后，请开纳粟之例。"论罪之大小，限以米数捐赎。"如"无罪之平人，有急公输粟者，量加奖录"。此法乃因荒移用，遇饥而沛的"权宜之令"，俟秋成丰稔，即行停止，不以为例。②

对于都察院陈奏的四条建议，皇太极认为所奏俱是，谕令："偶值歉年，著暂止沽酒，待年丰仍许沽卖。获罪之人，无银纳赎，愿输粮者。准依时价算收；有余粮愿助者，量给奖赏；愿卖者，许其自粜；新开河修浚一事，俟可以兴工之时具奏。"③ 崇德八年（1643）八月，都察院言官就皇太极区别民居散处、以弭火灾之举提出谏言。在言官们看来，皇太极"爱育群黎，勤求民瘼，惟恐一夫不得其所"，诚圣天子保赤之盛心也。因见"闾阎疾苦，时勤睿怀"，又"念盛京以内、民居稠密，特敕工部，区别散处，以弭火灾"。虽然"圣虑周详，非独裨益百姓，实大有造于国家！"但是，言官却直言犯谏，指陈"秋禾告成之时，改造庐舍，恐妨收获，且贫民力薄，势难兼营"，奏请皇上"暂停工作，俟禾稼既收，农功已毕，来岁春和之时再行修造"。④ 对于言官所谏，皇太极认为"所奏甚是"，遂谕令："时方收获，改建房屋，著即停止。

---

① 《清实录·太宗文皇帝实录》卷五八，中华书局1985年版，第789页。
② 《清实录·太宗文皇帝实录》卷五八，中华书局1985年版，第789页。
③ 《清实录·太宗文皇帝实录》卷五八，中华书局1985年版，第789页。
④ 《清实录·太宗文皇帝实录》卷六五，中华书局1985年版，第905页。

其有力之家，自能修盖者，听其便；无力者，今岁暂停。不必催督，俟来春农隙、再行修造。"①

除了谏言部务、民生之外，都察院甚至对职官设置、执政体制提出应对举措。崇德七年（1642）十月，都察院参政祖可法、张存仁、理事官雷兴以皇帝"政事纷繁，动劳睿虑"进行陈奏，指斥八旗、六部诸大臣形同"虚设"，奏请将"一切细务"付部臣分理，军国大事"方许奏闻"。此外，"大业垂成，外国来归，正圣心慰悦之时，亦可稍辍忧劳"。奏请"暂出游猎，以适上心。"因此，皇太极谕令：今后诸务，可令和硕郑亲王、和硕睿亲王、和硕肃亲王、多罗武英郡王"会议完结"。各部事务，须尽心料理。若"有不能决断者，会同诸王、贝勒议结。如会议仍不能结者，方许奏闻。诸王每日黎明齐集，有事则奏，无事回各衙门办理部事。傥有当议事，务候旨齐集。"②

崇德八年（1643）七月，都察院参政祖可法、张存仁、理事官雷兴等人，就内三院衙门之事陈奏。"前旨命设内三院及臣等衙门，相邻不远。立朝侍班、咨商政事，皆圣心之所裁定也。考诸古制，甚为合宜。"③ 不过，近闻"将内三院衙门、移于理藩院之外"，祖可法等言官却奏请将理藩院外移。其原因在于"三院系朝廷近臣，岂可远居"？作为都察院言官，身负谏净之责，对于"立

---

① 《清实录·太宗文皇帝实录》卷六五，中华书局 1985 年版，第 905 页。
② 《清实录·太宗文皇帝实录》卷六三，中华书局 1985 年版，第 869 页。
③ 《清实录·太宗文皇帝实录》卷六五，中华书局 1985 年版，第 904 页。

衙门、定规度等事，或有未协，理应陈奏"。① 皇太极遂命改理藩院衙门为内三院，另于近礼部衙门之处建理藩院。②

无论是皇太极对都察院官员直言无隐、忠直纳谏的暗示，还是对言官谏言范围与指向的指引，均表明皇太极已经将都察院掌控在手。随着风宪官陈奏上闻，皇太极则迅速将其变为监察百官、裨益国政的工具。

---

① 《清实录·太宗文皇帝实录》卷六五，中华书局 1985 年版，第 904 页。
② 《清实录·太宗文皇帝实录》卷六五，中华书局 1985 年版，第 904 页。

第三章　从稽察谏诤到耳目之司：顺治对科道的规训及其监察弱化

无论是后金政权的"人人得以进言"①，还是崇德年间都察院的直言无隐，社会信息的下情上达，对入关前清朝政权的重要性毋庸置疑。从努尔哈赤所期望的"臣下不敢欺隐，民情皆得上闻"②，到皇太极审慎地掌控言官的谏诤范围与方向，上位者对信息渠道的控制与利用，不仅有助于其周知内外事务，而且提高了行政效率，进而达到了强化皇权的最终目的。

顺治元年（1644），满清入关后依明制设六科。不过，我们应该注意的是，新设立六科的封驳权并未得到顺治帝的准允，而且崇德时期都察院的谏诤、稽察职责也有所减弱。都察院与六科的合璧，并没有如明代那样收"维持禁止"③之效，反而因清朝统治者

---

① （清）罗振玉编：《天聪朝臣工奏议》，载潘喆等编：《清入关前史料选辑》第二辑，中国人民大学出版社 1989 年版，第 49 页。
② 《清实录·太祖高皇帝实录》卷四，中华书局 1986 年版，第 62 页。
③ 顾炎武：《日知录集释》卷九，上海古籍出版社 1985 年版，第 700 页。

强化专制皇权的需要被规训成耳目之司。因此，曾经参劾内外、驳正违误的言谏官开始转向依附于皇权并为其提供信息的帝王耳目。

第一节　绳愆纠谬、匡正缺失：入关之初
清廷对科道的倚重与防范

明代所谓的"科"，指吏、户、礼、兵、刑、工六科给事中，除却监察六部之外，亦可对中央其他衙门官员的违法行为进行纠弹，其与都察院十三道监察御史共同构成了明代监察体系。不过，与明代科道言官以对等权力制衡①官僚体系相比，清代科道官的职掌与地位却不可同日而语。皇帝即看重科道的监察功能，又欲将其视为信息渠道。清朝统治者在两者之间的审慎平衡，最终随着皇权强化的需要将其定位为"政治信息渠道"②，使言路成为调控官场、整饬吏治的临时之措，很难对清代官僚行政体系形成有效的监督。

一、六科的设立

早在天聪五年（1631）七月，宁完我便以"六部有偏私"为由，奏请设立六科。相对于宁完我蜻蜓点水式的提议，蓝旗总兵马光远的奏疏显然充分许多。在其看来，既然已经设立六部，倘若不

---

① 参见张薇：《明代的监控体制》，武汉大学出版社 1993 年版，第 22 页。
② 刘文鹏：《清代科道"风闻奏事"权力的弱化及其政治影响》，《中州学刊》2011 年第 4 期，第 184 页。

设六科，是"衣无领袖也"。"耳目之寄，上下之情，赖何通达？"因此，其奏请皇上选"公直勤慎之人"立为六科，经理六部之事。凡有"上传下奏"事情，各照各科回奏，不许"互相推诿"，亦不许"参差泄露"，如此则"国政分明，诸事不致壅误矣"。①

不过，我们应该注意的是，马光远奏请设立的六科，显然并非明代"稽察六部、百司之事""封还执奏"有失之"制敕"、驳正违误之内外章疏的六科②。从其对六科的"耳目"定位来看，马光远显然将之视为信息的上传下达之所。就职能而言，似乎也非稽察，而是"经理六部之事"。③ 如何"经理"？按照马光远所言，即涉及六部之事，分别由六科回奏。六科之作用，则使国政分明，政事不会出现"壅误"的情况。因此，无论是"耳目之寄"，还是照科回奏，甚或不致壅误的功用，我们均可以断定：马光远所言之六科，指向其行政效率提高，而非封驳之权。质而言之，就是在六部与皇帝之间，设立六科进行信息筛检。对于是时尚未完全脱离部族性质的清朝而言，六科的分别经理并没有发挥作用的空间。因此，皇太极对于设立六科等机构的奏请并未准允。

崇德八年（1643）八月初九，皇太极去世后，福临继承大统。由于顺治年岁尚幼，遂由和硕睿亲王多尔衮、和硕郑亲王济尔哈朗摄政。顺治元年（1644）正月，两大摄政王率诸王贝勒、贝子、

---

① （清）罗振玉编：《天聪朝臣工奏议》，载潘喆等编：《清入关前史料选辑》第二辑，中国人民大学出版社 1985 年版，第 41 页。

② （清）张廷玉：《明史》卷七四，中华书局 1974 年版，第 1805 页。

③ （清）罗振玉编：《天聪朝臣工奏议》，载潘喆等编：《清入关前史料选辑》第二辑，中国人民大学出版社 1985 年版，第 41 页。

公、文武群臣誓告天地，期同矢忠报国。① 五月，清朝定鼎京师后谕"故明内外官"以及民人等：各衙门官员，俱照旧录用，可速将职名开报。② 此谕旨政治寓意颇浓，不仅照设明代各衙门，而且录用旧有官员。囿于资料所限，我们于此无法推断清代六科初设究竟秉承何职能，也无法推断行使的职权。不过，既然圣旨谕令"照旧"录用"各衙门"官员，显然可以断定：清入关之初设立的六科，应当沿袭明代六科而来。因此，六科自此而设，"以行人司行人向玉轩，为吏科给事中；郝杰，为户科给事中；知县孟明辅，为礼科给事中；朱鼎清，为工科给事中"③。

既然清廷所设六科承袭④明代，那么其职掌理应同一，"掌侍从、规谏、补阙、拾遗、稽察六部、百司之事。凡制敕宣行，大事覆奏，小事署而颁之。有失，封还执奏。凡内外所上章疏下，分类抄出，参署付部，驳正其违误。"⑤ 由此来看，明代的六科与马光远当初奏请设立的六部并不同一。从上述职掌来看，六科不仅有稽察之责，而且掌封驳之权。换言之，与马光远将六科定位为信息筛选分流的"耳目之司"⑥ 不同，沿袭自明代的六科则着重监察内外之责。如果考虑到崇德元年（1636）所设兼具监察、议政之责的

①　《清实录·世祖章皇帝实录》卷三，中华书局 1985 年版，第 42 页。

②　《清实录·世祖章皇帝实录》卷五，中华书局 1985 年版，第 57 页。

③　《清实录·世祖章皇帝实录》卷五，中华书局 1985 年版，第 61 页。

④　参见马子木：《顺治朝六科制度述略》，《清史研究》2013 年第 3 期，第 87 页。

⑤　（清）张廷玉：《明史》卷七四，中华书局 1974 年版，第 1805 页。

⑥　（清）罗振玉编：《天聪朝臣工奏议》，载潘喆等编：《清入关前史料选辑》第二辑，中国人民大学出版社 1985 年版，第 41 页。

都察院，那么沿袭自明代的六科给事中设立之后，两者的结合无疑会加重清廷的监察权与信息控制。然而，事情并非如我们所料，反而因机构的重复架设与职权的部分重叠，产生"未闻尔等一言规谏"的困境。

顺治元年（1644）正月，都察院承政公满达海等官员，便奏请摄政王多尔衮、济尔哈朗为顺治帝挑选讲论之士："二王身任勤劳，心怀忠义，所以承祖业而辅国家也。今皇上聪明天纵，年尚幼冲。若不及时勤学，则古今兴废之道，无由而知。宜慎选博学明经之端人正士，置诸左右，朝夕讲论，以资启沃。至二王佐理几务，虽古之周公，无以过之。凡大小事宜，当躬自裁决，以防谗言之入，则忠正之道得矣。"① 对于都察院所奏，摄政王认为所言甚是，并以"既系言官，更复何惧"为由，令都察院"即见我等过愆，亦宜尽言。以后可则可，否则否，直陈勿隐"。② 对于都察院的提议，多尔衮不仅赞同，而且谕令其发挥谏诤功能。对于诸王、贝勒等上位者的过错之处，应当直言谏诤。不过，多尔衮的谕令并没有发挥应有之用。

顺治元年（1644）五月，摄政和硕睿亲王入武英殿，升御座，设故明卤簿、鸣钟鼓之后，大学士冯铨、应袭恭顺侯吴惟华率文武群臣上表称贺。退朝之后，多尔衮对众官抱怨道："予见尔等有过，即行诫饬"，但是，自摄政以来，予所行岂"尽合于道耶"？无论是出于政治考量的故作姿态，还是真心求言的责备之问，面对

---

① 《清实录·世祖章皇帝实录》卷三，中华书局 1985 年版，第 42 页。
② 《清实录·世祖章皇帝实录》卷三，中华书局 1985 年版，第 42 页。

百官"王所行尽善，一无可议"的溢美之词，以及"傥有未安，我等宁肯缄默"的佐证之语，多尔衮依然对"一无可议"表达不满："尔等此言殊谬。虽圣主行政，亦不能尽善。故谏诤时闻，予之所行，岂遂一无可议？尔等皆先帝宣力之臣，谙练政事，以后遇事有未当者，应抗颜陈说，予实于尔等有赖焉。"① 通过多尔衮所言，我们可以看出其对谏诤的态度。不过，按照其所言之"摄政以来"的时间序列以及"谏诤时闻"的关注内容，我们可以推断出多尔衮更关注入关前后两种体制碰撞导致的融合问题。不过，无论如何言说，多尔衮还是表达了对"抗颜陈说"的支持以及借"谙练政事"之臣备询时政的诉求，进而在某种程度上推动了言路的下情上达。

顺治元年（1644）五月，都察院参政祖可法、张存仁就"削平祸乱，肇成大业"之事呈奏，声称："王代天行仁，泽及万姓，内外欢忻，戡定之速，莫逾于此。"京师又为"天下之根本，兆民所瞻望"。若京师理顺，则"天下不烦挞伐"，近悦远来，"率从恐从矣。"然而，致治并无异术，在于"得人"而已。臣等所虑者，惟吏、兵二部任事不实，以致仍蹈互相推诿之汉习。"任用匪人，贻误非小。今地广事繁，非一人所能理。安内攘外，非一才所能任。"② 奏请将内院通达治理之人，暂摄吏、兵二部事务，急宜招抚粮运之道的山东与商贾之途的山西。"若二省兵民归我版图，则

---

① 《清实录·世祖章皇帝实录》卷五，中华书局1985年版，第60页。
② 《清实录·世祖章皇帝实录》卷五，中华书局1985年版，第58页。

财赋有出，国用不匮矣。"① 虽然多尔衮并没有同意令内院署理部务的建议，却对都察院的言事态度极为认同。与此相应的是，随着六科给事中的任命，六科也开始履行其职责。

顺治元年（1644）六月，吏科给事中向玉轩就"土寇未平"、裁汰冗员等事向上陈奏。指出土寇之所以未平，与地方官有很大关联，是其向来"不能绥辑解散"，以致迟至如今扑剿。因此，奏请今后"慎择守令，俾其弭盗安民"。由于"官多俸薄"，奏请"汰冗员以省扰，增常禄以养廉"。至于府"升转铨除，具有往例。须详核履历，杜绝幸端。"② 与吏科给事中关注地方官员的俸禄、升迁、安民等事情不同，工科给事中朱鼎清则对地方文武的权责不晰问题提出建言。依其所言，从来抚、按、镇、道"各有职掌"。如今"总兵官位敌王侯，胁令监、司以下，悉行属礼，刚愎自用，全无和衷之谊。其镇委添设各弁，扰民滋害，挟制有司，致使畏缩不能尽职。"③ 因此，从地方官员的施政来看，完全是"地方有官而无官"的混乱状态，以致"民未蒙福而先受害也"。④ 因此，朱鼎清奏请严饬各镇道臣职守，"文专理民，武专缉贼"。倘若百姓失抚，则治罪文官。若贼纵剽掠，则治罪武官。同时仍责令"抚、按严核，不时纠参"。至于滥委之杂弁，尽行斥革。各州县土寇窃发，小者守令缉捕，大者抚镇剿除，庶权一而法行矣！对于朱鼎清

---

① 《清实录·世祖章皇帝实录》卷五，中华书局 1985 年版，第 58 页。
② 《清实录·世祖章皇帝实录》卷五，中华书局 1985 年版，第 64 页。
③ 《清实录·世祖章皇帝实录》卷六，中华书局 1985 年版，第 70 页。
④ 《清实录·世祖章皇帝实录》卷六，中华书局 1985 年版，第 70 页。

所奏，"摄政和硕睿亲王从之"。①　相对于朱鼎清、向玉轩关于地方官制建设的奏议，户科右给事中刘昌则奏陈十事："一立规模，一审庙算，一推诚心，一集群策，一施实惠，一定经赋，一定官制，一颁俸禄，一明等威，一重守令"，摄政和硕睿亲王"是其言"。②

　　清廷入关之后，便设立了六科给事中。虽然没有明确规定其职掌，但沿袭旧有衙门的谕令却表明其承继于明代职官。不过，从多尔衮谕令其言事的内容以及朱鼎清、向玉轩、刘昌等给事中具体的陈奏内容来看，其职掌也指向建言。无论如何言说，六科给事中的设立与崇德元年（1636）设立的都察院，共同构成了清代的监察体系。从其设立之初的言事来看，完全满足"诸事不致雍误"③　且补益朝政④之功用。

二、绳愆纠谬、匡正缺失：清廷对科道的倚重

　　如果说人人进言的方式足以应付努尔哈赤时期的政务，即便皇太极时期有所增加，但都察院与人人进言共存的信息渠道，也能满足帝王对信息的需求。随着清定鼎中原，清朝面临的问题开始凸显。无论是广阔疆域内的政令传达，还是内外朝政的处理，均需要一套高效、快速的反应机制。因此，清廷入关之后对故明官僚体系

　　①　《清实录·世祖章皇帝实录》卷六，中华书局1985年版，第70页。
　　②　《清实录·世祖章皇帝实录》卷五，中华书局1985年版，第61页。
　　③　潘喆等编：《清入关前史料选辑》第二辑，中国人民大学出版社1989年版，第41页。
　　④　胡宝华：《唐代监察制度研究》，商务印书馆2005年版，第195页。

的沿袭，便是为了整合应对复杂朝政的资源。由此而来的是，清廷十分重视明朝的信息渠道，在入关之初也广泛接受来自故明诸多渠道的谏言，以便应对突发事件。我们可以如此言说，以都察院、六科给事中为主的谏言体系，不仅有助于信息收集与反馈，而且可以使"诸事不致雍误"①。

无论是努尔哈赤还是皇太极，均十分重视人才的作用。一国之要务，尤其是从部族政权向专制政权过度的过程中，最应当关注的也是用人行政。在朱鼎清、向玉轩奏议地方官制之后，顺天巡按柳寅东也提出了吏治问题。依照其看来，"掌铨衡、统百官"的吏部，是"吏治之源"。若监、司、守、令各当其职，自然"政治廉平，太平可致"②。然而，满清入关后，其政权很难应对广阔区域内的内外政务，人力资源的紧缺导致其在官员任命上未加取舍，即便是"前朝犯赃除名、流贼伪官"之人也被录用。即便以"宽大为治"为名，但此等流品不清、欺诈百姓人为官者，却非"慎加选择之道"，其对百姓的危害，"不可胜言"，因此，应当"亟清其源"。此时正当乱离之后，百姓"心志彷徨。鼎革以来，政教未敷。蠢然之民，莫知所守。奸恶之辈，靡所顾忌"。因此，帝王"弼教"却不废五刑。不过，仅仅依靠鞭责"不足以威众"，只有刑罚分明才能确保社会安定。因此，柳寅东奏请"速定律令，颁

---

① 潘喆等编：《清入关前史料选辑》第二辑，中国人民大学出版社 1989 年版，第 41 页。

② 《清实录·世祖章皇帝实录》卷五，中华书局 1985 年版，第 62 页。

示中外。俾民不敢犯，而祸乱自清矣。"①

对于顺天巡按刘寅东提出的官员任命以及"察吏务清其源，安民务定其志"② 的建议，多尔衮以"经纶方始，治理需人"③ 为由予以拒绝。在笔者看来，其是清政权入主中原后面临资源紧缺问题采取的不得已之策。即便知道此类人的危害，但士人的缺乏又迫使清朝廷必须做出取舍。虽然多尔衮拒绝了柳寅东的提议，却也对"归顺官员"做出部分限制。既经推用之后的"归顺官员"，便不必苛求其品行，但是倘若此后"官吏犯赃"，审实之后"立行处斩"。我们可以将之看做是预先防范，是对"归顺官员"为官的警告。除此之外，多尔衮也因"鞭责似觉过宽"允准"自后问刑，准依明律，副予刑期无刑之意"。④

对于官员紧缺问题，入主中原的满清政府并未有充足的人才储备予以应对，因而不得不任用归顺官员。然而，无论是"立行处斩"的预先防范，还是问刑依律的规范，无法完全解决官员的贪腐问题。因此，清朝廷只能依靠圣谕的训诫警示各级官员。出于对大明官员的认知，以多尔衮为首的清廷也以谕令的方式对其提出警告与训诫。在多尔衮看来，大明王朝倾覆的原因，与"内外部院官吏贿赂公行"有很大关系。正是因为"功过不明"，才导致"是非不辨"。官员中有财之人，虽不肖亦得进；无财之人，虽"贤才

---

① 《清实录·世祖章皇帝实录》卷五，中华书局 1985 年版，第 63 页。
② 《清实录·世祖章皇帝实录》卷五，中华书局 1985 年版，第 62 页。
③ 《清实录·世祖章皇帝实录》卷五，中华书局 1985 年版，第 63 页。
④ 《清实录·世祖章皇帝实录》卷五，中华书局 1985 年版，第 63 页。

亦不得见用"。① 正是因为如此，贤者皆"抱恨隐沦"，不贤者多
"夤缘幸进"。夫"贤既不得进，国政何由而理？不贤用，贿得官，
焉肯实心为国？"甚至出现"无功者以行贿而冒功，有功者以不行
贿而功掩，乱政坏国，皆始于此，罪亦莫大于此。"② 因此，多尔
衮谕令内外官吏：如尽洗从前"贪婪肺肠"之弊，"殚忠效力，则
俸禄充给，永享富贵。如或仍前不悛，行贿营私，国法具在，必不
轻处，定行枭示"。③

　　对于行政官员的紧缺，清廷只能通过煌煌圣谕谕令官民人等举
荐贤才。顺治元年（1644）六月，多尔衮颁布求贤谕旨："故帝王
图治，必劳于求贤，而逸于任人。得贤，则治理雍熙。不得贤，则
民生憔悴。"之所以"展转夙夜，寤寐思服者"，皆"深为斯世
虑"。④ 就如今的官员举荐而言，"廷臣所举，类多明季旧吏及革职
废员，未有肥遁山林、隐迹逃名之士。岂谓前朝官吏，无补于清
时？"所荐之人中"有贤、有不肖，惟在举荐之人公与不公耳。举
主公，则所荐必贤，社稷苍生并受其福；举主不公，则结连党与，
引进亲朋，或受私贿或受嘱托，混淆名实，标榜虚声，误国妨贤，
莫此为甚"。⑤ 因此，多尔衮谕令："自今以后，须严责举主。所举
得人，必优加进贤之赏。所举舛谬，必严行连坐之罚。至于荐举本

① 《清实录·世祖章皇帝实录》卷五，中华书局 1985 年版，第 63 页。
② 《清实录·世祖章皇帝实录》卷五，中华书局 1985 年版，第 63 页。
③ 《清实录·世祖章皇帝实录》卷五，中华书局 1985 年版，第 63 页。
④ 《清实录·世祖章皇帝实录》卷六，中华书局 1985 年版，第 72 页。
⑤ 《清实录·世祖章皇帝实录》卷六，中华书局 1985 年版，第 72 页。

章，止许开具乡贯履历。其才品所宜，应听朝廷定夺。不许指定某官，坐名何地。无论贵贱远近，隐显升沉，果有灼见真知，悉许荐举。倘以赀郎杂流、市佣村叟及革黜青衿、投闲武弁、妄充隐逸，以致流品不分，选法壅滞。如前朝保举故事，咎有所归。若畏避连坐，因而缄默不举者，亦必治以蔽贤之罪。"①

如果说官员紧缺能通过举荐的方法解决，那么对于已经任命官员的为官情况，只能倚重都察院的稽察。因此，在颁布荐才谕旨之后，清廷随后又谕令：凡六部、卿、寺、堂属大小官员，尔等宜"从公举劾，直言无讳，贤者即实称其贤"。举荐人才应"内勿避亲，外勿避仇"。倘若不肖之才，即"实指其不肖"。勿徇私情，勿畏权势。果能如此，则升赏有加。倘若"党同伐异，诬陷私仇，门户相持，援引朋类，必置重法。"②

由是观之，清廷对风宪衙门"未尝明举一清廉持正之贤，未尝明劾一受贿贪赃之辈"③的行为极其不满。因此，无论是"从公举劾"的不得徇私，还是"直言无讳"的殷殷嘱托，甚或不得"援引明类"的警示，我们均能发现清廷对科道"职司风任"的倚重与期望。八月，多尔衮再次向官民人等发布上谕："政贵有恒，辞尚体要。以后一应章奏，勿得拘牵文义，摭拾浮词，但将时宜事务，明切敷陈。"究其原因，在于"语繁而支，则难听；言简而当，则易行。言之有益无益，不在繁简，顾力行何如耳。"因此，

---

① 《清实录·世祖章皇帝实录》卷六，中华书局1985年版，第73页。
② 《清实录·世祖章皇帝实录》卷六，中华书局1985年版，第73页。
③ 《清实录·世祖章皇帝实录》卷六，中华书局1985年版，第73页。

多尔衮谕令：今后遇有切于时务之人，应该"随便入告，不必等待多款，以致迟延"。毕竟对于"国家利益之事，早行一日，则受一日之福。迟行一日，则受一日之病，惟以迅速为尚耳。"①

清廷对科道的重视以及章奏行文的改革，极大地调动了言官言事的积极性。他们不仅就具体国政指摘得失，而且积极陈奏言事弊病。顺治二年（1645）二月，湖广道监察御史高去奢奏："台谏之设，所以寄耳目之司。今国运方隆，庶司充列，而独令台省班联，晨星寥落，非所以广言路也。请行部曹改授之法，采其声望素著者铨补。"② 此外，陕西道监察御史赵开心也就言路问题陈奏，古来明目达聪、敷求谠言，必朝夕接见，以致"谏臣盈庭"。天子咨询事宜，则百官献纳时策，而后则"下无不达之隐，上无不善之施"。如今立政之始，"一事之得失、一言之通塞"，关乎"天下万世之利害"。不仅需要讲求"其中大纲大法"，尤须洞悉"细节隐情"。因此，奏请"凡有奏疏，不能尽陈封章，不敢频渎者，祈时假召对"，霁颜听受之后，"对于一切用人行政，应否行止，斟酌立断。史臣立书，以成泰交盛事"。③ 赵开心的提议得到多尔衮的认同，并谕令"召对，著候旨行"④。

此外，户科给事中郝杰也对朝廷唤问巡按等事提出异议。在其看来，巡抚作为地方行政长官，负责"安民察吏，任甚重也。凡

---

① 《清实录·世祖章皇帝实录》卷七，中华书局1985年版，第76页。
② 《清实录·世祖章皇帝实录》卷一四，中华书局1985年版，第129页。
③ 《清实录·世祖章皇帝实录》卷一五，中华书局1985年版，第139页。
④ 《清实录·世祖章皇帝实录》卷一五，中华书局1985年版，第139页。

纠弹所及，无敢起而纷更之者"。不过，在柳寅东参劾朱盛湍、张鸣骏劾马如绎等事情上，忽有"唤问回任之事，窃恐唤问不已，必为辩驳。辩驳不已，必为诟诋。以致白简无灵，事权倒置。从此容嘿依阿，谁为皇上发奸逐佞者"。① 因此，希望皇上念"巡按为朝廷耳目之司"，凡遇举劾之事，"惟敕部察例覆请。倘有未当，令该衙门堂官严加考察，以示劝戒，则风宪重，而纪纲肃矣。"② 对于郝杰的提议，顺治谕令"御史察吏安民，全以纠弹为职。唤问回任二事，委属不便，嗣后仍照旧例行。倘举劾不当，任满之日，严加考核"③。

与科道言官陈奏台谏体制不足相对应的是，其在直陈朝政、匡正缺失方面的直言无讳。顺治元年（1644）七月，刑科给事中孙襄条陈刑法四事：定刑书。刑之有律，犹"物之有规矩准绳"。如今司法审判中所遵循的乃"故明律令"。对于其间"科条繁简、情法轻重，当稽往宪。合时宜，斟酌损益，刊定成书，布告中外。俾知画一遵守，庶奸慝不形，风俗移易"。存国体。"刑不上大夫，乃古者贵贵之义。"奏请自今往后，"文官犯罪先下吏部核议，如所坐重大，必请旨革职后，方送刑部问拟；武官隶兵部，亦如之；在外府州县各官，被参革应逮问者，行该抚、按就近提讯，具狱报谳。法司但于爰书覆核，不必径行勾摄"。禁刁讼。对于"奸民健讼，撄利嫁祸"为害滋多，请申饬内外各衙门，凡是"已经审结

---

① 《清实录·世祖章皇帝实录》卷一六，中华书局1985年版，第144页。
② 《清实录·世祖章皇帝实录》卷一六，中华书局1985年版，第144页。
③ 《清实录·世祖章皇帝实录》卷一六，中华书局1985年版，第144页。

之案，非系奇冤积枉，不得复起葛藤，重滋株累"。苏滞狱。"至治之世，囹圄空虚。晚季刑繁狱重，上干天和，甚非古人明慎用刑之意。"请敕法司各衙门以"清狱省刑为第一义，非事关重大不得系狱"，仍敕令各抚按不时亲诣郡邑，躬行查核，"即狱犯之多寡，定有司之仁暴，庶可渐几刑措之治。"① 孙襄所奏之议，得到清廷的认可，悉如议，通行严饬。

十月，户科给事中郝杰奏请开设经筵。在其看来，"从古帝王，无不懋修君德，首重经筵。今皇上睿资凝命，正宜及时典学，请择端雅儒臣，日译进大学衍义及尚书典谟数条，更宜遵旧典，遣祀缺里，示天下所宗。"② 吏科给事中则陈请擢用人才，"酌量衙门大小、职务繁简，量行增设，务俾人与官称，以疏仕进之路。若以官冗费多，辄议裁并，不知天子坐拥四海之供，岂惜区区升斗之俸乎？"③ 凡是督抚有缺，宜新旧参用，以公委任。至若钱粮、兵马，皆大权所关，太分则势涣而难核；太合，则势重而易专。于设官分职之中，寓防微杜渐之意。④

陕西道监察御史赵开心，则将目光集矢于滞狱一事。依其所言，"国家开创之始，宜体上天好生之意"。然而，如今监狱之中"桎梏之下，冤苦甚多"。其中，"从刑部发监者，四五日或可审结。惟别衙门发送者，一入狱中，置之不问"。既然案件未经审

---

① 《清实录·世祖章皇帝实录》卷七，中华书局 1985 年版，第 75 页。
② 《清实录·世祖章皇帝实录》卷九，中华书局 1985 年版，第 93 页。
③ 《清实录·世祖章皇帝实录》卷一三，中华书局 1985 年版，第 120 页。
④ 《清实录·世祖章皇帝实录》卷一三，中华书局 1985 年版，第 120 页。

讯，则申诉无由，"有去故乡百里、千里者，身已系狱，家罔闻知，啼饥号寒，艰苦万状。罪未显著，命先颠陨"。因此，赵开心奏请："刑部差司官五日一查，分别何衙门所发，速行审结。则无辜者得生，即应罪者亦不致淹滞矣。"与刑部监狱情况相比，地方也有类似情形，"府州县卫，亦有监仓逮系之人，冤郁不少。讯官敲扑，狱吏诛求。有罪不至死，而鞭挞之余，皮肉焦烂。禁锢之久，家产荡然，殊可悯恻。"因而，奏请"直省抚、按通饬有司：除死罪重情，宜加详审、量予宽限外，其余十日即与结案。应系者，系；应释者，释；应保者，保。速行发落，郁气舒而和气洽，将见刑措可几，太平立致。"①

清廷对明慎用刑之事极为看重。随即就此颁布谕旨："各衙门发送人犯，著分别察审，即与发落。在外问刑各官，有滞狱害民者，该抚按参奏重处。"②顺治二年（1645）三月，陕西道监察御史赵开心奏称，两掖门外"有东西两廊，各官按品级坐立。今为逆贼焚毁，每遇朝参，各官坐立无所。历位踰阶，起止莫定。况时值春夏之交，大雨时行之候，群臣断难露处。请令工部就六科廊基址，鳞次搭造，俾栖止有定，朝常肃而体统严矣"。③

从科道陈奏内容来看，无论是指陈得失，还是陈奏不足，科道言官确实在清廷的支持下起到了"绳愆纠谬、匡正缺失"裨益国政的作用。

---

① 《清实录·世祖章皇帝实录》卷一三，中华书局 1985 年版，第 122 页。
② 《清实录·世祖章皇帝实录》卷一三，中华书局 1985 年版，第 122 页。
③ 《清实录·世祖章皇帝实录》卷一五，中华书局 1985 年版，第 130 页。

三、耳目与敢谏：皇权与科道的争锋

就清入关之初面临的诸多弊政，科道于其间发挥了极为重要的作用。不过，我们应该注意的是，由于清初圈地、逃人、投充等导致满汉冲突问题的普遍存在，科道言官在陈奏时难免触及八旗贵族的核心利益，进而遭到朝廷的训斥与警告，甚至是刑罚。

顺治元年（1644）十二月，顺天巡按柳寅东指摘朝廷"清察无主之地，安置满洲庄头"① 之举。在其看来，此举"诚开创弘规"。不过，其间也暗含冲突之源。因为无主之地与有主之地犬牙相错，势必导致"汉民杂处"。如此一来，不惟"今日履亩之难，恐日后争端易生"。因此，柳寅东奏请"先将州县大小，定用地多寡，使满洲自占一方，而后以察出无主地，与有主地互相兑换，务使满汉界限分明、疆理各别"。如此一来，即便"满人共聚一处"，但"阡陌在于斯，庐舍在于斯。耕作牧放，各相友助"。此外，满人与汉人之间"我疆我理，无相侵夺"，则争端不生。里役田赋由各自承办，满汉各官不会无相干涉，亦不会出现委卸之弊。既然"当经界明"，则汉民不致窜避惊疑，得以保业安生。② 柳寅东的奏疏引起朝廷重视，下户部详议。

顺治二年（1645）正月，山东道监察御史奏请："民房应给旗下者，当宽以限期，俟其搬移。"除了占用民房之外，"民命攸关"的定罪量刑也宜"复秋后之条"，以图尚德缓刑之治。官员任命方面，而"杂流未尽澄汰"。门市有税，而诸物日见腾缩。一切制度

---

① 《清实录·世祖章皇帝实录》卷一二，中华书局 1985 年版，第 113 页。
② 《清实录·世祖章皇帝实录》卷一二，中华书局 1985 年版，第 114 页。

"尚宜斟酌尽善"。① 相较于傅景星"尚宜斟酌尽善"的谨慎陈请，兵科给事中则直指满洲圈地之事，奏请："民间坟墓有在满洲圈占地内者，许其子孙祭扫。"② 无论是"斟酌尽善"之语，还是"以广皇仁"的说辞，均暗指朝廷在相关问题，尤其是圈地问题上的过错。

与之相似的是，巡视南城御史赵开心也以"有司奉行不善"的说辞，指出朝廷政令的偏颇。对于民间出痘之人，朝廷"驱逐城外四十里"。虽然目的在于"防传染"，但实际执行中却因"所司奉行不善"而招致民怨。有身方发热及生疥癣等疮之人，不加区分概行驱逐。贫苦小民移出城外，无居无食，遂将弱子稚女抛弃道傍，殊非仰体朝廷"爱养生息"之意。有鉴于此，赵开心奏请："凡出痘之家，必俟痘疹已见，方令出城。有男女抛弃者，交该管官司，严加责治。其城外四十里，东西南北各定一村，令彼聚处，庶不致有露宿流离之苦。"③ 赵开心的奏疏得到清廷的重视，谕令："民间男女果系真痘，自当照例移出。令工部择定村落，俾其聚居得所。至身方发热未见痘疹者，毋得辄行驱逐。"④

对于科道言官陈奏事涉朝政缺失、有损清贵族利益的谏言，清廷一方面改变陈奏方式以免信息外泄，另一方面则重申科道的耳目之寄，试图在维护满洲利益的同时，消弭为政有失的不利影响。顺

---

① 《清实录·世祖章皇帝实录》卷一四，中华书局 1985 年版，第 127 页。
② 《清实录·世祖章皇帝实录》卷一四，中华书局 1985 年版，第 127 页。
③ 《清实录·世祖章皇帝实录》卷一四，中华书局 1985 年版，第 128 页。
④ 《清实录·世祖章皇帝实录》卷一四，中华书局 1985 年版，第 128 页。

治二年（1645）三月，因照"故明例"陈奏本章殊觉迟误，遂谕内外大小各衙门："今后部院一切疏章，可即速奏，候上旨遵行。至于各衙门应属某部者，有应奏事宜，即呈该部转奏。至直省抚、按、总兵等官，凡有章奏与某部相涉者，亦必具文该部，部臣即请上旨定夺。"①

如果说本章陈奏方式的改变尚不足以证明清廷指向，那么专门针对六部、都察院的谕旨，则带有明显的警告意味。朝廷设官分职，各有专司。对于都察院及科道官而言，"原为耳目之寄"。何谓"耳目"？细而言之，凡涉及"政治缺失、贤人蔽抑、不肖贿进，及诸司忽略职事、推诿稽延、贪饕作弊并官民冤苦等事，即指名据实、明白陈奏"。此处涉及两个问题：一为"据实"陈奏，而非皇太极时期的言谏失语，亦不坐罪；二为建言，凡关涉朝廷内外政务，便可参奏。不过，在据实与陈奏之间，应以据实为重。倘若"浮泛揣摩，辄具章奏，言既失实，事必难行"，是"以耳目之寄，反闭塞耳目也"。从"闭塞"之言，便可推断朝廷谕旨明确反对风闻奏事。至于在内六部、文武衙门，在外督、抚、镇、按、道、府、州、县、营、卫等官，均属政事之司。倘若果能"矢忠矢公，清廉勤慎，各尽职业，天下自致太平"，但若"舍己职掌，越俎出位，妄言条奏，徒博虚名，贻误政事，实心为国之人，断不如是"。②

从朝廷所发谕旨来看，其对"据实"的强调、对"闭塞耳目"

---

① 《清实录·世祖章皇帝实录》卷一五，中华书局1985年版，第132页。
② 《清实录·世祖章皇帝实录》卷一八，中华书局1985年版，第162页。

原因的描述，均指向风闻奏事。当科道言官失去风闻奏事之后，其在监察方面的功能也会随之削弱。不过，满清统治者对言官关于圈地、逃人等弊政的指责更加愤恨，除以"耳目之寄，反闭塞耳目"之语回应之外，还从明代的教训加以佐证。在清统治者看来，"明季诸臣，窃名誉，贪货利，树党与，肆排挤，以欺罔为固然，以奸佞为得计，任意交章、烦渎主听，使其主心志眩惑。用人行政颠倒混淆，以致寇起民离，祸乱莫救。"① 明朝"覆辙在前"，后人当以之为"炯鉴"，亟宜痛加悛改，"岂容仍袭故套、以蹈颠蹶？"今天下已将混一，百事创始，政务殷繁。一切事宜，当从实遵行。其含糊无用之言，必不可听。以后内外大小诸臣，宜共体此意，永为遵行，倘或故违究治如律。②

与朝廷对科道"耳目之寄"的预期不同，言官则试图通过陈情言路裨益的方式重申风宪官的言谏之权。顺治二年（1645）五月，自春入夏，雨泽不时，近者城铺矢失火，江米巷又火。火与旱相继示警，或许与"刑戮太繁"有关。因此，秋决之典宜复欤。"抑民隐弗达，而疾痛愁苦，尚须加意疏通欤。"③ 因此，户科给事中郝杰奏称："广通言路，以通民情。俯洽臣心，以洽百姓。事事体上天之好生，念念法成汤之解网。号令信如四时，大辟姑俟秋后。更敕诸臣斋袚乃心，恪修职业，则解泽旁流，天心顺应矣。"④

---

① 《清实录·世祖章皇帝实录》卷一八，中华书局1985年版，第162页。
② 《清实录·世祖章皇帝实录》卷一八，中华书局1985年版，第162页。
③ 《清实录·世祖章皇帝实录》卷一六，中华书局1985年版，第141页。
④ 《清实录·世祖章皇帝实录》卷一六，中华书局1985年版，第141页。

此外，浙江道御史吴达针对清朝用人提出建言，在其看来，如今"一切举用人员，悉取材于明季"，但是所任用之人并非全部妥当，有"明季所黜而今日亟当登用者，如抗直忤时、孤洁莫援，因而放弃山林者是也；有明季所黜而今日不可不黜者，如逆党权翼与贪墨败类是也；有明季未黜而今日不可不黜者，如持禄养交、日暮倒行而不耻者是也"。在用人资源紧缺的情况下，"犹可借招徕名色邪正兼收"，如今"在定鼎初年，兹江南底定，人材毕集。若复泾渭不分，则君子气沮而宵小竞进矣"。至于言路，则"于开创尤为急务"。凡"朝端举动、民生利病、吏治臧否，何事不待参酌后定。正宜明敕臣工慷慨敷陈，勒成一代讦谟。乃动辄责以回奏，是沮敢谏之气，而并塞后进之路也。"① 即如赵开心，论事爽剀，置之金院，可谓用其人矣。而所规切时政者，果一一用之否耶？因此，奏请皇上大开"兼听之门"，苟群言可采，必期实见举行。其指出，"言路乃国家元气，未有元气，充而不久，安长治者也？"② 对于吴达所称言路之于长治久安的重要性，顺治除令其明白确指回奏"止用赵开心之身而不用其言，所指何事"③ 外，还以与以往完全相左的语气强调："屡著自行回奏者，非沮塞言路，正欲求其实据，与其揣摩影响之言以失真，不若确核以不至于冤抑。"④

与郝杰、吴达突出言路之利相较，礼科给事中梁维本则强调六

① 《清实录·世祖章皇帝实录》卷一九，中华书局 1985 年版，第 174 页。
② 《清实录·世祖章皇帝实录》卷一九，中华书局 1985 年版，第 174 页。
③ 《清实录·世祖章皇帝实录》卷一九，中华书局 1985 年版，第 174 页。
④ 《清实录·世祖章皇帝实录》卷一九，中华书局 1985 年版，第 174 页。

科的封驳之责。在其看来，"六科之设，职在看详封驳，厘弊纠贪"。倘若职掌未明，诸臣不无瞻顾。因而，奏请吏科察照会典，将六垣职掌详列奏明。或有缄默徇私，自难逃于考功之法。① 对于梁维本所奏，顺治帝虽然称"可"，却并未予六科以封驳之权，反而强调题奏的机密性，"一应题奏本章，非经奉上旨下部，不许擅以揭帖先行发钞，甚有原无本章，径以私揭妄付邮递钞传者，尤宜严禁。除已往姑不追论，后有故犯者，听通政使司、六科衙门将本官及邮递人役，察明参奏处治。倘隐徇不举，朝廷别有访闻，定行一体察究。"②

是时，给事中许作梅、庄宪祖、杜立德、御史王守履、桑芸、李森先、罗国士、邓孕槐、吴达等交章劾奏弘文院大学士冯铨，因查无实据，多尔衮归责于诸言官。在其看来，故明诸臣党羽各立，"连章陈奏，陷害忠良，无辜被罚，无功滥用，酿成祸患，以致明亡。今尔科道各官，如何仍蹈故明陋习，陷害无辜。据尔等所劾三人，皆系恪遵本朝法度者，即此足见尔等结党谋害。"③ 人若"自立忠贞，然后可以责人。己身不正，何以责人？鼎孳自比魏徵，以李贼比唐太宗，殊为可耻。似此等人，何得侈口论人，但缩颈静坐，以免人言可也。"④ 虽然多尔衮认为科道言官有结党之嫌，但最终宽免其罪，并谕令："如再蹈故明陋习，不加改悔，定不尔

---

① 《清实录·世祖章皇帝实录》卷二〇，中华书局1985年版，第175页。
② 《清实录·世祖章皇帝实录》卷二〇，中华书局1985年版，第178页。
③ 《清实录·世祖章皇帝实录》卷二〇，中华书局1985年版，第177页。
④ 《清实录·世祖章皇帝实录》卷二〇，中华书局1985年版，第177页。

贷。"① 不过，后来又以李森先"请将冯铨父子肆诸市朝之语过甚，令革森先职"。②

无论是对浙江道御史吴达的诘问，还是对礼科给事中梁维年的敷衍，甚或对李森先的革职，均表明清廷对科道采取严厉的态度，试图限制其言谏之权。礼科给事中姚文然在此之后的陈奏说明问题。顺治六年（1649）三月，姚文然奏称："臣读制策，首以满汉同心，合力为念。窃思满汉一家，咸思报主。止因语言文字间隔难通，未免彼此有异同之见。前此两科馆选，虽有清书，但选员无多，故未有改授别衙门者。臣请于新进士内，广选庶吉士，察其品行端方、年力强壮者，俾肄习清书精熟，授以科道等官。内而召对，可省转译之烦。即出而巡方，亦便与满洲镇、抚诸臣言语相通，可收同寅协恭之效。"③

第二节　从"风闻"到"据实"：科道言谏弱化与顺治广开言路

科道言官的稽察与谏诤，是皇帝介入官僚机器、处理内外事务、应对突发状况的重要媒介。随着介入党争，顺治对科道的不满与失望，使其做出改变，不再采取以往那样行政处罚的方式予以敲

① 《清实录·世祖章皇帝实录》卷二〇，中华书局 1985 年版，第 177 页。
② 《清实录·世祖章皇帝实录》卷二〇，中华书局 1985 年版，第 177 页。
③ 《清实录·世祖章皇帝实录》卷四三，中华书局 1985 年版，第 348 页。

打、规训，而是直接改变风闻奏事这一奠基性要素。与此相对的是，顺治以广开言路的方式填补科道的缺失。鉴于言路优于科道的诸多优势，顺治以圣谕的方式迅速将其贯彻下去。在科道之外，重新架构可以由其掌握，足以洞悉一切弊病的信息收集与反馈机制。

一、顺治对官场因循的不满

摄政王多尔衮去世后，顺治帝开始亲政，初掌大权的福临采取了锐意进取的大刀阔斧。之所以有此态度，在于皇帝对官场疲玩的反感，以及试图扭转时局的激扬。顺治认为有司贪恶，因此于二月初九日谕吏部："敕各督抚将所属有司官，严行分别等次，立刻参奏，不得姑留地方害民。今已阅四五月矣，未见遵上旨实力举行，犹然瞻徇延捱，毋乃负朕振刷之意乎？现任督抚，久者五六年，近亦三四年，有司臧否贪廉，蚤当见闻真确，何待贪日始加考试？总由督抚平日以贿赂派索为事。贪恶有司，厌其欲而扼其吭者，有之。或八旗旧人在任者咆哮，要挟督抚畏忌不敢弹劾，著有之似此贪懦，安能纠察宜乎。盗贼未尽消，而黎民无起色也。"①

作为满清皇帝的顺治，希望"励精图治"以求天下太平。其所倚重者，惟在"内外诸大臣，尽心竭力，以匡不逮"。② 为了裨益国事，顺治帝曾采取措施，减少诸王对衙门政事的干预。顺治六年（1649）六月，其对于诸王、大臣干预各衙门政事及指摘内外汉官的情况颁布谕令，对于谈论"某贤能应升、某劣应降"之人，

---

① 《清实录·世祖章皇帝实录》卷五七，中华书局1985年版，第457页。
② 《清实录·世祖章皇帝实录》卷六四，中华书局1985年版，第500页。

不论其言之是非，即行治罪。至于内外各官，"应升迁者，升迁；
应降处者，降处。岂如明季偏听人言，轻于进退？"除了禁止诸
王、大臣讨论官政之外，还禁止其对各衙门官员的传召："各王有
以衙门之事，私行傅呼各衙门官至府者，罪在王。听其传呼而去
者，罪在各官。遇有启奏之事，必奏明方许传该衙门官。其所传官
员，亦必问明启奏之人，果系真实，方许前往。"①

　　除此之外，顺治帝尽撤在外"总理漕运、盐引部员"。② 顺治
九年（1652）四月，皇帝对满汉官员之间的参劾问题颁布谕旨。
"今后有官守者，务须上紧办事，不许满汉互诿。如汉官玩误，满
官据实奏闻；如满官执延，汉官亦据实奏闻。毋得争持稽缓。有言
责者，见有不公、不法，务须据实指名、从公入告。不许泛论铺
张，影说要挟。"至于各官内存在"罪废起用者"，不要"畏避逡
巡"。内外各衙门官，作速省改，策励担当。若虑招怨累身，政事
何由完结。③ 从所颁谕旨来看，皇帝了解司道各官"废弛政务，贪
婪怠惰，剥削下民"等种种情弊，④ 因而在官员朝觐时要求他们
"殚心竭虑，改过任事。洁己爱民，拯救疾苦。使上之德泽下究，
则天下自致熙皞"。各属官"恪遵奉行，如违朕谕，国宪具存，决
不宽贷"。⑤

　　对于官场因循的深层次原因，顺治帝有其自己的认识。在其看

---

① 《清实录·世祖章皇帝实录》卷四四，中华书局1985年版，第356页。
② 《清实录·世祖章皇帝实录》卷六四，中华书局1985年版，第500页。
③ 《清实录·世祖章皇帝实录》卷六四，中华书局1985年版，第501页。
④ 《清实录·世祖章皇帝实录》卷七四，中华书局1985年版，第581页。
⑤ 《清实录·世祖章皇帝实录》卷七四，中华书局1985年版，第581页。

来，作为"职司风纪，为朝廷耳目之官"的都察院，应直言无隐。
"上自诸王，下至诸臣，孰为忠勤，孰为不忠勤，据实奏闻，方为
无忝厥职"。① 然而，实际情况是诸如卓罗、徐起元等人，于"政
事之是非得失、官员之贤否勤惰，缄口不言"。之所以革退尔等，
亦是因此所致。② 即便有警诫在前，"尔等自受职以来，凡有应行
陈奏之事，竟未一言"。此前已经申饬，如今过又数月，仍无一人
言事。旷职若此，简任尔等有何裨益。况且内外各衙门任用之官，
有勤谨者，亦有惰窳者，岂尽一律。③ 因此，顺治谕令都察院：
"上自诸王下至诸臣，孰为忠勤、孰为不忠勤及内外官员之勤惰，
各衙门政事之修废，皆令尽言。"④

　　在顺治看来，都察院言官职权重大，自今以后当敬承圣旨，凡
遇有宜言之处，即行奏达。若瞻徇不言，被人参论，朕将于尔等是
问。⑤ 尤其是对于督抚为首的省级官僚体系而言，"凡贪恶及不识
字，纵信衙役劣员，作速指参。至于司道，乃有司纲领，尤宜察
劾。若再迟违，定治重罪。在内科道官，既任言责大，而督抚按
小"。⑥ 因此，各省"府州县以及天下弊端，凡有见闻，即行参奏，
勿怀私诬陷，勿苟且塞责。若夫仰人颜面、拾人颜面、拾人津唾，
即幸免于议，宁无愧于心？至于钦差御史，例得与督抚互纠。"⑦

---

① 《清实录·世祖章皇帝实录》卷六三，中华书局 1985 年版，第 491 页。
② 《清实录·世祖章皇帝实录》卷六三，中华书局 1985 年版，第 491 页。
③ 《清实录·世祖章皇帝实录》卷六三，中华书局 1985 年版，第 491 页。
④ 《清实录·世祖章皇帝实录》卷六四，中华书局 1985 年版，第 501 页。
⑤ 《清实录·世祖章皇帝实录》卷六三，中华书局 1985 年版，第 491 页。
⑥ 《清实录·世祖章皇帝实录》卷五七，中华书局 1985 年版，第 457 页。
⑦ 《清实录·世祖章皇帝实录》卷五七，中华书局 1985 年版，第 457 页。

二、顺治对言官的规训与科道援党

顺治帝对都察院的不满与训诫，在一定程度上改变了其于"应行陈奏一事竟未一言"的局面，但其所言"率非国治大务"。在顺治帝看来，国治大务，在于天意人心。因此，作为朝廷耳目的都察院言官应当考虑"天意何以合，人心何以顺。因革损益，何事宜先。何以法立而无弊，何以令行而不移。"[1] 此外，还需分别参奏"满汉各官有贤有不贤，在外督抚、按各官有廉有贪、有明有暗，镇守驻防各官有捍御勤慎者、有扰害地方者"[2]，明白纠绞"推举铨用与黜革降罚，及内外各衙门条陈章奏，有从公起见者、有专恣徇私者"[3]。一言以蔽之，都察院不得避怨卸责，亦不能缄口溺职。顺治九年（1652）十二月，皇帝再次表达其对科道的不满与期望。依其所言，作为皇帝"耳目之官"的都察院、六科、十三道，"凡官邪民蠹，皆得廉实纠发。所以通壅蔽，锄党恶也"。[4]

无论是"国治大务"的悉心传授，还是"法不尔贷"的严厉警告，顺治帝在以其自己的方式引导科道走向他所期望的运行轨道。经过顺治审慎的规训，科道由"竟无一言"变成皇帝眼中的"有言"。不过，科道的改变并未令顺治满意，认为其所言"多系细务，未见有规切朕躬者。朕一日万几，岂无未合天意、未顺人心

---

① 《清实录·世祖章皇帝实录》卷六四，中华书局 1985 年版，第 501 页。
② 《清实录·世祖章皇帝实录》卷六四，中华书局 1985 年版，第 501 页。
③ 《清实录·世祖章皇帝实录》卷六四，中华书局 1985 年版，第 501 页。
④ 《清实录·世祖章皇帝实录》卷七〇，中华书局 1985 年版，第 557 页。

之事。良由诸臣畏惮忌讳，不敢进谏耳。"① 因此，顺治强调其对谏言的宽容之态。依其所言，"朕虽不德，于古帝王纳言容直，每怀欣慕。朕躬如有过失，诸臣须直谏无隐。即偶有未合，不妨再三开陈。庶得省改，力行正道，希臻治平。进言切当者，必加旌奖。言之过戆者，亦不谴责。"②

顺治对科道的敲打与指引卓见有效。顺治十年（1653）正月，吏科都给事中魏象枢上奏："人君御世之权，莫大于赏罚。国家察吏之典，不外乎黜陟。三年朝觐，名为大计，典甚重也。今当皇上躬亲大政，首举计典。恭请皇上面召各直省两司等官，凡三年中，国赋之盈亏、民生之利害、官评之贤否、吏议之公私，许其逐一奏陈。称职者，奖赏。不称职者，处分。傥有支吾欺饰，容科道官指名纠参。"③ 不过，"三年大计，册报责在抚、按，考察责在部院，纠拾责在科道，总为澄清吏治也"。④ 虽然，科道言官被处者甚多，今值圣政方新，拾遗一节最为紧要。不宜藉端诬罔处分，以负皇上求言察吏之意。因此，魏象枢认为"纠拾反坐言官，有坏吏治塞言路。以后科道纠拾官员，照大计一例处分。科道官有挟私妄纠者，著吏部、都察院指实参奏"。⑤

随后不久，顺治又以"内外本章关系民生国计，岂宜迟延时

① 《清实录·世祖章皇帝实录》卷七一，中华书局 1985 年版，第 560 页。
② 《清实录·世祖章皇帝实录》卷七一，中华书局 1985 年版，第 560 页。
③ 《清实录·世祖章皇帝实录》卷七一，中华书局 1985 年版，第 560 页。
④ 《清实录·世祖章皇帝实录》卷七一，中华书局 1985 年版，第 560 页。
⑤ 《清实录·世祖章皇帝实录》卷七一，中华书局 1985 年版，第 560 页。

日"为由更改旧制。在皇帝看来，虽然六科逐月注销部院等衙门本章"立法甚善"，然而，"六部等衙门速完者，固有之。久延者，亦不少。如往年部臣稽迟钦件，朕察出罚治。而科臣竟不预行摘参，又不具奏认罪。己职不尽，何以纠人？"① 因此，谕令六科将六部、都察院从前奉旨应销事件，按照年月"各造清册进呈，以后逐月造册进呈。俱照旧例，严行注销。应催完者，催完；应摘参者，摘参。务使各衙门承行事件，刻期注销"。需要行文各督、抚、按者，亦定限报完。必内无留滞，外无推诿。庶职掌不负，政治有裨。若瞻徇容隐，罪必不宥。②

无论是对朝廷耳目的强调，还是六科旧例的改制，甚或通壅蔽的功效，我们可以推断出皇帝对科道的别有用心。顺治十年（1653）四月，任珍被其婢女讦以"罪谪后家居怨望，出言不轨"之罪，并有奸谋等丑行，经刑部审讯后将任珍处死。③ 不过，顺治帝以任珍曾立大功、所犯情罪重大可耻为由，集九卿、科、道并新入旗阿达哈哈番以上官员，再行定拟具奏，结果却令皇帝极为不满，刑部满、汉官与九卿、科、道等衙门满洲官仍如原拟，大学士陈名夏等汉官27人却因"原评重大情节，任珍俱不承认"，坐以应得之罪。以陈名夏为首的汉官所议结果，令皇帝大为不满。在其看来，陈名夏等人既称"应得之罪，律无正条"，若执为己是，以巧生事，甚属不合。最终，陈名夏、陈之遴、金之俊等削去官衔二

---

① 《清实录·世祖章皇帝实录》卷七一，中华书局1985年版，第564页。
② 《清实录·世祖章皇帝实录》卷七一，中华书局1985年版，第564页。
③ 《清实录·世祖章皇帝实录》卷七四，中华书局1985年版，第582页。

级，罚俸一年，仍供原职，自今以后从新省改。①

陈名夏一案让顺治帝倍感危机。不仅因缘于陈名夏等人的定拟与皇帝意愿不符，而且满汉相异的定拟结果，以及科道的参与其间，更令其感到不安。② 顺治帝认为"尔等得罪，悉由自陷其身也。初议错误，则亦已尔。及再三申饬，即当省改，岂可仍行混议。凡事会议，理应画一，何以满汉异议"？况且"满洲官议内无一汉官，汉官议内无一满洲官，此皆尔等心志未协之故也"。至于都察院科道等官，职司言路，见有如此乖戾者，亦当即行纠弹。③

对于科道在陈名夏一案中的问题，顺治帝指出，其将言官视为"耳目之司"，期望其"直言无讳"。如果闻知"天下之邪正贪廉、大利大害"，借此"发政施令"，则"立致太平"。正是因为对科道的期望，皇帝在此前"屡下明旨，启示开导"。然而，科道言官却"重违朕心，纳交结党"，或"有身被人言、倩人报复者，或有徇护同党代为报复者，以故多有明知其恶，畏其同党而不敢言。每阅奏章，实心为国者少，附党行私者多"。④ 在顺治帝看来，科道作为朝廷耳目之司，应当承担下情上达之责。然而，对于陈名夏的乖违行为，不仅没有即行纠弹，反而参与其中、徇护同党。原应制约官僚机器的科道官，因涉及党争或代为报复或附党徇私，由信息渠

---

① 《清实录·世祖章皇帝实录》卷七四，中华书局1985年版，第583页。
② 李硕：《顺治帝与汉官集团之间的关系》，《满族研究》2016年第3期，第60页。
③ 《清实录·世祖章皇帝实录》卷七四，中华书局1985年版，第583页。
④ 《清实录·世祖章皇帝实录》卷八一，中华书局1985年版，第635页。

道演化成对话语权的争夺。所以，顺治帝谕令："涤肺肝，捐旧图新。凡天下邪正贪廉、大利大害，务要实心为国，直言不讳，则政治新而太平可臻矣。"①

及至十一年（1654）三月，内翰林国史院大学士宁完我弹劾大学士陈名夏结党怀奸、情事叵测。陈名夏父子居乡暴恶，士民怨恨，无名冤揭贴遍城内，科道官岂无一人知闻？何无一疏入告？吏科魏象枢，系陈名夏姻亲，结为一党。② 依宁完我所言，陈名夏"怀奸结党，阴谋潜移，祸关宗社，患莫大焉"③。对于"奸乱回甚，党局日战"之事，言官却"隐默不纠，殊负职任"。因此，赵开心降三级调用；魏象枢、杨璜、高桂、周之桂、陈调元、刘显绩、宗敦一各降一级调用；其余科道各官，俱罚俸一年；都察院左都御史屠赖、副都御史佟国允、佥都御史蒋国柱及满洲科道等官，各以次罚银；副都御史林德馨、吏科给事中林起龙，俱历任未久，著免议。④

三、只许指实直言：科道风闻奏事的禁止

自崇德元年（1636）设立都察院以来，无论是谏诤，还是稽察，风闻奏事成为言官的保护伞，不仅无形之中扩大了言谏权限，而且最大限度地避免了因言犯罪的问题。然而，诸多科道言官却因

①《清实录·世祖章皇帝实录》卷八一，中华书局1985年版，第635页。

②《清实录·世祖章皇帝实录》卷八二，中华书局1985年版，第641页。

③《清实录·世祖章皇帝实录》卷八二，中华书局1985年版，第642—643页。

④《清实录·世祖章皇帝实录》卷八二，中华书局1985年版，第643页。

缄默不纠陈名夏结党一事被问罪。陈名夏被正法以后，顺治帝于十一年（1654）三月再次颁布谕旨，训斥科道缄默的举止失当。在其看来，对于科道"未得实据"的说辞，顺治则以朕在深宫尚且洞悉，尔等职司耳目却"懵无见闻"为由，断定言官乃"明系知而不言"。① 对于科道的失职，皇帝薄加降罚，聊示惩戒，以后务宜痛改前过，从善去邪，知无不言，言无不实，副朕求言图治之意。若仍前畏忌，缄默苟容，颠倒黑白，徇私报怨，明知奸恶，庇护党类，不肯纠参，而诬陷良善，驱除异己，蔽塞主聪，混淆国是，则是"复蹈明末陋习，误国负君"，定行重治，必不再宽②。

　　无论因此薄加降罚、聊示惩戒以表达必不再宽的决心，还是用"求言图志"暗示既往不咎，甚或以蔽塞主聪警示科道应痛改前过，说明顺治有意容忍科道的此次过失。然而，顺治帝于四月发布谕令都察院、科、道等官，"近日言官纠参章疏，都牵连陈名夏。或曰名夏亲戚，或曰名夏党与。似此纷纭，举朝几无善类矣。尔等言官，既有真见，何不言于名夏未发觉之前？乃因其已经正法，辄吹求无已，成何政体？殊非朕虚怀纳谏之意！"③ 因此，"以后论人论事，只许指实直言，不许再借陈名夏亲戚党与进奏。如有违犯者，定行重治，必不轻恕。"④

　　针对科道官虽有风闻、未得实据的借口，顺治直接禁止其风闻

---

① 《清实录·世祖章皇帝实录》卷八二，中华书局1985年版，第645页。
② 《清实录·世祖章皇帝实录》卷八二，中华书局1985年版，第645页。
③ 《清实录·世祖章皇帝实录》卷八三，中华书局1985年版，第650页。
④ 《清实录·世祖章皇帝实录》卷八三，中华书局1985年版，第650页。

言事，而且只许指事直言。如果说直言反映的是谏诤态度，那么"指实"显然是将科道的奏事限定在实际证据的基础之上。换言之，如果没有证据，或虚妄言事，则从重治罪，必不轻恕。顺治十一年（1654）十一月，顺治谕吏部："朕念时方用人，才不易得，不忍以一言偶误，遂致沉抑"，① 但是既然已经谕令"只许指实直言"，其便命令吏部详察科道各官被降级革职的始末缘由，明白开列进奏，候朕裁夺。② 顺治十二年（1655）正月，吏部开列科道等员："从前言事不当及纠参失实降革者，科臣向玉轩、董笃行、杨时化、陈忠靖、林起龙、张京、魏象枢、杨璜、高桂、周之桂、陈调元、刘显绩、刘余谟、庄宪祖、张国宪、常若柱；台臣赵开心、吴达、石维昆、崔士俊、宗敦一、甯承勋、张懋憙、姜金允、柯士芳、赵弘文、桑芸、王燮、李成纪、米襄、罗国士、廖攀龙、宋一贞、吴赞元、许弘祚、宋调元、于嗣登、卢铸王应元。"最终，皇帝令吴达、董笃行、杨时化、常若柱、石维昆、崔士俊、林起龙，复原官。③

与科道风闻奏事权相对应的是皇帝广开言路的举措，陈名夏等20人被定罪之后，顺治便以"今年三春不雨，入夏亢旱，农民失业"④ 为由广开言路，皇帝谕令"三品以上及科道官"，各抒所见。⑤ 无论是进言须三品以上的品级限制，还是"有关朕躬及天下

---

① 《清实录·世祖章皇帝实录》卷八七，中华书局1985年版，第687页。
② 《清实录·世祖章皇帝实录》卷八七，中华书局1985年版，第687页。
③ 《清实录·世祖章皇帝实录》卷八八，中华书局1985年版，第690页。
④ 《清实录·世祖章皇帝实录》卷七四，中华书局1985年版，第584页。
⑤ 《清实录·世祖章皇帝实录》卷七四，中华书局1985年版，第584页。

大利大害应兴应革"① 的进言范围，均表明此举打破了科道谏诤的独特权限。我们可以如此言说，顺治帝开言路的举措，既拓展了信息收集渠道，又削弱了科道的言谏权力。

广开言路在丰富信息来源渠道的同时，也导致信息真伪的斑驳难辨。十一年（1654）四月，工科给事中翁自涵奏称："近见投揭纷纷，不曰某官赃污，则曰某人冤屈。投揭之后，未闻明白具告，显系挟诈恶习。饱欲则止，弁髦功令，长此安穷？"所以，奏请"敕部刊示严禁：有敢于长安门及京城内外，擅行粘递揭帖者，责成该司坊官缉擒造谋夥党，按律治罪。至叩阍奏牍，果系奇冤异枉，曾经督抚问理失实，通政使司、都察院扶同蒙蔽者，当与申雪。傥本无冤屈，辄敢渎扰，宜尽法究治，以儆奸顽。"②

对于工科给事中关于信息传递渠道的谏言，顺治帝并未过多考量，在"下所司议奏"的同时，进一步扩大进言对象。十二年（1655）正月，谕"吏部等衙门，人君图治。当虚己以求言。臣子效忠，必有猷而入告。年来水旱相仍，干戈未息。满洲兵丁，困苦至极。饥寒百姓，转徙死亡"。③ 对于民生凋敝，实因"臣下政事不修，兵民失业，弭救无策"。④ 因此，谕令"在京七品以上文武满汉官员，俱宜殚竭忠诚，共图补救。凡职掌所属，向来积弊之处，见今整顿之方，详切敷陈，以资采用。知其病，即备其药。言

① 《清实录·世祖章皇帝实录》卷七四，中华书局1985年版，第584页。
② 《清实录·世祖章皇帝实录》卷八五，中华书局1985年版，第670页。
③ 《清实录·世祖章皇帝实录》卷八八，中华书局1985年版，第692页。
④ 《清实录·世祖章皇帝实录》卷八八，中华书局1985年版，第692页。

其害，即举其利。其务各抒所见，毋得浮泛空言，雷同塞责，负朕求言至意。如兵民疾甘拯救事宜，果有确见良筹，虽非职掌，亦许另疏具奏。"①

与顺治十年（1653）四月的谕旨相比，此次进一步扩大了进言主体的范围，凡是七品以上的京官，便可向上陈奏。顺治关注的不再是陈奏资格，而是进言的实用性与问题性。倘若陈奏确实有益于补救积弊，即便并非陈奏之人职掌，亦准许另疏具奏。如果说顺治帝此道谕旨集矢于应对弊病之策，那么紧随其后的谕旨则指向周知地方疾苦与政事利弊。依顺治所言，其"抚育万方，夙夜祗惧，讲求爱民之道，不啻三令五申。乃年来水旱相仍，干戈未靖，民穷莫拯，兵食不充，上德弗宣，下情壅塞，所以至此，弊非一端"。②虽然已经广开言路，但民情土俗所在各有不同，地方各官身亲实历，凡兵民疾苦、政事利弊，必皆灼知于心。耳闻目见，最为真切，出于了解地方真实情状的考虑，皇帝谕令"文官自督抚以下、知府以上，武官自提督总兵官以下、副将以上，管辖之内职掌事宜，向来积弊，何以得清？见今整顿，如何而可。俱著详切直陈无隐，以资采用。司道、知府、副将，各陈奏一次，以副朕周咨勤民至意"。③

无论是"耳闻目见、最为真切"的溢言之词，还是"灼知于心"的周咨之意，均表明皇帝的关注聚焦于"下情壅塞"。换言

①《清实录·世祖章皇帝实录》卷八八，中华书局1985年版，第692页。
②《清实录·世祖章皇帝实录》卷八八，中华书局1985年版，第693页。
③《清实录·世祖章皇帝实录》卷八八，中华书局1985年版，第693页。

之，与其说顺治意在广开言路以副周咨勤民之意，不若说打破"壅塞"僵局，在都察院监察御史自上而下的信息机制之外，重新架设了一条自下而上、由地方到中央、真切反映地方政事与民间疾苦的信息渠道。面对科道言官参与党争引发的信息危机，顺治在以据实陈奏限定其风闻言事权的同时，又借广开言路之机重构了向京师求治病之药、于地方访真实见闻的信息收集机制。从某种程度上来说，顺治的广开言路及其对言路的看重，已经使其所开之言路具有稽察地方、匡正缺失的言谏之权。

　　与科道言官相比，言路所涉主体的不确定性、陈奏内容的实用性、皇帝调控言事内容及方式的便捷性，使其具有科道谏诤体系难以超越的优势。因此，当皇帝认为言路之利以及科道预设轨道的偏离之后，便对言路更为倚重。因此，在对吏部连发两道广开言路谕旨之后，顺治随后谕吏部、都察院及科道官员："言官直陈时事，无论当否，概予优容。后乃分别是非，间有谴谪，致生疑畏之心。章奏敷陈，未免瞻顾。兵民疾苦，不得上闻。今广开言路，博询化理，凡事关朕躬者，何令不信，何政未修，诸王、贝勒、办事诸臣旷职之愆，丛弊之处及内外各司，何害未除，何利未兴，各据见闻，极言无隐，须详明切实，庶便览观。一切启迪朕躬、匡弼国政者，所言果是。即与采用，如有未当，必不加罪，毋得浮泛塞责，负朕求言至意。"①

　　我们应该注意的是，无论皇帝如何看重言路的作用，顺治也未

---

① 《清实录·世祖章皇帝实录》卷八八，中华书局1985年版，第692页。

给予风闻之权，依然要求详明切实。虽然并未只许科道据实陈奏，但"切实"一词也将风闻言事摒弃在外。即便不能风闻言事，但也权限颇大。对于章奏敷陈，顺治优先考虑进言者的言谏态度。只要依见闻陈奏，即便言有未当，也不加其罪。言路之利，由此可窥一斑。正如顺治所言，倘若"内外大小官员悉心条奏"，则"通达下情"。因此，自今以后，"各地方钱粮，凡横敛私征、暗加火耗、荒田逃户、洒派包赔、非时预征、蠲免不实、灾伤迟报、踏勘骚扰、妄兴词讼、妨夺农时等弊等弊，一切严行禁革。有违犯者，该督抚即行纠参，以凭重处。如督抚徇情庇纵，部院科道官访实劾奏。"①

第三节　据实陈奏与封驳之失：顺治朝科道的"耳目之实"

相较皇太极时期"言为非，亦不加罪"的制度设计与谏诤实践，科道在言谏权上的超然并未贯通顺治一朝。从职司耳目的煌煌圣谕到缄口不纠的党争工具；从只许据实陈奏的严厉措辞到封驳之权的缺失，都察院风闻奏事的禁止与六科封驳之权的缺失，不仅削弱了言官的监察百官与驳正违误，而且因言获罪的诛心之失，最终将科道改变成专为皇帝提供政治信息的耳目之官。

---

① 《清实录·世祖章皇帝实录》卷八八，中华书局 1985 年版，第 693 页。

一、渎奏或塞责：言谏弱化的政治后果

顺治对科道只许据实陈奏的要求，彻底打破了风闻奏事的权力超然。尽管皇帝试图以广开言路的方式弥补科道言谏权削弱引发的后果，然而，在具体的政治实践中，顺治的广开言路并未起到预期的作用。

禁止风闻奏事之后，顺治帝评判进言之人有罪与否的依据，并非陈奏是否妥当，而在于详细切实。不过，我们应该注意的是，何为"切实"？何为详明？并未具有明确的评断标准。不过，通过"丛弊之处"的提示以及"匡弼国政"的政治诉求，我们可以断定，只要有利于皇权统治的进言，便为顺治皇帝所准允。因此，当皇帝从皇权角度取舍陈奏时，进言之人的有罪与否便完全决于皇帝。顺治十二年（1655）三月，户部右侍郎赵开心以饥民流离可悯，请暂宽逃人之禁，以靖扰累，以救民命，奏称："严逃人者，一定之法。救流民者，权宜之计。闻近畿流民载道，地方有司惧逃人法严，不敢容留，势必听其转徙。若将逃人解督捕衙门，暂宽其隐匿之罪，以免株连，则有司乐于缉逃。即流民亦乐于举发，而逃人无不获矣。"① 对于赵开心的陈奏之词，顺治帝却认为其"两经革职，特与赦宥擢用，不思实心为国，辄沽誉市恩，殊失大臣之谊，著降五级调用"②。

我们于此并不深入分析逃人问题背后的深层次原因，而仅仅将其看作广开言路中的个案，但赵开心因言获罪的客观事实却无法改

---

① 《清实录·世祖章皇帝实录》卷九〇，中华书局1985年版，第705页。
② 《清实录·世祖章皇帝实录》卷九〇，中华书局1985年版，第705页。

变。因此，顺治只能通过谕旨诫告进言之人。顺治十二年（1655）三月，谕吏部等衙门，声称之所以"屡经降谕求言，祇因兵民疾苦、积弊丛生。内外大小诸臣，必有嘉言良策，可佐治平。是用广咨群议，聿备采择，浮泛雷同、切戒勿进。"① 然而，章奏中关于"整顿补救之方，详明切实者"却寥寥无几，大多虚应职掌，甚至私心报怨、阻挠成法、风影妄谈、揣摩生事。既无关于政务，又罔益于兵民，甚负朕虚怀求言至意。② 因此，顺治命自今以后，凡有敷陈必实切国家之大政，确指兵民之利害，方许进奏，毋得"浮泛雷同，妄行渎奏"。③

顺治的圣谕似乎很难解决塞责妄陈的弊病。在皇帝看来，设立都察院衙门原系耳目要职，必须以政治得失、民生利病据实上闻，岂可将无益之事塞责妄陈？④ 然而，魏裔介奏请画一世职时却引起顺治不满。在皇帝看来，世职应袭与否，皆已定之事。况为人臣者，凡事可行、不可行，必当熟思妥确，不应如此"含糊两可"。⑤ 即便皇帝敕旨问询，亦不"明白覆奏"，反加遮掩，实属愚暗。其身任要职，明知久行定例，辄请更改，其中岂无受托市恩情弊？⑥ 最终，以"各供含糊不一、情弊显然"为由，令"九卿詹事科道会同详审确情，严加议罪"。⑦

---

① 《清实录·世祖章皇帝实录》卷九〇，中华书局1985年版，第705页。
② 《清实录·世祖章皇帝实录》卷九〇，中华书局1985年版，第705页。
③ 《清实录·世祖章皇帝实录》卷九〇，中华书局1985年版，第705页。
④ 《清实录·世祖章皇帝实录》卷一一〇，中华书局1985年版，第863页。
⑤ 《清实录·世祖章皇帝实录》卷一一〇，中华书局1985年版，第863页。
⑥ 《清实录·世祖章皇帝实录》卷一一〇，中华书局1985年版，第863页。
⑦ 《清实录·世祖章皇帝实录》卷一一〇，中华书局1985年版，第864页。

　　顺治十四年（1657）十月，大学士管吏部尚书事王永吉因灾异上言，认为"欲消变异，必修政事缺失；欲知政事缺失，必求谏诤直言"。其作为言官，"敷奏"乃其职掌。即百职诸司感事忧时，岂无一得之见？况求之使言，谁不能言？然而，直言之人甚少，何哉？在其看来，其原因在于"不敢"。而其所以不敢之故，不过因"祸福利害横于前，诛殛放流迫于后尔"。倘若功名念重，虽误国负恩，罪在臣下。而自古帝王听言不察因而自误者，亦不少矣。① 因此，王永吉奏请："凡从前因言获罪诸臣，宜查取原疏，恭进御览。万几之暇，详加省阅。果有议论剀切，词意抗爽，或上关君德，或下裨民生外，而筹画封疆安危，内而指陈政治得失，察其立言之指。既无他意，即中多激戆、亦必曲为宽恕，断自宸衷。"必有直言敢谏，以副皇上求言弭变之盛心者矣。②

　　在皇帝看来，王永吉身为大学士，即宜实加修省，反虚饰具疏认罪。若云具疏则为修省，不具疏则不为修省，是修省止永吉一人、诸臣俱不然矣。似此徒博虚名，何如尽心实事耶？③ 虽然屡饬科道各官据实陈奏，以广言路，④ 但是言官并不抒诚建议。或报私仇，或受嘱托，或以琐细之事渎陈塞责。虽巧饰言辞，而于国家政治有何裨补？今各部院衙门弊端及诸臣行事，朕尚有所闻见，尔等岂有不知？若明知隐匿，不行据实陈奏，岂不有玷言官之职？⑤ 因

---

① 《清实录·世祖章皇帝实录》卷一一二，中华书局 1985 年版，第 877 页。
② 《清实录·世祖章皇帝实录》卷一一二，中华书局 1985 年版，第 877 页。
③ 《清实录·世祖章皇帝实录》卷一一二，中华书局 1985 年版，第 879 页。
④ 《清实录·世祖章皇帝实录》卷一一二，中华书局 1985 年版，第 879 页。
⑤ 《清实录·世祖章皇帝实录》卷一一二，中华书局 1985 年版，第 879 页。

此，顺治帝认为"尔等不思朝廷擢用之恩，留心部务，以图报效，乃徇庇为奸，竟成积习"。① 对于言路中出现的渎言等情弊，顺治帝并未有效的解决办法，只能谕令诸臣："嗣后宜痛改前行，勉图效力。更宜自爱身名，无致陨越。且凡为父母者，生子得入仕途。必何等教诲，何等期望。尔等能体父母之意，公忠为国，仰报朕恩，即无忝尔亲矣。倘违父母初心，恣意妄行，身败名辱，尚得为人类乎？凡人妄行非分，每谓人不及知，为之无害。不知幽隐之际，尤宜勤自省治。至于各官一蒙擢用，益当兢兢业业，思如何报答主恩。如何殚尽职业，乃为善类。若甫获升迁，便扬扬自得、毫无敬畏，便是小人耳。朕所嘉者，尽职之人。所恶者，虚言之辈。前因地震，朕深自惕励。兼命诸臣，共加修省。"②

无论顺治帝如何措辞，或用"痛改前行"加以警告，或用公忠体国进行道德约束，抑或"甫获升迁"的官职提高，均不能掩盖皇帝在此问题上的两难境地。与皇帝的束手无策相比，四川道监察御史李森先则认为，皇上求言之诏屡下，大小臣工却犹然迟回观望，不肯进言。其原因皆在于"从前言事诸臣，一经惩创，则流徙永锢，遂相率以言为戒耳"。在其看来，欲开言路，宜先宽言臣之罚。倘蒙俯赐轸恤，使天下昭然。知皇上宽宥直臣，虽在远而不遗。则凡有言责者、罔不洗心竭虑以陈言矣。③

不过，对于李森先宽言臣之罚的建议，顺治帝并未施行，反而

---

①　《清实录·世祖章皇帝实录》卷一一二，中华书局1985年版，第879页。

②　《清实录·世祖章皇帝实录》卷一一二，中华书局1985年版，第879页。

③　《清实录·世祖章皇帝实录》卷一一七，中华书局1985年版，第909页。

以"李呈祥等犯罪原非讹误"为由，认为"李森先新经宽宥，又系言官，不思实心报恩，进言有益之事，辄敢援引诏款代求赦免，明系市恩徇情，著吏部从重议处具奏"。① 在笔者看来，李森先所言仅涉问题的表象，并未触及其本质问题。不过，相对于皇帝的谕旨诫训与部分言官的别有用心，户科给事中朱之弼却提出了颇有见地的认识。在其看来，令言官言六部之弊，却又"不能实行其所言"。虽纷纷，何益也？六部之事各有成书，倘部臣实心任事，凡职掌内"当兴之利、当革之弊"，自知之，言官不过拾遗补阙而已。六部之事，言官不胜言，且未有职掌。明明当行之事，必待人言而后行。况言之而又护短匿非，不肯尽行乎。今日之病在六部，六部之病在尚书，尚书之病在推诿。推诿之病，在皇上不择人、不久任、不责成效、不定赏罚。即使任事之人，视国事如家事，犹恐废弛。今则尽如事外之人，疑事畏事之念多，任劳任怨之意少。事稍重大，则请会议。② 因此，其奏请皇上"亲试才品，因能授任，再考其历事之后，兴利几何？除弊几何？视成效多少，以定功罪而行赏罚。法在必行，无少姑息"。③

　　朱之弼关于言路弊政的分析，并未引起皇帝的重视。顺治只是谕令："六部推诿，不肯实心任事，致被言官如此陈奏。自后务必整肃一新，不得仍前怠忽。"④ 顺治十五年（1658）五月，户科给

① 《清实录·世祖章皇帝实录》卷一一七，中华书局1985年版，第909页。
② 《清实录·世祖章皇帝实录》卷八九，中华书局1985年版，第701页。
③ 《清实录·世祖章皇帝实录》卷八九，中华书局1985年版，第701页。
④ 《清实录·世祖章皇帝实录》卷八九，中华书局1985年版，第701页。

事中姚延启对"事必下部议"提出质疑，认为"今日进言者多，实见施行者少。皇上每事必下部议，比覆请又皆俞允，是权归六部也。请自今许启奏之臣。随疏入对。皇上亲裁庶政，断自宸衷，庶可决群疑，考议论，而别人才矣"。①

二、地方监察的弱化

顺治帝的广开言路，分别指向京师与地方两个区域的官员。如果说妄行渎奏、敷衍塞责集矢于言官的瞻顾忌讳，那么其通过地方官闻知各省钱粮私征、暗加火耗、荒田逃户、洒派包赔、非时预征、蠲免不实、灾伤迟报、踏勘骚扰、妄兴词讼、妨夺农时等弊②的构想，却完全忽略了此举在监察地方问题上的不足。因为"有司贤否，全凭督抚举劾，而督抚又寄耳目于司、道、府推。层累开报，原期详核。近乃上下扶同，以馈遗之厚薄、情面之大小颠倒贪廉，俾循良不获上达，奸蠹反膺优考。劝惩不公，吏治因之大坏"。③由此可知，在以督抚为首的省级官僚体系中，自下而上的行政隶属关系以及同僚之间的行政往来，在地方社会中编织了错综复杂、牵涉颇广的关系网。在依附于督抚之下的政治网络中，很难形成雍正时期彼此监督、上下相维的监察体系。于是，清廷对地方的监察被逐渐弱化。

就地方监察而言，除了都察院监察御史之外，清朝还沿袭明代

---

① 《清实录·世祖章皇帝实录》卷一一七，中华书局 1985 年版，第 915 页。
② 《清实录·世祖章皇帝实录》卷八八，中华书局 1985 年版，第 683 页。
③ 《清实录·世祖章皇帝实录》卷八八，中华书局 1985 年版，第 697 页。

巡按制度。之所以"遣御史巡方，原为察吏安民"，正如皇帝所言，如果"身已贪污，何能察吏？不能察吏，何以安民？"虽然在任命时会有所甄别，但难保"尽粹白无瑕"，只不过"姑用以俟自新"。因此，顺治十二年（1655）正月，皇帝谕令："自今以后，各宜洗心涤虑、振作精神。如一经点差，即不得见客、不收书、不用投送书吏、员役、不交接宴会、饯送。一出都门，毋稽时日。沿途及境内私书私馈，概不得滥行收受。此外，轮用府州县书吏快手，事竣即行遣回。凡巡按旧书吏、承差名缺，一概不留，不许设中军听用等官，不许用主文代笔，不许府州县运司等官铺设迎送，不许假借公事滥差员役下府州县，不许挈访，不许拔用富豪官吏。"①

在顺治看来，如果巡方御史"果能一遵禁约，自然公生明、廉生威。地方利弊、民生疾苦，必能上闻，大小官吏必能肃清"。凡事须设法确访，则"何吏不察？何民不安？倘总督、巡抚、总兵等官，有不公不法、蒙蔽专擅、纵兵害民、纵贼害良等事，许巡方御史即行纠举。若御史有故违前项禁约，许总督、巡抚即行纠举。都察院堂官，尤宜督责河南掌道等官时时察访"。由是观之，御史实乃皇帝"耳目之司"，能"察民疾苦及有司之贤不肖也"。鉴于巡方御史对地方监察的重要，每遇差遣，顺治必定面谕"地方兴利除弊事宜"。② 正是因缘于皇帝的重视、巡视地方的禁约限制以及抚按互纠体制的存在，才使清朝"半壁为之肃清"。③

---

① 《清实录·世祖章皇帝实录》卷五五，中华书局1985年版，第439页。
② 《清实录·世祖章皇帝实录》卷五五，中华书局1985年版，第439页。
③ （清）叶梦珠：《阅世编》，上海古籍出版社1981年版，第72页。

随着满汉冲突加剧，巡方御史屡停屡遣，也使其在监察地方上渐显不足。顺治十二年（1655）十月，顺治帝便心存抱怨："直省地方设立督抚、巡按，皆以振肃法纪、剔弊发奸，且使彼此互为纠察、竞砥公忠。属望甚殷，责任更重。乃近来积习相沿，瞻徇情面，多参末员属吏，罕有督抚按互相纠参者。非因已先不法，恐人讦举，即系畏嫌避怨。宁负朝廷，不负朋党，殊非简命委任之意。"由此可知，巡方御史的"瞻徇情面"使其对地方的监察有所弱化，不再如明朝巡按"品卑而权特重"，以致"无敢抗科参而自行"。① 因此，顺治特行申谕："从此须当大破积习。如有贪婪等弊，立行指参，必拏解来京，朕亲审定罪。傥彼此容隐事发，一体连坐，决不姑贷尔等。"②

清廷在巡方御史屡停、屡遣之间的转换，最根本性原因在于"此官关系甚重，吏治贪廉、民生利病，皆由之上达。故复遣尔等往巡直省，朕即倚为耳目手足。"然而，顺治十二年（1655）十月十九日，吏部书吏章冕刎颈叩阍，讦告顺天巡按顾仁悖旨婪赃、陷害无辜。听闻此案的顺治极为震惊。在皇帝看来，被其视为"耳目手足"的巡按之差，"当仰体朕意，洁己率属，奠安民生。"③倘若不法受贿，负朕委任，则不拘常律，虽赃数无多，定行正法。④ 无论是皇帝的殷殷嘱托，还是定行正法的警告，均表明顺治

---

① （清）顾炎武：《日知录集释》卷九，上海古籍出版社 1985 年版，第 700 页。
② 《清实录·世祖章皇帝实录》卷九四，中华书局 1985 年版，第 746 页。
③ 《清实录·世祖章皇帝实录》卷九五，中华书局 1985 年版，第 744 页。
④ 《清实录·世祖章皇帝实录》卷九五，中华书局 1985 年版，第 744 页。

对巡方御史的看重。然而，"原为察吏安民"而设的巡方御史的枉法行为，让皇帝意识到："巡按初至地方，亦能虚博廉名。及差满回京，多娄取赃物。"① 因此，在亲行审鞠将其正法后，通行天下严加禁饬：以后各巡方御史及巡盐、巡漕、巡仓、巡视茶马各御史，倘有似此违法受贿犯赃者，即行正法。②

三、从耳目之司到科道互纠：顺治对科道的驾驭

顺治对科道参与党争的做法极为反感，除了谕令科道"只许"据实陈奏之外，还试图以广开言路的方式弥缝科道言谏权的缺失。然而，陈奏者的妄行渎奏与虚言塞责，却令顺治倍感无措。无论如何措辞，皇帝始终对内外臣工的陈言不满意。不过，当意识到仅仅通过煌煌圣谕的训诫、科道言官的行政惩处，很难改变求言现状时，顺治转而指向科道言官，试图通过皇帝对言官的任命、科道之间的制衡，实现提供信息、监察内外的强化皇权目的。

顺治十二年（1655）八月，顺治就"国家致治在用人各当其才"谕吏部：科道官，皆朕素所信任，必亲加裁定，酌用内外，庶尽随材器使之心。③ 与皇帝直接任命科道官相对应的是，其对"耳目之官"的强调。顺治十三年（1656）六月，皇帝谕曰：都察院、科道为"耳目之官"，职在"发奸剔弊"。对于大奸大恶、从未经人纠劾者，倘若"果有见闻，即据实直陈，乃见公忠为国"，

① 《清实录·世祖章皇帝实录》卷九五，中华书局 1985 年版，第 744 页。
② 《清实录·世祖章皇帝实录》卷九五，中华书局 1985 年版，第 749 页。
③ 《清实录·世祖章皇帝实录》卷九三，中华书局 1985 年版，第 733 页。

但是近来各官弹章中多有"撮拾塞责，将多人已经纠参之事随声附和"之言，显然是"党与陋习"，岂朝廷设立言官之意？因此，皇帝谕令"以后务宜洗涤肺肠、痛除党比"，不许依然妄陈。① 此外，顺治帝还以国家政务典礼"博稽众论，期于至当"为由，令九卿科道会议。与议诸臣自应详酌事理、各陈所见，以备采择。今会议之时，不思殚心筹划、各抒谟猷。对于唯诺从事、推诿成风、不肯尽心建白之人，定行治罪不恕。②

无论是耳目之官的谕旨，还是科道对国家政务典礼的"各陈所见"，均表明顺治在地方监察弱化之后开始重新借助科道的信息传递进行下情上达。顺治十七年（1660）五月，谕吏部、部院等衙门："所奏本章，若即日发下提旨，本章繁多，关系重大，恐一时难以致详。今后各衙门及科道各官本章，俱著于每日午时进奏，候朕披览。次日发下拟旨，以便详阅批发。其通政使司所封各项本章，向来先送内阁译进，今后著该衙门自行封进。朕览过发译，如系密本，亦著该衙门不拘时封进。"③ 皇帝对科道本章下发方式的变化，并不仅仅在于"难以致详细"，更多在于"以便详阅"。换言之，皇帝更为看重科道的信息传递功用。

随后不久，顺治帝谕令吏部查察因言获罪的具体情况。依照所发谕旨来看，"统御寰区"的清帝因"焦心图治"，此前"屡有引咎省躬诏谕"。不过，"自今追思，皆属具文，虚邀名誉，于政事

---

① 《清实录·世祖章皇帝实录》卷一〇二，中华书局1985年版，第791页。
② 《清实录·世祖章皇帝实录》卷一三二，中华书局1985年版，第1022页。
③ 《清实录·世祖章皇帝实录》卷一三五，中华书局1985年版，第1044页。

未有实益。"对顺治十二、十三年间"即加处分"或"优容宽宥""指陈"言官的过失之举"痛加刻责、实行省改"，令吏部详察"因建言得罪、流徙降革等官"职名、事迹，开列具奏。皇帝这种改变背后暗含的政治寓意，在于"政务关系国计民生利害所在，急当兴革"。① 相较其他部院衙门，科道各官尤当"尽言无隐"。即便涉及"朕躬缺失，亦直言勿讳。朕不惟不加罪，并不芥蒂于心，共图挽回天意，蚤跻升平"。② 顺治帝的这一举动，一改先前"只许"据实陈奏的严厉语气，重新强调科道的谏诤职能。在面对上天示儆、求言失效的无措后，顺治帝开始改变以往的处理手法，重启谏诤以期疏通壅蔽。

透视文本背后的政治寓意，我们可以如此认为，顺治帝的说辞与谕令表明其重新启用都察院谏诤国事。皇帝的态度与做法在某种程度上给科道提供了希望。顺治十七年（1660），浙江道监察御史季振宜上《请复封驳旧制疏》，提出"垣臣职掌宜明，封驳旧制当复，以收直言之实效"。在其看来，"皇上一日万几，夙兴夜寐，甯有过举，独是事故多端。有可以行之今日、不可以行之将来；有可以行之一隅，而不可以行之天下者。倘以皇上之可否为依违，待政事已行之后，始纷纷条奏，请收回成命，则朝廷有反汗之嫌。部臣已执奉旨为定例矣，明知其不可，缄口腹非，不忠莫大焉。"③

<hr>

① 《清实录·世祖章皇帝实录》卷一三五，中华书局 1985 年版，第 1046 页。
② 《清实录·世祖章皇帝实录》卷一三五，中华书局 1985 年版，第 1046 页。
③ （清）季振宜：《请复封驳旧制疏》，载（清）贺长龄：《皇朝经世文编》卷九，文海出版社 1972 年版，第 364 页。

因此，季振宜奏臣请恢复封驳旧制，敕科臣值发抄之日，务详加磨核，少有可议，即奏请改票。纵其议有不当，再经皇上推敲裁夺。是诚已治而求其益治，已精而求其益精矣。①

所谓封驳旧制，意指明代六科职掌，"侍从、规谏、补缺、拾遗、稽察六部、百司之事"，"封还执奏"有失之"制敕宣行"，驳正违误之内外章疏。② 除此之外，季振宜还指出：近来上传密本有不由科臣，而竟发各部者。在其看来，六部与六科之设，相为表里，原有深意。科臣既任耳目之官，欲以不见不闻。责其揣摩于冥漠之途，抑亦难矣。况上传密本，每经一年半载而后知之。及知之矣，复以为上传密本，拘忌展转，迟之又久，补救虽工，行如流水，嗟何及矣。臣子挟奸怀诈，徇情市恩，往往在闲暇从容之时。若夫封驳，胸中原无成见。朝发科抄，夕上封事，钻营固有所不逮，变态亦何能猝成。③

无论是"既任耳目"的信息传递，还是"钻营固有所不逮"的功能，顺治帝并没有听取季振宜奏请，而是担忧"一有更张，反致生事"。依其所言，"亲政既久，深知图治之难。朝乾夕惕，恒虑此心少懈，或致裁决失于精详。若朕心克正，大小臣工秉公无党，悉心襄赞，不难渐跻隆平。其各加内省，务殚忠诚，以图治

---

① 参见（清）季振宜：《请复封驳旧制疏》，载（清）贺长龄：《皇朝经世文编》卷九，文海出版社 1972 年版，第 364 页。

② （清）张廷玉：《明史》卷七四，中华书局 1974 年版，第 1805 页。

③ （清）季振宜：《请复封驳旧制疏》，载（清）贺长龄：《皇朝经世文编》卷九，文海出版社 1972 年版，第 364 页。

理。"① 同年六月，掌翰林院事学士折库讷条奏"封驳之典宜行"。依其所言，如今之大臣"相率唯诺，不计是非。言官亦大率陈不急之务，从未见有驳正者。"② 因此，库讷奏请："以后凡所行法令，傥有未备之处，或令内阁封驳，或今该科封驳，应求至当，而后举行。"③ 吏部对此议覆：应如所请。嗣后纶音法令，万一有未确之处，听内阁及谏垣各官封驳。④

与吏部的议覆相比，顺治帝更为重视科道的谏诤职责。顺治十七年（1660）六月，皇帝谕吏部等衙门：因亢旱为灾，朕省躬引咎，宣谕求言。按照预先设想，皇帝希望"大小臣工于朕躬缺失及关系国计民生利害者，指实陈奏，以图兴革"。然而，近见"人告章疏，多摭拾浮泛、修饰繁辞，开列款数，沽名塞责"。此类章奏不仅"无裨治理"，反而会使"虚文愈增，稽误正务"。作为皇帝的顺治希望内外臣工，指陈"朕躬缺失，并内外满汉大小臣工结党徇私、贪赃坏法以及豪右侵渔、商市强霸"之类一切"蠹政害民"之事。然而，并"未见确有指陈"。今思上天示警，虽朕之咎，亦由任事诸臣"不肯公忠体国、委卸欺蒙。俾朝廷德意，不获下究，兵民疾苦，无由上闻，以致阴阳否塞，雨泽愆期"。因此，顺治帝谕令："嗣后陈言，务将朕躬缺失及内外满汉臣工结党徇私、蠹政害民等项情弊，直指其人，直举其事，详切敷奏。如仍

---

① 《清实录·世祖章皇帝实录》卷一三六，中华书局 1985 年版，第 1048 页。
② 《清实录·世祖章皇帝实录》卷一三六，中华书局 1985 年版，第 1049 页。
③ 《清实录·世祖章皇帝实录》卷一三六，中华书局 1985 年版，第 1049 页。
④ 《清实录·世祖章皇帝实录》卷一三七，中华书局 1985 年版，第 1060 页。

前浮泛列款，虚文塞责，必加重治不贷。前谕直言勿讳，朕不加罪，原为确有指陈、犯颜直谏者而言。其浮泛塞责等疏，原不足谓之建言，法何容贷。"①

七月，顺治帝对过往因言获罪之官员的惩罚做出调整。季开生建言，原从朕躬起见，准复原官，归其骸骨，仍荫一子入监读书。李呈祥、魏琯，当日所犯情罪颇轻。魏琯已故，着免罪，归其骸骨。李呈祥，着免罪释回。除此之外的彭长庚、许尔安、丹卜、达岱、赵开心、张应桂、黄宣泰等官员，虽系建言，情罪不同，俱属应得之罪，无可宽免。② 是时，陕西道试监察御史陆光旭奏称："言官为朝廷耳目之臣，必立身无过，而后可以言人之过。臣闻向来言官，有卖疏报复、要挟、指使之弊。今请照督抚按例，令科道互相纠参，则彼此牵制，自不至徇私瞻顾矣"，③ 并未得到顺治的准允。

与明代纵横交错、多管齐下的繁密的多重监察体系④相比，清代的科道言官却因皇帝"耳目之官"⑤ 的设定以及统归都察院的行政设置，很难达到"品卑而权特重"，以致"无敢抗科参而自行"⑥ 的境地，逐步由指向皇帝的向上封驳谏议转变成提供政治信息的下情上达。

---

① 《清实录·世祖章皇帝实录》卷一三六，中华书局 1985 年版，第 1052 页。
② 《清实录·世祖章皇帝实录》卷一三八，中华书局 1985 年版，第 1064 页。
③ 《清实录·世祖章皇帝实录》卷一三八，中华书局 1985 年版，第 1064 页。
④ 吴宗国：《中国古代官僚政治制度研究》，北京大学出版社 2004 年版，第 425—431 页。
⑤ （清）季振宜：《请复封驳旧制疏》，载（清）贺长龄：《皇朝经世文编》卷九，文海出版社 1972 年版，第 364 页。
⑥ （清）顾炎武：《日知录集释》卷九，上海古籍出版社 1985 年版，第 700 页。

第四章 从"风闻"到密奏：康雍时期 信息渠道的调整与监察弱化

顺治帝对科道"耳目之官"的设定，与其一直强调的"据实陈奏"互为表里。既然将科道视作信息传递的媒介，那么传递信息的真实与高效，便成为皇帝准确应对内外朝政的重要依据。皇帝对全国各地信息的需求与依赖，也促使其对信息渠道的重视以及科道耳目功能的转换。不过，巡按御史的罢废，不仅在某种程度上导致地方监督的缺失，而且削弱了皇帝对地方信息的掌控与捕捉。

康熙继位，其一直强调"据实陈奏"，不仅仅防范风闻浮词造成的信息失真，更在于科道参与党争对信息渠道的冲击。当科道作为皇帝"耳目"却不能满足皇权需求时，皇帝便需要一种更安全、准确、高效的政治信息渠道，以便其在纷繁复杂的政治斗争中占据主动。尤其是皇帝对密折更为娴熟的应用，使其迅速转变为成熟的信息传递反馈机制。随着密折制度化及其在信息传递方面的优势，迅速成为重要的政治信息渠道。与皇帝对密折日渐倚重相对的，是科道在信息传递与反馈职能上的更加弱化。

第一节 "据实"与"直陈"：康熙
对科道言事方式的调控

一、康熙重申"据实陈奏"

顺治十八年（1661）正月，康熙以冲龄践祚，随即颁布纳言谕令。不仅要求大小臣工"同心协力，矢效赞襄"，而且指出："事之得失、言之是非，果有真知确见，即当商酌力行，期于上裨国事，下济民生"，对于"一切处分问罪，尤当虚公平恕"，以便"情法允孚、无纵无枉"。① 无论是"事之得失"，还是"言之是非"，均离不开信息渠道的下情上达。因此，皇帝在此之外着重指出据实陈奏的重要。在其看来，国家设立言官的目的在于令其"职司耳目"。凡"发奸剔弊"，必须"据实指陈"。只有如此，方可"澄肃官方，振扬法纪"。因此，康熙谕令："嗣后指陈利弊，必切实可行。纠弹官吏，必确有证据。如参款虚诬，必不宽贷。"②

科道官员的风闻奏事，不仅仅是一种政治权力，更是一种政治威慑。因其言事无罪、风闻奏事等特质，成为皇帝钳制百官的利器。因此，当康熙承袭顺治朝对科道"耳目之官"设定，依然强调据实陈奏的信息渠道本质时，科道作为皇权延展以及政治威慑的功能便开始弱化。不过，康熙君臣似乎并未注意到此举引发的政治

---

① 《清实录·圣祖仁皇帝实录》卷一，中华书局1985年版，第44页。
② 《清实录·圣祖仁皇帝实录》卷一，中华书局1985年版，第44页。

危害，而是依然推动科道的据实陈奏，并通过反坐、诬揭者等政令规制科道对信息的传递。

顺治十八年（1661）正月，山西道御史胡来相奏称，科道纠参虽然"必据所闻具奏"①，却也难免具揭之人。因此，奏请："科道纠参，应注明身经目击或某人具揭字样。若审系情虚，即行反坐。诬揭之人，亦反坐。"②胡来相的条奏，得到康熙的准允。在皇帝看来，倘若"科道不许据揭纠参，则光棍不敢挟私逞刁，平人不致无辜被陷。"③顺治十八年（1661）三月，康熙谕令吏部："凡进奏本章关系政务，应切实陈奏。若于事理之外牵引比拟、多用繁词，事情正理反不明悉。嗣后内外一切本章，须直据事理、明白敷陈，不得用浮泛文词。"④

信息对于决策朝政、掌控内外的重要性毋庸置疑。然而，信息的搜集、筛检、掌控、传布，却是一套细密缜慎、环环相扣的复杂机制。无论是风闻还是据实，科道始终担负信息的搜集与整理功能，是信息机制的初始环节。风闻奏事虽然很难保证所言信息的真实有效，但其无所不言的信息容量却为上位者提供了大量的信息源，皇帝则需要在纷繁的言奏中获取有用的信息。如此一来，对信息的掌控与判断完全操于皇帝之手。虽然独享信息，却也政务繁琐。顺治、康熙两帝在强调科道"耳目之官"的信息传递功能时，

---

① 《清实录·圣祖仁皇帝实录》卷一，中华书局1985年版，第46页。
② 《清实录·圣祖仁皇帝实录》卷一，中华书局1985年版，第46页。
③ 《清实录·圣祖仁皇帝实录》卷二，中华书局1985年版，第62页。
④ 《清实录·圣祖仁皇帝实录》卷二，中华书局1985年版，第53页。

又谕令据实陈奏，并非仅仅改变言事方式那么简单，而是一次简化政务、提高行政效率的尝试。

无论是皇帝，还是内外朝臣，他们对科道传递信息的认知并无不同。在其看来，科道作为朝廷耳目，完全可以提供足够的政治信息，防范壅蔽之类的弊病。然而，皇帝对据实陈奏的诉求，却在某种程度上限制了科道的耳目职能。与风闻奏事不同，据实陈奏不仅要求"直据事理、明白敷陈，不得用浮泛文词"①，而且还有虚即反坐之罚。如此一来，科道官员在传递信息的同时，还要确保信息的确有实据，极大地增加了纠参的社会成本。

若从皇帝的角度来看，其据实陈奏的要求与虚即反坐的惩处，本质上是对科道风闻陈奏的信息筛选。朝廷耳目的设定，表明科道依然是信息传递的初始环节，据实陈奏则将原先由皇帝判断信息真伪的工作下移到科道手中。如此一来，既能将科道作为政治信息渠道，又能将其从纷繁的信息中解脱出来。然而，康熙君臣只注意到了据实陈奏带来的便利，并未充分估算到由此导致的后果。不过，康熙三年（1664）五月，礼科给事中李唐裔曾言及科道谏言减少的情形："近见科道官竟有终年无一疏者，果内而部、院、寺、卿，外而督、抚、藩、臬，其于刑名钱谷、吏治民生，尽皆弊绝风清、利兴害除而无可指陈乎？抑未必尽善，而不肯指陈乎！则知而不言，与不知而不言，二者必居一于此矣。倘效尤成风，以建白为多事，以缄默为养高，则亦安赖有此科道哉？"②

---

① 《清实录·圣祖仁皇帝实录》卷二，中华书局 1985 年版，第 53 页。
② 《清实录·圣祖仁皇帝实录》卷一二，中华书局 1985 年版，第 183 页。

　　康熙君臣对于据实陈奏与朝廷耳目之间的关系并未深思，反而粗暴地将奏疏减少的过错归咎于科道。殊不知，据实陈奏只是有利于皇帝对信息的掌控与使用，反而将信息筛捡、真实性与否的求证等复杂工作转嫁到科道官身上，不仅增加了言官的机会成本，"审系情虚，即行反坐"的政令也为其套上了枷锁。双重打压之下，自然会促使科道官员做出最为稳妥的选择，即减少奏事次数以规避风险。如此一来，既不需要增加投入与成本，也无须担忧反坐之罚。不过，对于科道规避政治风险的行为，康熙君臣并未深思其制度弊政，而是以行政处罚的方式强制打压。李唐裔奏称："都察院旧有传行建白牌之例，臣衙门升转亦以建白分内外，伏乞天语申饬。以后科道官如经年无一疏者，作何处分，庶言职不致久旷。"①

　　李唐裔应对科道言事日少的应对举措，得到康熙帝的认可。在其看来，"国家设立科员，职司耳目。凡大利大害，务尽心建白，方为称职。近见陈奏事情，直言为国者少，行私自便者多。或纷更制度，或将无益琐事塞责，此岂朝廷责望言官之意？"② 为了获取更多的政治信息，康熙多以谕旨强制科道据实指参内外弊政。康熙六年（1667）三月，皇帝谕各衙门："都察院科道官员，职司风纪，于国家应行要务即应直陈。一切奸弊，即据实指参，无所顾畏，庶几无负职掌。自后各部院大小官员，如仍循旧习，不殚忠诚，徇情私庇，顾避嫌怨，或以琐屑细务苟且塞责，必罪不宥。"③

---

① 《清实录·圣祖仁皇帝实录》卷一二，中华书局 1985 年版，第 183 页。
② 《清实录·圣祖仁皇帝实录》卷一四，中华书局 1985 年版，第 209 页。
③ 《清实录·圣祖仁皇帝实录》卷二一，中华书局 1985 年版，第 297 页。

及至五月，再次谕吏部等衙门："民为邦本，必使家给人足、安生乐业，方可称太平之治。近闻直隶各省，民多失所，疾苦颠连，深可悯念。或系官吏贪酷，朘削穷黎，抑或法制未便，致民失业，果何道以遂其生耶？一切民生利病，应行应革。尔内外各衙门大小文武等官，念切民依，其各抒所见。"①

二、康熙对信息渠道的重视与言官浮饰

对于疆域广阔的清帝国而言，信息的及时传递及必以上闻，是皇帝高效处理朝政、朝廷政令快速下达，进而稳定社会秩序、强化皇权威严的必要手段，其重要性不言而喻。正如康熙帝所言，"天下至大，政务至繁，非朕躬所能独理，宣力分猷，仍惟辅政臣、诸王、贝勒、内外文武大小各官是赖。务各殚忠尽职，洁己爱民，任怨任劳，不得辞避。天下利弊，必以上闻，朝廷德意，期于下究，庶政举民安，早臻平治。"②

信息对于朝廷的重要性，康熙帝了然于胸。因此，其对信息传递渠道也颇为迫切。康熙四年（1665）二月，谕令吏部各衙门："内外大小文武各官，皆系量才擢用、各有职掌。所理之事，并关国计民生，宜洗心涤虑、更改前非，以副修省之意。至于关系国家利弊、民生休戚、应兴应革事宜，内而部院及科道官，外而督抚，其各抒所见、明白陈奏，以备采择。即见行事例有未当者，亦据实

---

① 《清实录·圣祖仁皇帝实录》卷二二，中华书局1985年版，第305页。
② 《清实录·圣祖仁皇帝实录》卷二三，中华书局1985年版，第314页。

具奏，勿以为已经奉旨之事，因循瞻顾，不复进言，朕不惮酌量改正。"①

无论是"酌量改正"，还是"各抒所见"，无不彰显康熙对信息迫切需求以及信息渠道的重视。如果说康熙重申"耳目之官"的职责以及强调"据实陈奏"，是对信息筛选环节作出的改革，那么其关于"国家利弊""应行应革""不惮酌量改正"的言辞，则以潜移默化的方式引导政治信息涉及的奏事方向。质而言之，康熙试图借助科道据实陈奏的言事，在政治斗争中占据优势，不仅增加信息来源，而且打压异己势力。康熙帝的政治操作卓有成效。康熙六年（1667）六月，皇帝曾言及其效果："前因民间之疾苦，谕大小各官，各陈所见。据各官奏称民间之疾苦，皆由督抚之贪酷。"②

在康熙帝看来，"总督、巡抚皆系倚任重臣，必秉公清正，为下官表率，使民生得所，方副倚任之意。乃督抚反以馈送礼物为常例，称某州县上等，某州县下等，按定数目，公然收受。州县官员俱自民间派取，以致百姓困穷。嗣后各督抚如再不改此等弊端，仍然踵行，著科道官采访，指名纠参，定行从重治罪。若司、道、府、厅各官仍取之州县，州县各官仍私派百姓者，著督抚不时严察参奏。若徇情不行参奏，经科道官纠参或旁人出首，将不纠参之督抚一并从重治罪。"③

无论是"各官奏称"，还是"科道官采访，指名纠参"，均暗

---

① 《清实录·圣祖仁皇帝实录》卷一四，中华书局 1985 年版，第 215 页。
② 《清实录·圣祖仁皇帝实录》卷二二，中华书局 1985 年版，第 310 页。
③ 《清实录·圣祖仁皇帝实录》卷一七，中华书局 1985 年版，第 253 页。

示康熙帝借助信息渠道实现政治目的。不过，科道官员却并未达到康熙的预期。康熙六年（1667）十二月，皇帝抱怨道："设立言官，原为国家大事、兵民疾苦、内外官员贪酷等项。应许陈奏，理宜简约，真切直陈，以备采择。近见言官条奏，于事理之外牵引比拟、多用浮饰之言，或有将已结之事剿袭充数者，或有挟私纷更国家已定良法者。且本章原令不得逾三百字，今逾额浮词甚多。以后陈奏，此等无益之处，俱著更改。如仍前不改，严加治罪。至言官如有所见，既许不时陈奏。"①

对于内外大臣"不能公忠体国、政事舛错及一切事务应完结者驳察耽延"② 之弊，康熙希望职司言责的科道官员，在"纠参建白"时"勿得苟且塞责"，必"有益国计民生，方应陈奏"。③ 然而，科道官员却"大率摭拾细故，苟且塞责"④。当康熙注意到"仓场侍郎王度年齿衰迈、副都御史董笃行才力不及"⑤ 时，便直斥科道官员的徒沽虚名。依其所想，都察院、科、道等官员"职司建白纠弹"，对于"衰庸及贪酷溺职"的内外大小各官，理应"据实指参"。⑥ 然而，实情却差强人意、弊病丛生。言官章奏"或条陈无可采取之琐事，或止将微员塞责。不过以职任言官，曾

---

① 《清实录·圣祖仁皇帝实录》卷二四，中华书局 1985 年版，第 340 页。
② 《清实录·圣祖仁皇帝实录》卷二六，中华书局 1985 年版，第 359— 360 页。
③ 《清实录·圣祖仁皇帝实录》卷二六，中华书局 1985 年版，第 360 页。
④ 《清实录·圣祖仁皇帝实录》卷二六，中华书局 1985 年版，第 364 页。
⑤ 《清实录·圣祖仁皇帝实录》卷二七，中华书局 1985 年版，第 379 页。
⑥ 《清实录·圣祖仁皇帝实录》卷二七，中华书局 1985 年版，第 379 页。

言某事，徒沽虚名而已。"①

依照康熙帝对科道参劾效果的预设，倘若"内部院堂司各官，果有嘱托行贿者，即行纠参；外而督抚以下，有为害地方、苛虐小民、大贪大恶者，即据实不徇情面参发"。如此一来，则"恶人知儆，地方乂安，岂有不臻太平之理?"② 因此，对于科道的力有不逮，康熙再次警告："尔等身为言官，并不摅忠入告，殊为未尽厥职，理应俱加处分，姑宽免一次。以后务破情面，据实参奏，以副朕用人图治之意。"③

三、康熙对风闻奏事的审慎

对于科道官员苟且塞责的深层次原因，康熙并未深刻反思，而是将其归咎于鳌拜结党擅权。在康熙帝看来，科道官员条奏，鳌拜屡请禁止，恐身干物议、闭塞言路。又凡用人行政，鳌拜欺朕专权，恣意妄为。文武各官尽出伊门下，内外用伊奸党，大失天下之望。穆里玛、塞本得、讷莫、佛伦、苏尔马、班布尔善、阿思哈、噶褚哈、济世、马迩赛、泰璧图、迈音达、吴格塞、布达礼等，结成同党。凡事在家定议，然后施行。且将部院衙各官，于启奏后，常带往商议，众所共知。④

---

① 《清实录·圣祖仁皇帝实录》卷二七，中华书局 1985 年版，第 379 页。
② 《清实录·圣祖仁皇帝实录》卷二七，中华书局 1985 年版，第 379 页。
③ 《清实录·圣祖仁皇帝实录》卷二七，中华书局 1985 年版，第 379 页。
④ 参见《清实录·圣祖仁皇帝实录》卷二九，中华书局 1985 年版，第 396 页。

既然将科道塞责的原因，归结为鳌拜担忧"摘发情弊"而阻塞言路，那么剪除鳌拜后，康熙帝再次将视线集中于科道言官。尤其是"迩年水旱频仍，盗贼未靖，兼以贪官污吏肆行朘削，以致百姓财尽力穷，日不聊生。"① 因此，康熙帝谕令科道言官"将拯救生民疾苦、切实裨益之处，各抒所见，明白陈奏，以备采用。勿得妄行藉端，以无益之事塞责指陈，负朕加惠黎元、图治求言之意"。②

康熙九年（1670）十二月，康熙帝就科道这一信息渠道之事再次颁布谕令："近日披览章疏，于科道官条奏有合于事理、裨益政治者，虚怀听纳，不惮见之施行；其所言无益不可行者，非剿袭陈言，则浮泛塞责，尔诸臣宁有不知？今后有言关政理切实可行者，照常票拟，朕亲加裁夺。其或不可行者，若悉下部议，既属无益，徒令章奏繁多，反致应行事务稽迟。尔等可详酌事理，以不准行拟上旨，朕仍审择而执其中。古之圣帝贤王，虽迩言是察，亦无稽勿听，用言致治之道，盖当如此。"③

无论是言辞切切，还是措辞苛斥，无不表明科道在信息传递上有所不足。对于科道的未达预期，康熙帝试图通过煌煌圣谕强力打通信息传递渠道，实现据实陈奏与壅蔽上闻的双重功效。然而，两者却因言事成本、反坐惩罚等因素势如水火，致使科道官员明哲保身，以减少言事次数换取自身官位安稳。面对康熙的谕旨逼

---

① 《清实录·圣祖仁皇帝实录》卷三〇，中华书局 1985 年版，第 405 页。
② 《清实录·圣祖仁皇帝实录》卷三〇，中华书局 1985 年版，第 405 页。
③ 《清实录·圣祖仁皇帝实录》卷三四，中华书局 1985 年版，第 468 页。

迫，风闻奏事再次回归朝臣视野。如果从言官的视角出发，风闻奏事足以达到康熙对政治信息的需求。不过，对于大臣建言的风闻奏事，康熙却采取了审慎的反对之态："汉官中有请令言官以风闻言事者，朕思忠爱之言，切中事理，患其不多。若不肖之徒借端生事，假公济私。人主不察，必至倾害善良，扰乱国政，为害甚钜。"①

风闻奏事虽然可以扩大信息来源，以满足康熙帝处理朝政、钳制官场的需求。但是，风闻言事之权却极易因无政治成本，演化为朋党排除异己的先锋。在经历鳌拜结党擅权之后，康熙对言官的风闻奏事采取了谨慎的防范之态。点明风闻言事的政治危害后，康熙再次重申科道官员的各抒己见与直言无隐。康熙十二年（1673）八月，谕都察院左都御史多诺等官："尔衙门职系言官，凡事宜各抒己见，岂可以公同具奏，充数已乎？尔衙门所奏之事，虽皆曾经列名。但副都御史岳诺惠等畏懦瞻顾，竟无建白。嗣后应公奏者公奏，若事应独奏，其各出已见以闻。"②

在指出副都御史岳诺惠等人的尸位素餐后，康熙再次训谕群臣，令其意识到详切条陈的重要："国家设立言官，专司耳目。凡政治得失、民生利弊，必须详切条陈、直言无隐，斯为称职。若但敷衍虚文、浮冗剿袭，或以不急之务草率塞责，非朕广开言路之意。今将科道官亲加考试，其留用各员，著益加勉励，殚心尽职，

---

① 《清实录·圣祖仁皇帝实录》卷四〇，中华书局 1985 年版，第 542 页。
② 《清实录·圣祖仁皇帝实录》卷四三，中华书局 1985 年版，第 569 页。

以副委任。内石文郁、范时起、何名扬才庸无文，不称言职，著革职。"①

第二节　康熙在据实陈奏与风闻言事之间的踌躇

对于康熙帝来讲，据实陈奏与风闻言事各有利弊。前者虽然在提供政治信息上有所不足，不过却可以避免信息渠道成为党争的牺牲品。后者尽管极易牵涉到政治旋涡之中，却能为皇帝提供所需的信息来源。据实陈奏与风闻言事犹如互相排斥的两极，很难实现脆弱的平衡。因此，如何舍取便成为康熙帝必须面对的难题。

一、科道风闻奏事的重提与康熙对据实直陈的坚持

康熙十八年（1679）七月，京师发生大地震，"京城内外军民房屋，多有倾倒，无力修葺，恐致失业；压倒人口，不能棺殓。"②康熙将地震视为警示，并迅速颁布"省愆思过"谕旨："自古帝王抚御万方，兢兢业业，勤求治理，必欲阴阳顺序，和气迎庥。或遇灾异示警，务省愆思过，实修人事，挽回天心。兹者地震之变，谴告非常。反覆思维，深切悚惕。盖由朕躬不德，敷治未均，用人行政，多未允符。内外臣工不能精白乃心，恪尽职掌。或罔上行私，

---

① 《清实录·圣祖仁皇帝实录》卷四三，中华书局1985年版，第570页。
② 《清实录·圣祖仁皇帝实录》卷八二，中华书局1985年版，第1050页。

或贪纵无忌，或因循推诿，或恣肆虐民。是非颠倒，措置乖方。大臣不法，小臣不廉，上干天和，召兹灾眚。若不洗心涤虑，痛除积习，无以昭感格而致嘉祥。"①

依康熙帝所言，上天之所以示警，意在遣告为君之过错。君主之错，在于"用人行政，多未允符"，内外臣工罔上行私、贪纵无忌、因循推诿等情弊。为了纠正不法、洗心涤虑，谕："应行应革事宜，令部院三品以上官及科、道、在外各该督抚明白条奏，直言无隐。其在京三品以上堂官并督、抚、提、镇，俱据实自陈，毋得浮泛塞责。"②

京师大地震不仅是康熙帝"省愆思过"的警示，也成为皇帝追究朝臣过错的契机。在其看来，地震不仅因缘于皇帝料理机务未当，大小臣工所行不公不法，亦在于科道各官"不直行参奏，无以仰合天意，以致变生耶！"③尤其是科道各官，"向来于大奸大恶之人未见纠参，或因事体暧昧，未有凭据，难于举发。此后科道各官如有确见，即行据实参奏。若依然虚饰，如前所行奸恶巧为掩饰，不加省改，或事情发觉，或经朕访出，虽欲宽免，国法具在，决不贷宥。"④

八月，康熙再次颁布谕旨，对科道予以警诫。依照皇帝所言，科道各官于"平日章奏内，将一二可行之事隐附私情，希图作弊。

① 《清实录·圣祖仁皇帝实录》卷八二，中华书局1985年版，第1050页。
② 《清实录·圣祖仁皇帝实录》卷八二，中华书局1985年版，第1051页。
③ 《清实录·圣祖仁皇帝实录》卷八二，中华书局1985年版，第1051页。
④ 《清实录·圣祖仁皇帝实录》卷八二，中华书局1985年版，第1051页。

凡有条议，鲜非无因。阅览奏疏，多以己为至公至廉，其嘱托公事，肆行妄为，外播威势，挟制多端，地方督抚等官莫不畏惧。小民困苦，未必不由于此。"对于科道的嘱托挟制等弊，谕令将所涉官员"革职提问"。至于大臣、科道官员原籍子弟有挟势妄行者，照律处分。父兄不约束、督抚不题参者，皆革职。①

面对康熙帝的圣谕压力，吏科给事中姚缔虞奏请恢复风闻奏事之禁。依姚缔虞所言，"科道乃朝廷耳目之官，原期知无不言、有闻则告。已故宪臣艾元徵有请禁风闻条奏，从此言官气靡，中外无顾忌矣。试观世祖章皇帝时，诸臣奏议，何如鲠直。即未禁风闻以前，诸臣奏议亦犹有可观。"② 姚缔虞所言，虽然仍将科道定位于"朝廷耳目"，但其援引顺治朝实例以及禁风闻奏事导致的言官气靡，却直指言官奏事日少导致的"中外无所顾忌"，即科道官员监察内外功能的削弱。

对于康熙帝强调陈奏以防范党争的政治考量，姚缔虞代表科道官员虽未明言，却以"犹有可观"的顺治朝政，暗示风闻奏事并不一定会牵涉到党争之中。因此，姚缔虞奏请："嗣后如有矢志忠诚，指斥奸佞者，即少差谬，亦赐矜全。如或快己恩仇，受人指使者，纵弹劾得实，亦难免于徇私之罪。如此，则言官有所顾忌而不敢妄言。中外诸臣，有所顾忌而不敢妄为矣。"③

对于姚缔虞的奏议，康熙谕令九卿、詹事、科道会同确议。然

①　《清实录·圣祖仁皇帝实录》卷八三，中华书局 1985 年版，第 1059 页。
②　《清实录·圣祖仁皇帝实录》卷八三，中华书局 1985 年版，第 1061 页。
③　《清实录·圣祖仁皇帝实录》卷八三，中华书局 1985 年版，第 1061 页。

而，此时正值京师大地震后不久，康熙帝以此为警示"勤思召灾之由"①，认为地方官吏"诣媚上官，苛派百姓"，总督、巡抚、司、道又将所得"转而馈送在京大臣"，是"以天生有限之物力，民间易尽之脂膏，尽归贪吏私囊"，是以"小民愁怨之气上干天和，以致召水旱、日食、星变、地震、泉涸之异"。② 在康熙帝看来，地方官员徇私之弊难以上闻的原因，在于信息渠道的壅蔽。外官"于民生疾苦不使上闻，朝廷一切为民诏上旨亦不使下达。虽遇水旱灾荒，奏闻部覆，或则蠲免钱粮分数，或则给发银米赈济，皆地方官吏苟且侵渔，捏报虚数，以致百姓不沾寔惠，是使穷民而益穷也，如此有不上干天和者乎?"③

在康熙帝看来，问狱草率、陷民水火以及大臣朋比徇私等情弊，均是皇帝必须面对的弊病。倘若准允言官风闻奏事，很难摆脱党同伐异、挟私报复之嫌。因此，康熙帝隔日便颁布谕旨，不仅重审据实陈奏、驳回开风闻之请，而且强调"有治人，不患天治法"的用人观。在皇帝看来，"今若开风闻之条，使言事者果能奉公无私，知之既确，言之当理，即当敷陈，何必名为风闻方入告也。倘生事之小人，恃为可以风闻，但徇己之好恶，必致擅作威福，以行其私。彼言之者，既无确见，听之者安能问其是非? 故曰无稽之言勿听，弗询之谋勿庸。正所以诫言之无据，谋之自专也。"④

---

① 《清实录·圣祖仁皇帝实录》卷八二，中华书局 1985 年版，第 1052 页。
② 《清实录·圣祖仁皇帝实录》卷八二，中华书局 1985 年版，第 1052 页。
③ 《清实录·圣祖仁皇帝实录》卷八二，中华书局 1985 年版，第 1053 页。
④ 《清实录·圣祖仁皇帝实录》卷八三，中华书局 1985 年版，第 1062 页。

康熙帝所言，表明其对风闻奏事的顾虑跃然纸上，"自古设立台省，原系朝廷耳目之官，上之则匡过陈善，下之则激浊扬清，务求知无不言、言无不尽，乃称厥职。近见直言谠论者，不过几人。徇私好名者，不可胜数。朕自临御以来，略知此情。每期言路诸臣化其偏私，实陈得失，辅登上理。顷有以风闻言事请者，试约略论之。如今之章奏，已见施行者，虽不明言为风闻，何尝不是风闻。"①

在康熙帝眼中，科道言官的"徇私好名"不仅没有达到皇帝对信息渠道的预期，而且使风闻奏事虽禁非禁。因此，康熙帝不再像以前那般强调据实陈奏的上疏方式，而是突出科道官员敢于言事的态度。正如其所言，"天下之大，臣民之众，导之以理，晓之以法。待臣下须宽仁有容，不因细事而即黜之，所以体群工也。用人则随才器使，无求全责备之心，盖以人材有不齐也。若关天下之重，朋党徇私之情，皆国家可参、可言之大事。不但科道而已，有志之臣民概可以言之，何在区区风闻之言，能敛戢奸贪之志气哉？治国家者，在有治人，不患无治法尔。"②

二、康熙帝在据实与风闻之间的取舍

"据实陈奏"强调科道奏事的确需有实据，以预防科道陷入党争困境。康熙帝对风闻奏事的明确反对以及圣谕煌煌的收效甚微，使其反思科道徇私好名的深层次原因。京师大地震的警示之用以及

---

① 《清实录·圣祖仁皇帝实录》卷八三，中华书局1985年版，第1062页。
② 《清实录·圣祖仁皇帝实录》卷八三，中华书局1985年版，第1062页。

魏象枢的"言秘不传"，使康熙帝再次强调科道传递信息的功用。不过，除了重申条奏确有依据之外，康熙开始强调言官的直陈态度。

在康熙帝看来，"将科道两衙门本章情弊，无益国计民生之处，一一讲究。卿等必有至公之众论，以佐朕意。卿等但有所见，即直言，不可隐讳。"① 科道作为朝廷耳目之官，担负信息的上达、下传之责。无论是内外之弊，还是官员徇私，甚或帝王举止，均在其奏事范围之内。然而，实能为国裨益政事之言却甚少，草率塞责者居多。因此，康熙帝强调"各摅所怀，直陈勿隐"②。

与皇帝重视直陈勿隐的奏事态度相对的，是康熙朝君臣对风闻之例的认知。姚缔虞之所以奏请言官重新风闻言事，在于处分条例导致的言官心生畏惧。但是在康熙看来，虚诬反坐之例意在强调奏事时的实据，并非指向科道官员自身，只是一种预防手段，而非惩罚举措。因此，皇帝对姚缔虞所奏之事便心有不耐。倘若"今日之所谓是，明日又转而为非"，如此"朝更夕改，茫无成宪"，不仅"难取信于天下"，更非"治道至理"。③

康熙帝的态度得到了部分大臣的支持，吏部尚书郝惟讷、户部尚书梁清标认为："言官奏事原不禁其风闻。但风闻参奏、审问全虚者，定有处分之例。今若不加处分，恐有借称风闻、挟私报怨者，亦未可定。"因此，奏请仍照定例行。兵部尚书郭四海、左都

---

① 《清实录·圣祖仁皇帝实录》卷八三，中华书局 1985 年版，第 1064 页。
② 《清实录·圣祖仁皇帝实录》卷八三，中华书局 1985 年版，第 1064 页。
③ 《清实录·圣祖仁皇帝实录》卷八三，中华书局 1985 年版，第 1064 页。

御史魏象枢、户部侍郎田六善等官员也认为，"奏事全虚"之科道应与处分。如果"一款得实"，则可免议。是以，"人人原可尽言，但要虚公体访，不宜又开风闻之例"。吏科掌印给事中李宗孔、礼科掌印给事中余国柱等官员奏称："言官风闻言事，皇上原未禁止。但径开风闻之例，恐有未便。"最终，康熙帝重申风闻之害："此系明末陋习。若此例一开，恐有不肖言官借端挟制，罔上行私，颠倒是非，诬害良善等弊。"①

当康熙朝君臣就风闻达成一致意见之后，皇帝便以上谕、科道升转等方式，悉心引导言官勇于言事的品质。康熙十八年（1679）十月，皇帝就言官临事无语、遇事全不担当等弊，谕令科道："迩来诸事，尔等全不担当。或遇事有疑难，即以未经与闻，不同启奏。或托言他事及病，不赴会议。在部办事，或推诿不肯列名。或有过，卸于司属，意图侥幸。若果应坐罪，岂推卸便可脱免乎？又有临事全无一语，及既退之后，辄云：我曾如此立论，而某官不肯见从，朝廷不曾俞允，此岂臣子靖共之道乎？"② 因此，康熙帝谕令科道"当直摅所见陈奏"。至于"审酌可否"，则出于上意。③

作为耳目之官的科道，不仅关注朝廷得失，亦须周知地方利弊。只有如此，才能提供帝王所需的信息源。科道作为耳目之官，"凡有弊端，自当据实参奏。且居处甚近，如此情弊，岂无见闻？

① 《清实录·圣祖仁皇帝实录》卷八三，中华书局1985年版，第1065—1066页。
② 《清实录·圣祖仁皇帝实录》卷八五，中华书局1985年版，第1087—1088页。
③ 《清实录·圣祖仁皇帝实录》卷八五，中华书局1985年版，第1088页。

乃瞻徇情面，缄默不言。即有条奏，多系繁文。言官职掌，殊为未尽。如肯从公纠举，孰敢恣行无忌。"① 如果科道官员敢于言事，必能在一定程度上限制内外情弊。然而，据实陈奏以及虚诬反坐之例却在某种程度上束缚了科道的参奏之权。

康熙十九年（1680）七月，兵部遣本部郎中喀霓布前往福建，"料理凯旋官兵夫船事务。"② 对于其间积弊，康熙有所听闻："往来官兵，所用船及人夫，皆借端勒索，往往额外多派，折价入已，沿途生事。又辄将纤夫肆行鞭挞，民甚苦之。各该管将军，不加禁制，任其妄行。地方官复行苛敛，希图分取，互相隐饰。种种私弊，甚为可恶。"③ 对于上述情弊，倘若科道有风闻之权，自然可以闻风而奏。然而，皇帝对"据实陈奏"的强调却引起如此困难，科道虽有风闻此类之事，但"因无实据，未便题参。地方督抚，又以官兵劳苦，不行劾奏，以致如此。"④

科道的"据实陈奏"虽然规避了党同伐异之嫌，却也因查究实据迟缓了参奏不法之事的效率。因此，如何实现两者之间的优势互补，便成为科道官员优先考虑的问题。细而言之，科道言官不仅要保持审慎之态、时刻履行耳目之责，而且要有高效的参奏投入，及时完成参劾弊政、徇私等不法之举。倘若完美地实现据实陈奏，便需要科道官员具备极高的行政素养，必须"学识优长，练达政

---

① 《清实录·圣祖仁皇帝实录》卷九〇，中华书局 1985 年版，第 1136 页。
② 《清实录·圣祖仁皇帝实录》卷九一，中华书局 1985 年版，第 1147 页。
③ 《清实录·圣祖仁皇帝实录》卷九一，中华书局 1985 年版，第 1147 页。
④ 《清实录·圣祖仁皇帝实录》卷九一，中华书局 1985 年版，第 1147 页。

务，乃克胜任。"① 如此一来，科道官员的选拔与任命便尤为重要。须"选用得人，方能称职"②。

　　鉴于官员素质对科道之重要性，皇帝便于康熙十九年（1680）七月"将见在满洲给事中、监察御史会同选择，堪用者仍留原任，不称职者，对品调于部院衙门用。"③ 此外，还谕令吏部"将见任科道各官俱行亲试，观其才品以昭澄叙。姚缔虞、王曰温、李迥条奏详明，克称言职，并张鹏等俱著留任，其益加勉励，殚心职业，以副任用。傅廷俊、和盐鼎、孙缵才识庸常，不称言职，俱著降三级调用，不准以加级纪录抵销。"④

　　如果说康熙对现任科道官员的考核，意在筛选官员可用之否，那么其对言官自身素质及能力的诉求，则集矢于科道官对据实陈奏与直言无隐的追求。康熙二十年（1681）五月，皇帝谕令大学士："科道官职司耳目，行取知县内，如有曾经从贼并曾受伪职，及身在贼中之人，名义已坏，科道不当选用。"⑤ 在皇帝看来，作为"耳目之司"的科道官员，其选任不可不慎。九卿、詹事、科道在举荐时须"各举所知。将居官洁清、办事才能者，从公保举。不可以同年、同乡、亲党，徇情私保。即总督巡抚所举有不当，亦著

　　① 《清实录·圣祖仁皇帝实录》卷九二，中华书局 1985 年版，第 1169 页。
　　② 《清实录·圣祖仁皇帝实录》卷九一，中华书局 1985 年版，第 1153 页。
　　③ 《清实录·圣祖仁皇帝实录》卷九一，中华书局 1985 年版，第 1153 页。
　　④ 《清实录·圣祖仁皇帝实录》卷九二，中华书局 1985 年版，第 1169 —1170 页。
　　⑤ 《清实录·圣祖仁皇帝实录》卷九六，中华书局 1985 年版，第 1208 页。

指陈勿隐。"①

三、风闻奏事的禁而后开

无论是强调科道的居官清廉，还是惩处言官的政事懈怠，康熙帝几乎难以解决陈奏日渐减少的情形。因为这是制度漏洞所致，而非施政者的人为因素。如果不能规避政治风险，反而一味突出言官的直陈勿隐，无疑将科道官员置于得罪同僚、反坐之典的危险境地。为了摆脱困境，减少陈奏便是最有效、最安全的应对之法。副都御史塞克德自简任以来，便从未"陈奏一事"②。虽被解任，却也免遭政治倾轧。塞克德的保身之举，并非仅此一例，而是多数言官的最佳选择。康熙二十四年（1685）五月，皇帝再次抱怨科道官员对于兵刑礼乐之事、国计民生之政的"无一可言"③。即便听政之时"科道侍班，言官自恐失仪，心切畏惧，以致条奏者甚少。"④ 相较直陈勿隐的信息传递，康熙帝以其"建言为要务"，虽有小过，亦不计较。⑤

无论康熙帝如何措辞，都难以改变条奏日渐减少。为了重新激活政治信息渠道，以便在日渐炽热的政治斗争中占据主动地位。康熙二十六年（1687）十一月，皇帝谕令："凡参劾贪官，其受贿作

---

① 《清实录·圣祖仁皇帝实录》卷九六，中华书局 1985 年版，第 1215 页。
② 《清实录·圣祖仁皇帝实录》卷一一四，中华书局 1985 年版，第 177 页。
③ 《清实录·圣祖仁皇帝实录》卷一二一，中华书局 1985 年版，第 274 页。
④ 《清实录·圣祖仁皇帝实录》卷一三〇，中华书局 1985 年版，第 395 页。
⑤ 《清实录·圣祖仁皇帝实录》卷一三〇，中华书局 1985 年版，第 395 页。

弊之处，因未曾亲睹，无所凭据，畏缩而不行参劾者甚多。今间有弹章，亦止据风闻参劾耳，岂有身与之通同受贿作弊，而顾肯参劾之耶？向者原有风闻纠弹之例，辅政大臣停止。今再行此例，贪官似有儆惧。若有挟仇参劾者，审明果系挟仇，自有反坐之典在。"①

"据实陈奏"虽然规避了党同伐异之嫌，但是由此而来的条奏日少，却令康熙倍感困扰。面对党争的日渐加剧，康熙帝最终重启科道的风闻之权。不过，我们应该注意的是，皇帝将风闻奏事审慎地限定在贪官之诫，试图通过风闻奏事达到惩贪儆惧之目的。为了避免风闻之权的滥用，康熙着重强调挟仇参奏的反坐之典，力图将其圈定于党争之外。康熙帝关于风闻劾奏贪官的谕旨颁布之后立见成效，十二日，山西道御史陈紫芝参劾湖广巡抚张汧，称其"莅任未久，黩货多端。凡所属地方盐引、钱局、船埠等，无不搜括。甚至汉口市肆、招牌，亦按数派钱。"即便当日保举之人，亦有"贿嘱情弊"，奏请一并"敕部议处"。②

对于陈紫芝的奏疏，康熙帝龙颜大悦，谕令大学士等："科道职在纠参，张汧贪婪，无人敢言。陈紫芝独能弹劾，甚为可嘉。著传谕吏部，即令内升，以示鼓励。"③康熙帝解禁风闻之权以及对言官的嘉奖，极大地推动了科道履行耳目之责。康熙二十七年（1688）二月，江南道御史郭琇奏疏参大学士明珠等人。最终，勒

---

①　《清实录·圣祖仁皇帝实录》卷一三一，中华书局 1985 年版，第 417—418 页。

②　《清实录·圣祖仁皇帝实录》卷一三二，中华书局 1985 年版，第 423 页。

③　《清实录·圣祖仁皇帝实录》卷一三二，中华书局 1985 年版，第 423 页。

德洪、明珠革去大学士，交与领侍卫内大臣酌用。李之芳休致回籍，余国柱革职，科尔坤以原品解任，佛伦、熊一潇等解任。①

无论是强调耳目之官扩大信息渠道，还是重启风闻奏事参劾贪官，据实与风闻只是皇帝掌控信息的处理方式。我们可以如此言说，康熙帝驾驭着耳目之官的信息传递方式，并通过据实直陈与风闻言事之间的转换，应对不同朝廷局势所需的政治信息。当朝廷内外弊政凸显时，康熙便鼓动科道官员据实陈奏、直言无隐，以便其借助信息的传递祛除壅蔽。倘若贪腐等影响朝政的因素难以限制时，康熙便重启风闻之权，借此剪除不安定因素。

当康熙帝借助江南道御史郭琇的参劾梳理朝局之后，其对科道又采取了谨慎的防范态度，不仅指出吓诈求利的不法，而且重申据理直言。康熙二十七年（1688）二月，皇帝谕令大学士："近见科道参疏甚多，果有大贪大恶，何不早为参奏。有等人声言纠参，妄行吓诈，希图利己，以致各官不能自安。此等吓诈之人，许即首告。"② 随后，又谕令："凡事俱有是非，应据理直言。今观有言人之过者，众皆随声附和，以为不善，并不据理辨其是非。"③

作为耳目之司的科道，不仅是政治信息渠道，更是皇帝调控内外的工具。皇帝不仅掌控信息传递方式的转换，而且也决定科道言事之内容。康熙二十九年（1690）四月，左都御史陈廷敬奏称：

---

① 《清实录·圣祖仁皇帝实录》卷一三三，中华书局1985年版，第442页。
② 《清实录·圣祖仁皇帝实录》卷一三三，中华书局1985年版，第445页。
③ 《清实录·圣祖仁皇帝实录》卷一三三，中华书局1985年版，第447页。

"言官建白，不得摭拾细务。"① 对于左都御史的奏疏，康熙帝不以为然，认为"设立科道，原欲其建言也。至条奏之事，是否可行，自有裁定。若必大事始言，则言官难分事之大小，以致进言者少，非所以集众思，广众益。"②

康熙三十一年（1692）十月，皇帝再次颁布谕旨，对言官的定位、奏事方式等内容作出了详细规定。除了重申国家设立言官的目的在于"职司耳目"之外，还鼓励其于"一切吏治民生、得失利弊，皆宜殚心毕虑、据实直陈"。至于满汉科道官员的建白甚少，并不符合广开言路之意。因此，皇帝谕令："嗣后应各矢公忠，研求时务。凡可以裨益国家之事，悉据所见奏闻，以俟采择。但不得怀挟私情，纷更定制，剽袭陈言，浮泛塞责。其有真知灼见，应纠劾者，即行参奏。亦不得暗受嘱托，代人报复，苛责细事，希图倾陷。"③

康熙帝一直谨慎地控制科道的奏事方式。回顾诸多上谕，皇帝试图以据实陈奏预防党争，即便开启风闻之权，也将其限定在参劾贪官的事权范围之内。当达到政治目的之后，康熙又将科道奏劾方式扳回旧轨道，不仅要求"据实直陈"，而且严禁"怀挟私情"，更不得代人报复。煌煌圣谕中的淳淳切问，无不暗示其对科道牵涉党争的防范。信息传递与预防党争之间冲突，不断凸显于康熙朝政之中，皇帝在科道言事方式上的规定也随之改变。不过，随着储位

---

① 《清实录·圣祖仁皇帝实录》卷一四五，中华书局 1985 年版，第 602 页。
② 《清实录·圣祖仁皇帝实录》卷一四五，中华书局 1985 年版，第 602 页。
③ 《清实录·圣祖仁皇帝实录》卷一五七，中华书局 1985 年版，第 727 页。

问题的日渐突出，绕此展开的党争也渐趋加剧。

　　为了获取足够的政治信息，以便在政治斗争中掌握主动，康熙对科道言官的态度也随之改变，不再纠结于条奏渐少、浮词塞责之弊，而且突出不得瞻徇容隐的直陈勿隐。换言之，将科道回归到传递政治信息的职能之上。康熙三十三年（1694）二月，皇帝谕令大学士："设立科道官员，特为条奏政事。今观都御史以至科道，条奏者甚少。间有条奏者，每存私意。或将不睦之人欲行倾陷，则托辞参奏。此等情弊，朕岂不知。嗣后科道官员，各宜端其心术，以有益国家之事条奏。"①

　　如果说此条谕旨指向科道不涉及其他的信息传递，那么康熙三十六年（1697）二月的谕旨，则将目标直指夺储皇子引发的党争。在康熙看来，"国家设立都御史及科道官员，以建白为专责，所以达下情而祛壅蔽，职任至重。使言官果能奉法秉公，实心尽职，则间阎疾苦，咸得上闻。官吏贪邪，皆可厘剔，故广开言路，为图治第一要务。"然而，近时"言官条奏、参劾章疏寥寥，虽间有入告，而深切时政、从实直陈者甚少，此岂委任言路之初上旨乎？"因此，皇帝谕令："自今以后，凡事关国计民生及吏治臧否，但有确见，即应指陈。其所言可行与否，裁酌自在朝廷。虽言有不当，言官亦不坐罪。自皇子、诸王及内外大臣官员，有所为贪虐不法，并交相比附、倾轧党援，理应纠举之事，务必大破情面，据实指参。勿得畏怯贵要，瞻徇容隐。即朕躬有失，亦宜进言，朕决不加

---

① 《清实录·圣祖仁皇帝实录》卷一六二，中华书局1985年版，第773页。

责。其有怀挟偏私、借端倾陷者，朕因言察情，隐微自能洞悉。凡属言官，尚各精白乃心，力矢忠说，以无负朕殷切责望至意。"①

康熙帝虽然未明言重启风闻奏事，但其于谕旨中不仅视言路为第一要务，而且扩大了言官的奏劾范围，尤其是"言有不当，言官亦不坐罪"的表述，已经在某种程度上打破了反坐之典的框架限制，更像是一种激励之词。将上述言论与"大破情面，据实直参""毋得畏怯贵要，瞻徇容隐"贯通考察，便能明了皇帝已将科道工具指向夺储各党。对于党争之弊，康熙深有体会。早在江南道御史郭琇参劾明珠时，康熙便点明其间之弊："在廷诸臣，自大学士以下，有职掌官员以上，全不恪勤乃职，惟知早出衙署，偷安自便，三五成群，互相交结。同年门生，相为援引倾陷、商谋私事、徇庇同党、图取货赂、作弊营私。种种情状，确知已允。九卿詹事科道，皆朕委任之员。凡遇会议，自当各出己见，公同商酌，乃一二欲行倡率之人持议于前，众遂附和于后，雷同草率，一意诡随。"②

党争不仅排斥异己，而且使皇帝很难驾驭内外臣工。依康熙所言，"凡居官贤否，惟舆论不爽，果其贤也，问之于民，民自极口颂之。如其不贤，问之于民，民必含糊应之。官之贤否，于此立辨矣。若张鹏翮等，偶有他过，朕尚可曲宥。如九卿不肯直言，朕必重惩一二人，彼时毋谓朕不宽也。朝廷设九卿，所司何事。"③ 因

---

① 《清实录·圣祖仁皇帝实录》卷一八〇，中华书局 1985 年版，第 924 页。
② 《清实录·圣祖仁皇帝实录》卷一三三，中华书局 1985 年版，第 441 页。
③ 《清实录·圣祖仁皇帝实录》卷二一〇，中华书局 1985 年版，第 52 页。

此，对于"张鹏翮居官之优，岂朕目击其临事，亦不过得之风闻耳，因此朕欲开风闻言事之例。科道官以风闻题参，即行察该督抚，贤者留之，不贤者去之。如此，则贪暴敛迹、循良竞劝，于民大有裨益。嗣后各省督抚将军提镇以下，教官典史千把总以上，官吏贤否，若有关系民生者，许科道官以风闻入奏。倘怀私怨，互相朋比，受嘱托者，国法自在。"①

第三节　密折与科道风闻奏事的削弱

康熙帝对科道风闻奏事的准允，不仅表明夺嫡的惨烈政局，而且表明康熙在应对政治斗争时信息供给的紧缺。因此，皇帝在康熙三十九年（1700）谕旨中将科道风闻奏事的标靶指向省级官僚体系。质而言之，康熙将科道的耳目之责看做监察百官的信息反馈机制。然而，科道的风闻入告，并未达到皇帝预期。

康熙四十年（1701）十二月，皇帝就云南道御史王度昭参劾广东巡抚彭鹏一事，谕令内外："朕于科道官员，许其风闻入告者，专为广开言路，使自督抚以下各官，有一切事务任意妄为及贪劣害民者，皆知所顾忌而警戒。"② 由此看来，康熙依然掌控着科道的参劾范围。倘若"科道官员纠参不实，例有处分，又或言不

---

① 《清实录·圣祖仁皇帝实录》卷二一〇，中华书局1985年版，第53页。
② 《清实录·圣祖仁皇帝实录》卷二六〇，中华书局1985年版，第100页。

合理及生事妄奏者，外转有之，罢职亦有之。"① 至于"被参之人，具疏回奏，止应辨晰是非，不应支离牵引。因彼一身被参，而举原参之父子、兄弟、亲戚皆受指摘，以逞报复。则自此以后，孰敢更纠一人。"②

由此来看，康熙帝对科道风闻言事的预期，便是将其限定在广开言路，满足政治信息需求的框架之内。然而，科道的风闻言事，却注定其很难如皇帝设想，限定在信息渠道的范围之内，反而诱发官员互参，进而将科道拉入党同伐异的旋涡之中。康熙四十年（1701）十二月，佥都御史王材任参劾安徽巡抚高承爵，高承爵回奏疏内却将王材任之父与其亲戚"妄意牵连"。彭鹏身为言官时亦曾参人，兹为王度昭所劾，理应"止以切己之事剖晰奏明"。但是，却"讦奏"王度昭，称其"曲庇亲戚"。在康熙帝看来，"其间所有夙怨，又未指出实据。彭鹏虽操守清廉，居官亦善。这回奏反复渎陈，辞气不胜忿激。凡在君上之前不应陈奏之言，辄形于章疏，粗戾已极，著严饬行。"③

并不讲求实据的风闻之权，极大地推动了科道官员的彼此"讦奏"。康熙四十一年（1702），左都御史李楠致书太原府知府赵凤诏，让其照拂进士武承谟，遭到山西巡抚噶礼弹劾。康熙以"内外官员，如此书信往来者甚多"④ 为由，将李楠从宽免革职，

① 《清实录·圣祖仁皇帝实录》卷二六〇，中华书局1985年版，第100页。
② 《清实录·圣祖仁皇帝实录》卷二六〇，中华书局1985年版，第100页。
③ 《清实录·圣祖仁皇帝实录》卷二六〇，中华书局1985年版，第100页。
④ 《清实录·圣祖仁皇帝实录》卷二九〇，中华书局1985年版，第121页。

降五级留任，后又革职。对于科道的风闻劾奏，康熙不无抱怨："今之科道纠参一官，举国皆闻，方始入告。或有先以疏稿示欲参之人，然后题参者。或有先告以题参之意，其人不惧，然后题参者。若果贪污，理宜参处。倘因私怨，以些微细故，即行题参，事必滋扰矣。"①

科道官员因风闻奏事展开的互讦，已经严重脱离了皇帝的预设轨迹，更因牵涉党争难以满足皇帝对信息的需求。因此，作为皇帝与大臣私人信息渠道的密折，便成为弥补科道短板的最优选择。密折的机密性不仅满足了皇帝对信息的迫切需求，而且因其不对外公布而避免了信息泄露，既为皇帝提供了一种更安全、高效、准确的政治信息渠道，又避免了官员互讦的党同伐异。

康熙帝曾不无自豪地谈及密奏的优势，"各该将军、总督、巡抚、提督、总兵官因请安折内，附陈密奏，故各省之事，不能欺隐"。相比言官的"瞻顾缄默"以及托合齐之类小人的"昂然张胆，构集党羽"，附陈密奏显然于国计民生大有裨益。因此，皇帝谕令位至大臣之官"与诸省将军、督抚、提镇一体于请安折内，将应奏之事各罄所见，开列陈奏"。如此一来，若"所言若是，朕则择而用之。所言若非，则朕心既明，亦可手书训谕，而尔等存心之善恶诚伪，亦昭然可见矣。朕于诸事谨慎，举朝无不知之。凡有密奏，无或泄漏。"②

从谕旨来看，密折不留稿、无泄漏的特征，完全实现了康熙帝

① 《清实录·圣祖仁皇帝实录》卷二九〇，中华书局1985年版，第121页。
② 《清实录·圣祖仁皇帝实录》卷二四九，中华书局1985年版，第466页。

一直坚持的"据实"密奏，成为皇帝独享信息、驾驭内外的工具。为了保证信息渠道的安全与信息的机密，对于大胆不肖、憨不畏死之徒从中拆视，或原奏之人口不密而泄漏者，康熙帝要求"一概奏折，不迟时刻，皆不留稿，朕亲自手批发还。凡奏事者，皆有朕手书证据在彼处，不在朕所也"。如"果能凡事据实密陈，则大贪大奸之辈，不知谁人所奏，自知畏惧。或有宵小诳主，窃卖恩威者，亦自此顾忌收敛矣。"①

随着密折制度化，康熙及其继位者对其使用愈如娴熟。与此相对的则是科道风闻奏事的走样以及帝王对其下情上达的信任危机。康熙五十二年（1713）九月，皇帝便指出："言路不可不开，亦不可太杂。"② 就目前的科道言事而言，"辄云某为上所喜，某为上所恶，每揣摩朕意，私心窥伺，以图迎合。"③ 科道于"内外官员，亦有明知其不善者，或其人有所倚仗，或其人素有声势，不可摇动，遂莫敢参劾，亦由学浅胆小故耳。为清官者，惟洁已不要钱，犹是易事。若论公尔忘私，诚为难得。科道官员内，朕无深知者。今条奏亦稀，将伊等照例，挨次升转可也。"④

科道不仅失去了耳目之官的信息渠道定位，而且彻底成为争权夺利的工具。即便偶有条陈，"多出私意，简任言职，不可任结纳声气之人。若使互相标榜、援引附和，其势渐成朋党。"⑤ 雍正四

---

① 《清实录·圣祖仁皇帝实录》卷二四九，中华书局1985年版，第466页。
② 《清实录·圣祖仁皇帝实录》卷二五六，中华书局1985年版，第533页。
③ 《清实录·圣祖仁皇帝实录》卷二五六，中华书局1985年版，第533页。
④ 《清实录·圣祖仁皇帝实录》卷二五六，中华书局1985年版，第533页。
⑤ 《清实录·圣祖仁皇帝实录》卷二六六，中华书局1985年版，第613页。

年（1726），皇帝指斥御史谢济世朋比结党，遂将谢济世革职，往阿尔泰军前效力。十二月，雍正颁布谕旨，直指科道的党锢私心，"科道乃朝廷耳目之官，果能秉公持正、据实敷陈，方合天下之公是公非，而于朝廷政事有所裨益"。对于言官"邀众人之虚誉，保一己之身家，而不为国家实心效力，以快其党锢之私心。此种结党营私，排挤倾陷之恶习，不可不严加惩治。"①

---

① 《清实录·世宗宪皇帝实录》卷五一，中华书局 1985 年版，第 766 页。

第五章　封章密奏：嘉庆帝周知
天下的信息渠道

　　"治天下之道，莫要于去壅蔽。自古帝王达聪明目，兼听并观，因此庶绩咸熙，下情无不上达。"① 信息收集与反馈机制，对专制皇权具有无可替代的重要性。无论是后金时期的"人人得以进言"，还是顺治帝定位于"耳目之司"的科道言官，甚或天下利弊洞烛于圣心的密折言事，无不彰显帝王利用信息的下情上达实现明目达聪、周知天下，进而强化皇权、稳固统治的目的。

　　随着盛世余晖的渐渐消散，隐于帝国背后的衰败日益凸显。为了解白莲教叛乱引发的社会动荡，应对聚敛之臣、贪渎之吏②横生的吏治腐败，其采取了"最具革新精神"③ 的广开言路举措，不仅

---

① 中国第一历史档案馆编：《嘉庆道光两朝上谕档》第四册，广西师范大学出版社 2000 年版，第 207 页。

② 萧一山：《清代通史》中卷，中华书局 1986 年版，第 217 页。

③ 张玉芬：《嘉庆述评》，《辽宁师范大学学报》（社会科学版）1986 年第 4 期，第 70 页。

开创了"下至末吏平民，皆得封章上达"的"言路大开"① 局面，而且凭借言官的"指摘朝政"而于时局"补益良多"②，在清帝国以及由其衍生的"中国"之历史中产生了长远影响。③

第一节　奏折失灵与下情壅蔽

一、奏折失灵

奏折制度自其创立之初便是统治者掌控帝国动态、调控朝廷官场的犀利武器，是"中央决策的主要信息资源，尤其是一些地方性紧要事件的处置决策，可以不通过其他环节，直接在皇帝和督抚之间进行，而军机处使皇帝对于信息加工处理的效率明显提高，有利于权力的时空伸延的扩展"。④ 两者的结合，实质上是使"一切政务完全由皇帝独揽"⑤。无论是就政治信息的准确性而言，还是从监察百官的职能来看，密折远远超过科道的风闻奏事。正如雍正所言：

　　　　皇考临御六十余年，至圣至明，无日不以国计民生为念，

---

① （清）赵尔巽：《清史稿》卷三五六，中华书局 1976 年版，第 11314 页。
② 参见（清）昭梿：《啸亭杂录》，中华书局 1997 年版，第 350 页。
③ ［美］罗威廉：《乾嘉变革在清史上的重要性》，师江然译，《清史研究》2012 年第 3 期，第 155 页。
④ 张世明等：《"包世臣正义"的成本：晚清发审局的法律经济学考察》，《清史研究》2009 年第 4 期，第 3 页。
⑤ 李鹏年编：《清代中央国家机关概述》，紫禁城出版社 1989 年版，第 16 页。

凡所以咨访吏治，通达民情之意，至为殷切。迩年以来，无知小人见科道疏章稀少，遂疑皇考不甚信纳群言，又讥言官皆缄默取容。此大失皇考本怀，真所谓坐井观天也。当时内而满汉大臣，外而督抚提镇，皆许其密折言事，盖因各省地方事务，督抚身亲阅历，自能详悉周知，较言臣风闻言事胜什倍矣。以此皇考据所闻见，折衷行之。大小国政，措置咸宜，言官无所用其建白，而实则天下之利弊，无不洞烛于圣心也。①

密折确实弥补了科道言官因介入党争而使信息壅蔽的弊病，但随着制度化色彩越来越重，其在信息提供方面的功能逐步削弱。早在嘉庆二年（1797）四月，皇帝便暗示其在下情上达方面的已有不足。因为惠龄、宜绵、额勒登保等领兵大臣对于征剿襄阳之贼，有何"碍难情形"，亦应据实奏闻。若自揣才力不能办贼，更当奏明，候朕另派大臣。然而，诸处大员"并无一字奏及"。② 如果说惠玲等人是因为剿匪失利而有意规避责任，那么七月份留京王大臣奏折内对京城雨势的讳灾捏饰，则表明奏折在为皇帝提供真实有效的信息方面已有失真。

嘉庆二年（1797）七月，留京王大臣奏称："七月初一日，浓云密布，自辰刻微雨沾洒，时断时续，至初二日辰刻方止，午后又

---

① 《清实录·世宗宪皇帝实录》卷四，中华书局 1985 年版，第 102—103 页。

② 《清实录·仁宗睿皇帝实录》卷一六，中华书局 1986 年版，第 221 页。

有密雨一阵，旋即开霁。"① 依其所奏，嘉庆帝便认为"京师雨势小于热河，于田功尚无妨碍"。然而，梁肯堂到达之后，皇帝才意识到，虑及永定河头二工段的方位，断无"与京城雨势大小如此悬殊之理"②。询问由京前来热河之人，皆云：京城之雨甚大，平地水深二、三尺不等。何以留京王大臣摺内，尚称断续相间，初二日旋即开霁?③ 在皇帝看来，即便"此时庄稼俱已长成，高阜之处，晴霁后水势全消，尚无妨碍。其低洼地方被淹甚少，不致成灾，亦应将此种情形详晰奏闻，何得意存粉饰?"④

虽然留京大臣在后来的奏折中，给出了"盼捷焦劳、意存宽慰"的说辞，并非"有意讳灾"，而是"未经详悉声叙"，⑤ 但是留京王大臣作为朝廷大臣，在奏折中的奏报不实却难掩其知。倘若"此互相隐饰，则封疆大吏从而效尤，民隐无由上达。是伊等欲慰朕怀，其事小。而启讳灾捏饰之渐，更重朕过。所关甚钜，不可不示以惩创"⑥。对于其讳灾捏饰的做法，无论是谕令速奏，还是强调"勿再讳饰"，均暗示嘉庆帝对陈奏不实的担忧与指责。除此之外，令嘉庆感到不满的是，"在京科道，均有稽察之责。京师雨势过大，而留京王大臣等并不据实具奏，该科道何以亦无一字奏闻，

---

① 《清实录·仁宗睿皇帝实录》卷二〇，中华书局1986年版，第259页。
② 《清实录·仁宗睿皇帝实录》卷二〇，中华书局1986年版，第259页。
③ 《清实录·仁宗睿皇帝实录》卷二〇，中华书局1986年版，第259页。
④ 《清实录·仁宗睿皇帝实录》卷二〇，中华书局1986年版，第259页。
⑤ 《清实录·仁宗睿皇帝实录》卷二〇，中华书局1986年版，第261页。
⑥ 《清实录·仁宗睿皇帝实录》卷二〇，中华书局1986年版，第259页。

均属非是。"①

凡臣工具有陈奏密奏之权者，可以参劾上司，可以参劾同僚属员，甚至辖境以外之人。在此情况下，官员之间彼此监视、相互牵制，因而心存戒心，不敢妄为疏于职守，更不敢结党营私。② 为了确保信息的精确，皇帝往往会"另有访问打听"③。因此，臣工具奏时不能相商，以便皇帝集思广益。④ 但是，官员于奏折中的虚捏、隐饰，却削弱了其对官员的监察力度。嘉庆四年（1799）正月，嘉庆再次指出官员对军务的粉饰其词之举："伊等节次奏报杀贼数千名至数百名不等，有何证验？亦不过任意虚捏。若稍有失利，尤当据实奏明，以便指示机宜，似此掩败为胜？岂不贻误重事？"⑤

与奏折成为官员粉饰太平、虚捏报功相对应的是，官员怠玩导致的军机大臣的不足。嘉庆元年（1796）十月，谕内阁"大学士缺出，久逾匝月。现在各尚书内，若以资格而论，则刘墉、纪昀、彭元瑞三人，俱较董诰为深，但刘墉向来不肯实心任事，人甚庸劣，断难胜方面之任。刘墉平日于铨政用人诸事，全未留心，率以模棱之词塞责，不胜纶扉，即此可见。彭元瑞不自检束，屡次获

---

① 《清实录·仁宗睿皇帝实录》卷二〇，中华书局1986年版，第259页。

② 参见胡鸿廷：《清代官制研究》，五南图书出版公司1999年版，第25页。

③ 中国第一历史档案馆编：《雍正朝汉文朱批奏折汇编》第五册，江苏古籍出版社1991年版，第363—364页。

④ 庄吉发：《从奏折制度的沿革论清代前期中央与地方的关系》，载庄吉发：《清史论集》（七），文史哲出版社2000年版，第74—75页。

⑤ 《清实录·仁宗睿皇帝实录》卷三七，中华书局1986年版，第414页。

愆。纪昀读书多而不明理，不过寻常供职，俱不胜大学士之任。董诰在军机处行走有年，供职懋勤殿，亦属勤勉，著加恩补授大学士。至王杰因患腿疾，久未入直。"①

以往高效、机密、监察内外的信息渠道，虽然没有完全失去应有之责，但"内而军机大臣，外而领兵诸臣，同为不忠之辈"。②其于密奏中的粉饰、关副等行为，使皇帝在获取政治信息、监察官员方面呈疲软之态。因此，密折在下情上达的不足成为嘉庆帝亟须解决之弊。

二、嘉庆对"元恶"及其弊病的认识

无论是留京王大臣奏折中的讳灾，还是领兵大臣的粉饰虚捏，嘉庆皇帝倍感愤怒，"内而军机大臣，外而领兵诸臣，同为不忠之辈"③的言辞，既是皇帝心存不满的表达，也是对官僚体系的控诉。嘉庆四年（1799）正月，乾隆驾崩后，嘉庆随即颁布谕旨："肥橐之资，皆婪索地方所得。而地方官吏，又必取之百姓。小民脂膏有几，岂能供无厌之求？此等教匪滋事，皆由地方官激成。即屡次奏报所擒戮者，皆朕之赤子，出于无奈为贼所胁者。若再加之朘削，势必去而从贼。是原有之贼未平，转驱民以益其党，无怪乎贼匪日多？辗转追捕，迄无蒇事之期也。"④

① 《清实录·仁宗睿皇帝实录》卷一〇，中华书局1986年版，第159页。
② 《清实录·仁宗睿皇帝实录》卷三七，中华书局1986年版，第414页。
③ 《清实录·仁宗睿皇帝实录》卷三七，中华书局1986年版，第414页。
④ 《清实录·仁宗睿皇帝实录》卷三七，中华书局1986年版，第414页。

虽然皇帝于谕旨中表达了内外文武臣工应"振作自新"的诉求，但"尚属天良不昧"，又暗示其对官僚机器的抱怨与不满。因此，当看到山东巡抚伊江阿"由驿递到奏折，并寄和珅书信"① 之后，嘉庆帝对其"负恩昧良"大加斥责。其信内有"知大行太上皇帝龙驭上宾，信内惟谆劝和珅节哀办事等语，而于朕遭罹大故，并无一字提及"②。在皇帝看来，"即以常情而论，寄书唁问，自当以慰唁人子为重。今伊江阿于和珅则再三劝以节哀，而于朕躬仅照常具一请安之摺，转将寻常地方事件陈奏、不知其是何居心。"③ 与伊江阿态度相异的是，"吴熊光一闻皇考升遐之信，即专摺沥陈哀恸，敦劝朕躬，情词真切，似此方合君臣之义。吴熊光系汉人，又祇系布政使，尚有良心。"④ 伊江阿"身为满州，现任巡抚，又系大学士永贵之子，且曾在军机处行走，非不晓事者可比，乃竟如此心存漠视。转于和珅慰问殷勤，可见伊江阿平日不知有皇考，今日复不知有朕，惟知有和珅一人，负恩昧良，莫此为甚。"⑤

对于伊江阿负恩昧良之举，嘉庆帝将其大加斥责交部严议并令明白回奏。然而，令嘉庆帝感到意外的是，伊江阿"犹以诏书未到为辞，已属巧办，并称望和珅为国家出力，向与和珅从无交涉等语，尤不成话"⑥。对于伊江阿的辩解之词，嘉庆帝断定其必有

---

① 《清实录·仁宗睿皇帝实录》卷三七，中华书局1986年版，第425页。
② 《清实录·仁宗睿皇帝实录》卷三七，中华书局1986年版，第425页。
③ 《清实录·仁宗睿皇帝实录》卷三七，中华书局1986年版，第426页。
④ 《清实录·仁宗睿皇帝实录》卷三七，中华书局1986年版，第426页。
⑤ 《清实录·仁宗睿皇帝实录》卷三七，中华书局1986年版，第426页。
⑥ 《清实录·仁宗睿皇帝实录》卷三八，中华书局1986年版，第437页。

"种种贪黩营私"①。如果"伊江阿与和珅素无交结，则该抚之浮收漕粮，现被人参奏、不知又将何用耶？伊江阿既经颠倒错乱于前，又复饰辞巧辩于后，实非寻常谬误可比，著即照部议革职，来京候旨"②。

对于伊江阿一事，嘉庆帝认为"所奏之折，另行抄录折底，寄和珅阅看"③所致。若不"不立除元恶，无以肃清庶政"④。而之所以"重治和珅之罪者，实为其贻误军国重务"⑤，具体而言，"教匪滋事以来，今已三载，尚未荡平。揆厥所由，总因和珅压搁军报、诸事擅专，于军务每多掣肘，以致各路军营，不敢以实入奏、观望迁延，日久不能蒇事。"⑥无论是荒缴部落，还是征讨内地乱民，从未有"从未有经历数年之久，糜饷至数千万两之多，而尚未蒇功者。总由带兵大臣及将领等、全不以军务为事，惟思玩兵养寇，藉以冒功升赏，寡廉鲜耻，营私肥橐。即如在京谙达、侍卫、章京等遇有军务，无不营求前往，其自军营回京者，即平日穷乏之员，家计顿臻饶裕，往往托词请假，并非实有祭祖省墓之事。不过以所蓄之资，回籍置产"⑦，而其"肥橐之资，皆婪索地方所得。而地方官吏，又必取之百姓。小民脂膏有几，岂能供无厌之

---

① 《清实录·仁宗睿皇帝实录》卷三八，中华书局 1986 年版，第 435 页。
② 《清实录·仁宗睿皇帝实录》卷三八，中华书局 1986 年版，第 437 页。
③ 《清实录·仁宗睿皇帝实录》卷三八，中华书局 1986 年版，第 434 页。
④ 《清实录·仁宗睿皇帝实录》卷三八，中华书局 1986 年版，第 435 页。
⑤ 《清实录·仁宗睿皇帝实录》卷三八，中华书局 1986 年版，第 435 页。
⑥ 《清实录·仁宗睿皇帝实录》卷三八，中华书局 1986 年版，第 438 页。
⑦ 《清实录·仁宗睿皇帝实录》卷三七，中华书局 1986 年版，第 413 页。

求？此等教匪滋事，皆由地方官激成，即屡次奏报所擒戮者，皆朕之赤子，出于无奈为贼所胁者，若再加之朘削，势必去而从贼，是原有之贼未平，转驱民以益其党，无怪乎贼匪日多，辗转追捕，迄无葳事之期也"。①

在皇帝看来，和珅的专擅蒙蔽致使整个官僚体系因循疲顽，"从前军营带兵各大员，皆以和珅为可恃，只图迎合钻营，并不以军事为重，虚报功级，坐冒空粮，其毙不一而足。"② 由于和珅"揽权纳贿，凡遇外省督抚等呈进物件，准递与否，必须先向和珅关白，伊即擅自准驳，明示有权，而督抚等所进贡物，在皇考不过赏收一二件，其余尽入和珅私宅"③。然而，外省"备办玉铜瓷书画插屏挂屏等件，岂皆出自己资，必下而取之州县，而州县又必取之百姓，稍不足数，敲扑随之，以间阎有限之脂膏，供官吏无穷之朘削，民何以堪？"④ 因此，嘉庆帝断定："州县之所以剥削小民者，不尽自肥己橐，大半趋奉上司。而督抚大吏之所以勒索属员者，不尽安心贪黩，无非交结和珅，是层层朘削，皆为和珅一人。而无穷之苦累，则我百姓当之。"⑤

三、密奏一切事宜：嘉庆去壅蔽之法

无论是对和珅"元恶"的描述，还是皆为和珅一人的趋之若

---

① 《清实录·仁宗睿皇帝实录》卷三七，中华书局1986年版，第414页。
② 《清实录·仁宗睿皇帝实录》卷三七，中华书局1986年版，第419页。
③ 《清实录·仁宗睿皇帝实录》卷三七，中华书局1986年版，第427页。
④ 《清实录·仁宗睿皇帝实录》卷三七，中华书局1986年版，第427页。
⑤ 《清实录·仁宗睿皇帝实录》卷三八，中华书局1986年版，第439页。

鸷，和珅擅权导致官场中"内而公卿，外而藩阃，皆出其门"①。不过，真正令嘉庆苦恼的并非和珅本身，而是其专擅所引起的官场负面效应，即通过"传知各省抄送折稿"②、擅扣奏折、隐匿不报等方式导致九五之尊的失聪。嘉庆帝将和珅下狱后，令各督抚议其罪行，后定大罪二十。在皇帝钦定的二十条罪名，除去贪赃逾制之外，其余则大多与信息壅蔽相关。嘉庆于乾隆五十年（1794）九月初三日，被册封皇太子。尚未宣布谕旨，而和珅于初二日即在皇帝前先递如意，漏泄机密，居然以拥戴为功。③ 如果说漏泄机密尚能以拥戴之功为说辞，那么和珅自剿办剿匪以来却"于各路军营递到奏报任意延搁，有心欺蔽，以致军务日久未竣"④。昨冬皇考力疾披章，批谕字画，间有未真之处，和珅胆敢口称不如撕去，竟另行拟旨。⑤ 和珅管理吏部刑部事务，嗣因军需销算，伊系熟手，因此又谕令兼理户部题奏报销事件。伊竟将户部事务一人把持，变更成例，不许部臣参议一字。⑥ 嘉庆三年（1798）十二月，奎舒奏报循化、贵德二厅贼番聚众千余，抢夺达赖喇嘛商人牛只，杀伤二命，在青海肆劫一案，和珅竟将原奏驳回，隐匿不办，全不以边务

---

① 吴晗：《朝鲜李朝实录中的中国史料》第十一册，中华书局1980年版，第4881页。

② 中国第一历史档案馆编：《嘉庆道光两朝上谕档》第四册，广西师范大学出版社2000年版，第34页。

③ 《清实录·仁宗睿皇帝实录》卷三七，中华书局1986年版，第428页。

④ 《清实录·仁宗睿皇帝实录》卷三七，中华书局1986年版，第421页。

⑤ 《清实录·仁宗睿皇帝实录》卷三七，中华书局1986年版，第422页。

⑥ 《清实录·仁宗睿皇帝实录》卷三七，中华书局1986年版，第429页。

为事。① 乾隆去世后，嘉庆谕令蒙古王公未出痘者，不必来京。和珅不遵谕旨，令已未出痘者，俱不必来京，全不顾国家抚绥外藩之意，其居心实不可问。②

无论是任意延搁、另行拟旨，还是不许部臣参议、隐匿不办，均表明和珅可以影响到皇帝与官僚机器之间的政治信息渠道。由其罪名来看，我们甚至可以如此言述：和珅对信息传递的上下其手，直接决定了皇帝掌控信息的范围。也就是说，皇帝所了解的帝国信息，实际上是经过和珅筛选后的信息。

和珅介入信息渠道，导致皇帝的失聪。嘉庆除了立正刑、诛和珅之外，还将之归咎于群臣的缄口。对于和珅的专擅以及所带来的弊政，继位三年却无实权的嘉庆帝心知肚明，要不然不会有上述之语。但在责任追究上，嘉庆帝却将之归咎于和珅专擅所导致的群臣缄口。嘉庆四年（1799）正月十一日，皇帝于所颁查办和珅的上谕中明确宣示了泄漏皇储之密、驳奎舒奏折、擅改蒙古王公觐见谕旨等罪状后即言，"设数年来廷臣中有能及早参奏，必蒙圣断立置重典，而竟无一人奏及者。内外诸臣自以皇考圣寿日高，不敢烦劳圣心，实则畏惧和珅钳口结舌，皆朕所深知。"③ 依皇帝所言，倘若廷臣能劾奏和珅，必不会导致如斯情状。因此，虽然表面上控诉的是群臣对和珅的畏惧，但背后所暗含的却是与"钳口结舌"相

---

① 《清实录·仁宗睿皇帝实录》卷三七，中华书局 1986 年版，第 429 页。
② 《清实录·仁宗睿皇帝实录》卷三七，中华书局 1986 年版，第 422 页。
③ 中国第一历史档案馆编：《嘉庆道光两朝上谕档》第四册，广西师范大学出版社 2000 年版，第 16—17 页。

对应的皇帝对帝国动态的无所洞识。

嘉庆帝在信息掌控上的不足，并不仅仅是"元恶"和珅的擅权，更在于其使集矢于言谏的科道以及参劾内外的密折失去应有之功用。吴省钦为风宪之长，于和珅、福长安二人并无一言举劾。自系畏其声势，及将和珅、福长安革职拏交刑部后，伊尚心存畏怯，缄默不言。兹见各科道等纷纷密封陈奏，伊任总宪，不能不以一奏塞责，而所言竟属荒谬。① 如果说吴省钦的失职，指向风宪官稽察百官的弱化，那么福长安的扶同徇隐则暗指密折的失灵。在嘉庆看来，福长安世受厚恩，尤非他人可比。其在军机处行走，与和珅朝夕聚处。凡和珅贪黩营私，种种不法罪款，知之最悉。伊受皇考重恩，常有独对之时，若果将和珅纵恣蔑玩各款据实直陈，较之他人举劾，尤为确凿有据。皇考心早将和珅从重治罪正法。② 言外之意，若福长安密折于上，断不至"任其贻误军国重务，一至于此，即谓皇考高年，不敢仰烦圣虑，亦应在朕前据实直陈。乃三年中并未将和珅罪迹奏及，是其扶同徇隐，情弊显然"。③

嘉庆四年（1799）正月，和珅被下狱议罪之后，皇帝于初五颁布谕旨：

> 朕仰承皇考付托之重，兢兢业业、勤求治理，惟惧政事或有缺失。敬念皇祖、皇考御极以后，俱颁诏旨求言，盖以九州

---

① 《清实录·仁宗睿皇帝实录》卷三七，中华书局1986年版，第423页。
② 《清实录·仁宗睿皇帝实录》卷三七，中华书局1986年版，第430页。
③ 《清实录·仁宗睿皇帝实录》卷三七，中华书局1986年版，第430页。

之大、臣民之众、几务至繁。兼听则明，偏听则蔽。若仅一二
人之言，即使出于至公，亦不能周知天下之务，况未必尽公
也。粤稽二典，分设九官十二牧，博采畴咨，共襄郅治。因此
圣德如皇祖、皇考践阼之初，即以求言为急务。矧朕德薄，何
敢不虚怀延访、听受谠言，特此通行晓谕：凡九卿科道有奏事
之责者，于用人行政一切事宜，皆得封章密奏，俾民隐得以上
闻、庶事不致失理。诸臣务须宅心虚公，将用人行政兴利除弊
有裨实政者，各抒诚悃，据实敷陈，佐朕不逮，用副集思广益
至意。①

嘉庆帝遵"颁旨求言"之例，循"兼听则明、偏听则蔽"之
训，谕令奏事之责者于用人、行政一切事宜封章密奏，使"民隐
得以上闻，庶事不致失理"，以符"集思广益至意"。② 无论是勤
求民隐，还是诉诸庶事，均以"用人行政"为前提。上谕的真实
目的，乃借一切事宜的"封章密奏"达到"周知天下之务"，并借
此考察官员是否"尽公"以及"兴利除弊"。③ 不过，我们应该更
加注重用人行政一事，以及封章密奏背后的政治指向。面对科道的
失语、奏折的失灵，嘉庆帝一方面强调用人行政、一切事宜的陈奏

① 中国第一历史档案馆编：《嘉庆道光两朝上谕档》第四册，广西师范大
学出版社 2000 年版，第 11 页。
② 中国第一历史档案馆编：《嘉庆道光两朝上谕档》第四册，广西师范大
学出版社 2000 年版，第 11 页。
③ 中国第一历史档案馆编：《嘉庆道光两朝上谕档》第四册，广西师范大
学出版社 2000 年版，第 11 页。

范围，是为了洞悉和珅擅权引发的官场积弊，试图借助言路的下情上达以了解具体信息。另一方面，皇帝又着重封章密奏的进言方式，则指向因和珅导致的密折机密性缺失，期望借助奏折的密封与呈递的机密，确保皇帝对信息的独享。因此，无论是一切事宜的指向，还是封章密奏的强调，其根本之义在于借助求言疏通壅蔽的信息渠道，打破官场的"钳口结舌"，实现周知天下政务的目的。

第二节　嘉庆帝疏通言路的努力

从嘉庆四年（1799）正月初五日所颁谕旨来看，嘉庆帝对封章密奏的信息传递渠道极为看重。在与云贵总督富纲的奏折往来中，嘉庆便称："万里之外，民情谷价，所恃者惟此片纸奏报耳。如再不实，皆汝等蒙蔽之咎也，慎之。"① 嘉庆帝所言，不仅表明奏折是其了解地方运行的唯一渠道，而且意指奏折应陈奏真实消息以便皇帝做出有效应对。因此，为了确保信息的真实、高效，嘉庆采取了诸多举措以期民隐上闻。

一、不许另有副封：嘉庆帝对密奏的重视

对于和珅擅权导致皇帝掌握信息的缺失，嘉庆帝在颁布求言谕旨后首指"元恶"。正月十八日，下旨赐令和珅自尽。在嘉庆帝看

---

① 《清实录·仁宗睿皇帝实录》卷三八，中华书局 1986 年版，第 448 页。

来，和珅种种悖妄专擅、罪大恶极，于法实无丝毫可贷。① 与"圣祖仁皇帝之诛鳌拜、世宗宪皇帝之诛年羹尧、皇考之诛讷亲"② 相比，和珅之罪"尤为过之"。从前办理鳌拜、年羹尧，皆蒙恩赐令自尽。讷亲则因贻误军机，于军前正法。今就和珅罪状而论，其"压搁军报、有心欺隐，各路军营听其意指，虚报首级，坐冒军粮，以致军务日久未竣，贻误军国，情罪尤为重大"。即使不照大逆律凌迟处死，亦应照讷亲之例立正典刑。此事若于一二年后办理，断难宽其一线之时③。不过，嘉庆"究有所不忍"，认为其罪虽"浮于讷亲，究未身在军营，与讷亲稍异"。以和珅之丧心昧良，也很难援八议量从末减。只不过姑念其曾任首辅大臣，于"万无可贷之中，免其肆市"，著加恩赐令自尽。此朕为国体起见，非为和珅也。④

奏折另有副封，是和珅为防范遭弹劾以便其能做出事先应对。此举在加强和珅权势的同时，却因和珅的预先防范，使皇帝监察官场、周知天下的信息渠道有所减损。因此，在处置和珅之后，嘉庆于初八日谕内阁："各部院衙门文武大臣及直省督抚藩臬，凡有奏事之责者及军营带兵大臣等，嗣后陈奏事件，俱应直达朕前，俱不许另有副封关会军机处。各部院文武大臣，亦不得将所奏之事，豫先告知军机大臣。即如各部院衙门奏章呈递后，朕可即行召见，面

---

① 《清实录·仁宗睿皇帝实录》卷三八，中华书局 1986 年版，第 432 页。
② 《清实录·仁宗睿皇帝实录》卷三八，中华书局 1986 年版，第 432 页。
③ 《清实录·仁宗睿皇帝实录》卷三八，中华书局 1986 年版，第 432 页。
④ 《清实录·仁宗睿皇帝实录》卷三八，中华书局 1986 年版，第 433 页。

为商酌，各交该衙门办理，不关军机大臣指示也，何得豫行宣露，致启通同扶饰之弊耶。将此通谕知之，各宜凛遵。"①

从朱批来看，嘉庆帝略有添改之处，虽寥寥数语却彰显诸多信息。"俱应"与"豫先"不仅表明密奏失去其应有之效，更折射出皇帝对此状况的愤怒、不满以及军机大臣权力的膨胀；"不关军机大臣指示"一语在重申密奏机密的同时，更是直接将因和珅擅权而旁落至军机处的权限再度收于皇帝手中；而"各宜凛遵"则反映嘉庆对密奏这一信息渠道的重视和改变"通同扶饰之弊"的决心。正月十二日，嘉庆帝再下谕旨，借哈当阿折内另有副封一事敲打群臣，谕令"严行禁止，毋许再用副封，致干重咎"②。虽然嘉庆帝以"尚未接奉谕旨"为由免予追究，但借此警告群臣的意味却颇浓。

当长麟亦将所奏之折，另行抄录折底，寄和珅阅看之后，嘉庆大为恼怒，认为另行抄录"固系和珅印文行取，而长麟亦不应如此迎合今和珅一切滥行之罪，已经讯明，令其自尽。军机大臣另行更换，此事亦不深究矣。著传谕长麟等：嗣后此等流毙，永远严禁"③。如果说先前谕旨所传递的是谆诫与警示，那么在将和珅定罪后就抄送折稿一事所颁谕旨则明显带有最后通牒的含义："今和珅业经伏法，所有随带文书当永远停止。倘经此番饬禁之后尚有仍

---

① 《清实录·仁宗睿皇帝实录》卷三七，中华书局 1986 年版，第 418 页。
② 中国第一历史档案馆编：《嘉庆道光两朝上谕档》第四册，广西师范大学出版社 2000 年版，第 17 页。
③ 《清实录·仁宗睿皇帝实录》卷三八，中华书局 1986 年版，第 434 页。

蹈前辙者，必当重治其罪，决不姑贷。"① 从最初的"各宜凛遵"
到随后的"致干重咎"，再至"重治其罪、决不姑贷"，反映的是
嘉庆彻底杜绝另有副封的决心以及对信息来源渠道的重视。

嘉庆帝禁止奏折抄送军机处的做法卓有成效，不仅保证了密折
传递信息的机密性，而且军机处不再与闻的信息独享，使一切政务
皆断于皇帝。因此，面对福宁筹办粮饷奏折中的浮泛之词，嘉庆帝
以略显嘲讽的口吻加以斥责："现在各处奏报，无不直达朕前。军
机大臣除承旨书谕外，多不与闻，一切赏罚，皆断自朕衷。臣工遇
有微劳，非军机大臣所能保奏录用。傥获有罪愆，军机大臣亦不敢
为之挽回匡救。伊等若不痛改前非，则是自甘重戾矣。"② 福宁系
专办粮饷之人，若再不知撙节，仍前通同欺隐，伊等独不自为身家
虑乎？③

军机处的承旨书谕，和奏折传递信息的机密，使嘉庆帝一改受
制于下的困境，密折又成为其强化君权的利器。因此，正是由于密
折在信息控制方面的高效，嘉庆帝便极为重视对和珅积习的防范。
嘉庆四年（1799）六月，宗人府递有引见官八员奏折，成亲王淳
颖以"别处并无引见"为由将其彻出，这令嘉庆大为恼火，甚至
斥责"淳颖辄将已递之摺复行彻去，是竟欲首先尝试复和珅之故
智矣"。在嘉庆帝看来，"外省州县衙门遇有官行文书一经投入，

---

① 中国第一历史档案馆编：《嘉庆道光两朝上谕档》第四册，广西师范大
学出版社 2000 年版，第 34 页。
② 《清实录·仁宗睿皇帝实录》卷三九，中华书局 1986 年版，第 457 页。
③ 《清实录·仁宗睿皇帝实录》卷三九，中华书局 1986 年版，第 457 页。

即成案据，尚不能轻易彻回，何况朝廷之乾清门？章疏既经呈递，岂有公然擅彻、出入自由之理！若似此陋习相仍，设遇有封口奏章或参劾大臣章疏，亦可任其徇私托人代为彻下，相为壅蔽，使下情不得上达乎？"即便如成亲王所言，虽然"天气暑热，为朕节劳起见"方将奏折撤回，但殊不知嘉庆帝却从不以此为劳，且八员之引见亦不足为劳。无论成亲王如何借口，其将已递之折径行彻回实属胆大妄为之事，遂交宗人府严加议处。奏事员外郎景文，因淳颖令彻即将奏折彻出，尚系沿从前畏惧和珅之积习，著交内务府议处。至于不敢从中阻止淳颖彻去奏折的奏事太监等人，尚属可原，遂免置议。因此，将淳颖、著交宗人府严加议处，其奏事员外郎景文、因淳颖令彻，即将奏折彻出。尚系沿从前畏惧和珅之积习，卑鄙无耻之风，竟未悛改，可恨之至。朕必力加整顿，断不姑容。著交内务府议处，至奏事太监等、平日管束綦严。伊等因淳颖欲彻奏折，不敢从中阻止，尚属可原，应免置议，但此事因系初犯，因此从宽办理。借此之事，嘉庆谕令："嗣后内外衙门凡有陈奏事件，一经接受皆应直达朕前、听朕批示，毋得捺搁擅彻。傥有仍蹈前辙者，一经察出必当从重治罪，决不宽贷也。"① 在笔者看来，成亲王此举有阻挡嘉庆帝了解帝国动态之嫌，因此会遭到呵斥。与其说嘉庆帝是在维护其皇帝的威严，倒不如说是对自己掌控信息渠道的维护以及有碍于此之行为的警示。

　　广兴递到奏报之外，另有咨文一件送军机处，系将魁伦讦伊短

---

① 《清实录·仁宗睿皇帝实录》卷四七，中华书局 1986 年版，第 576 页。

处，哓哓置辩，经军机大臣即刻将广兴咨文进呈。① 对于"另用印文，欲军机大臣代为转奏，实大不是"②。在嘉庆帝看来，从前和珅私令各省督抚等，将奏事摺底，先送伊阅看，系欲豫知所奏事件，于皇考前应对便捷，以显其能。而督抚等每致私书，将奏折底稿封入，亦止于和珅处递送。上年正月，早经降旨饬禁，此后陈奏事件，不许将摺底先送军机处。内外衙门一体凛遵，乃广兴竟敢显然违制，以私行剖辩之事，辄用印文咨送军机处，并以若蒙垂询，恳代为转奏、私行嘱托，实向来所未有。③ 虽然广兴藉词事近分辩，不敢具摺琐渎圣听，但仍难消嘉庆怒火。若朕不将奏片发出。或军机大臣等恐事涉烦渎，亦不将咨文进呈，则广兴岂非有心制军机大臣乎。④ 正如皇帝所言，魁伦未将令箭给发，若竟依广兴所言，伊得有总督令箭，必更有越分妄为之事矣。广兴于索取令箭一事，已自认明，无可置辩。而军机处咨文一节，尤属胆大违旨，难以宽贷，广兴交部严加议处。⑤

二、嘉庆帝对地方信息渠道的改革

如果说嘉庆在诛杀和珅后的禁止副封军机处，指向皇帝在中央对信息的独享，那么其准允道员密折封奏以及对地方官疲劳驿站的

---

① 《清实录·仁宗睿皇帝实录》卷六〇，中华书局 1986 年版，第 794 页。
② 《清实录·仁宗睿皇帝实录》卷六〇，中华书局 1986 年版，第 794 页。
③ 《清实录·仁宗睿皇帝实录》卷六〇，中华书局 1986 年版，第 794 页。
④ 《清实录·仁宗睿皇帝实录》卷六〇，中华书局 1986 年版，第 794 页。
⑤ 《清实录·仁宗睿皇帝实录》卷六〇，中华书局 1986 年版，第 794 页。

警诫，则指向地方信息的真实性与传递渠道的畅通。

　　嘉庆四年（1799）二月二十八日，湖北布政使张长庚递到请安折一件，于"请安"字下添写"叩慰睿怀"四字，嘉庆帝对此大为恼火，不仅在于未见此款式，更在于张长庚于湖北多事之秋并未就川陕白莲教起义军"是否相距已远、民情是否一律宁贴"提及一字。嘉庆帝广开言路、禁止副封的最终目的，在于掌控各处信息从而加强对帝国的控制，但地方大员却并不遵办，以致嘉庆帝得出"地方大吏于民情漠不关怀"的结论。① 如果张长庚的奏折只是令嘉庆帝指摘地方官员不关心民情的话，那么湖北按察使祖之望的奏折则令嘉庆帝对奏折之机密性提出质疑。

　　二十九日，祖之望的请安折呈递圣前，嘉庆帝竟然发现其所采用的样式与张长庚的奏折完全一样，亦是于"请安"字样下添缮"叩慰睿怀"四字。在皇帝看来，"若非同城彼此酌定，安能如此画一？"因此，嘉庆帝据此认为祖之望与张长庚两人的奏折实际上是"商同缮写"。② 凡具有陈奏密奏之权者，可以参劾上司、同僚属员，甚至辖境以外之人。③ 为了确保信息的精确，皇帝往往会"另有访问打听"④。但商同缮写却使密奏失去了官员互相监督、彼

---

　　① 参见中国第一历史档案馆编：《嘉庆道光两朝上谕档》第四册，广西师范大学出版社 2000 年版，第 67 页。

　　② 中国第一历史档案馆编：《嘉庆道光两朝上谕档》第四册，广西师范大学出版社 2000 年版，第 68 页。

　　③ 参见胡鸿廷：《清代官制研究》，五南图书出版公司 1999 年版，第 25 页。

　　④ 中国第一历史档案馆编：《雍正朝汉文朱批奏折汇编》第五册，江苏古籍出版社 1991 年版，第 363—364 页。

此制衡之效。正如嘉庆帝所言，"设遇举劾所属官吏应行密奏之处，亦皆似此通同一气，其弊将不可胜言。"①

正如嘉庆所言，现在臣工陈奏，无非直达。若封疆大员，仍踵扶同陋习，则是虽无壅蔽于朕前，早已徇隐于外省。② 换言之，虽然禁止副封军机处，在中央解决了信息泄露的可能性，使信息上达，进而解决了言路壅蔽的问题。但是，同城官员的彼此酌定，却使信息在传递至皇帝手里之前已经毫无机密性可言。在嘉庆看来，"督抚身任封疆重寄，藩臬有奉事之责，于吏治民瘼均当留心查察，随时据实入告，岂容视同膜外、匿不上闻"。考虑到"各省道员职司巡察，即与在京科道有言责者相等，况科道之条陈纠劾尚多得自风闻，何如监司大员身任地方，目击本省政务民情者较为真知灼见耶"。因此，为了遏制地方官员在缮写奏折时的通同掩饰，嘉庆帝于三月初十，颁发谕旨，给予道员密奏之权："嗣后除知府以下等官仍不准奏事外，其各省道员均著照藩、臬两司之例，准其密摺封奏，以副兼听并观、集思广益至意。"③ 嘉庆帝此举不仅是借助道台制约督、抚、两司，更是借助其熟知本省政务民情的功用拓展更广阔的信息来源渠道。

地方官在奏折传递方面的问题，令嘉庆帝倍加反感。嘉庆四年（1799）正月初三日，巡漕给事中刘坤由五百里递到折报，嘉庆帝

① 中国第一历史档案馆编：《嘉庆道光两朝上谕档》第四册，广西师范大学出版社2000年版，第68页。

② 《清实录·仁宗睿皇帝实录》卷三九，中华书局1986年版，第467页。

③ 中国第一历史档案馆编：《嘉庆道光两朝上谕档》第四册，广西师范大学出版社2000年版，第81—82页。

以为必系紧要事务，不料所奏竟系旗丁刘长元控告于采芹等勒扣造船帮费、卫费等项一案。该给事中明谓此案须至秋间始能提犯审办，并非目前亟须究讯之事，且刘坤现押尾帮尚在于采芹之后，何得辄用五百里邮递徒劳驿站、兼骇听闻？刘坤实属不晓事体，遂将其交部议处。① 由此可见，倘若说嘉庆帝所看重的是关系民生或吏治腐败的重大事件而非循例办案之小事的话，还不若说其看重的是能给其提供信息的密折这一渠道。如果此处尚不能明细，那么于刘坤身上随后发生的事则一目了然。

嘉庆四年（1799）三月二十一日，内阁奉上谕：

> 前因巡视南漕给事中刘坤将无关紧要之案辄用五百里驰奏，殊骇听闻，因此交部严议，经吏部议以降一级调用。朕以该给事中若一经降调，恐此后不晓事体之员遇有要务，转或拘泥，不敢由驿驰递，因此将刘坤施恩改为降二级留任。而其时刘坤又递到五百里奏折，亦止系寻常事件。因甫经议处，不复再加饬谕。乃刘坤本日又有由五百里驰递之摺，所奏仍系照例办理漕运情形。且据兼署兵部尚书军机大臣那彦成奏称：昨日该给事中因前次驿递奏折未经接到，辄用六百里文书向兵部查讯，正拟会同本部具折参奏等语。似此徒劳驿站，至再至三，是刘坤全不晓事，而且喜于多事，岂可尚留巡漕之任？刘坤著仍照吏部前议降一级调用，不准抵销，即行彻回。其巡视南漕

---

① 参见中国第一历史档案馆编：《嘉庆道光两朝上谕档》第四册，广西师范大学出版社 2000 年版，第 71—72 页。

事务，候朕另行简员前往。①

从上谕中可见，嘉庆帝对于刘坤用五百里驰奏无关紧要之事起初尚有顾虑，担心今后"不晓事体之员"遇有重大事务不敢由驿驰递，遂将刘坤改为降二级留任。但当刘坤三番两次如此之后，嘉庆帝最终爆发，将其降一级调用、不准抵销。此时，嘉庆帝再无刘坤初犯时的顾虑，而是对传递信息的极大重视。在笔者看来，刘坤获罪并非"徒劳驿站"，而是其屡次将无关紧要之事加急递送。似此完全无视奏折应当担当之重责，那么获罪便顺理成章了。嘉庆五年（1800）三月，魁伦六百里加急报至，皇帝以为必系将奔窜川西贼匪痛加歼戮，②批阅之后，才发现与半月前所奏无异。伊前此具奏防堵窜匪情形，擅用六百里加紧驰递。经朕降旨严饬，若非擒获首逆及大得胜仗，岂得仍发六百里加紧之报，骇人听闻，徒劳驿站，何不晓事一至于此。③

如果说准允道员密奏旨在通过扩大密奏的范围，加强信息的真实性，但陈奏官员的增加却增长了驿站的成本。对于如此矛盾以及官员呈递奏折时采用怎样的速度，成为很难把握之事。

三、据实与敢言：嘉庆对言路的审慎维护

嘉庆认为，"元恶不除，无以肃清庶政"。随着和珅伏法、朝

---

①　中国第一历史档案馆编：《嘉庆道光两朝上谕档》第四册，广西师范大学出版社 2000 年版，第 99 页。

②　《清实录·仁宗睿皇帝实录》卷六一，中华书局 1986 年版，第 810 页。

③　《清实录·仁宗睿皇帝实录》卷六一，中华书局 1986 年版，第 810 页。

廷言路大开，信息传递渠道重新掌控在皇帝手中。不过，有奏事之责者于一切事宜的封章密奏，也在一定程度上衍生告讦报复的危险条件。因此，除了加强奏折的机密、彼此制约之外，嘉庆帝在推动言路大开时着重强调据实陈奏。即便偶有"无知妄渎"之事，亦不过原折掷还，"免其议处"，皆旨在"求言"。皇帝在悉心疏通言路的同时，审慎地对待其间出现的妄言、报复等情弊，即将其集矢于信息传递层面，又免其背离既定轨迹，成为别有用心之人挟嫌报复之资、妄图幸进之阶。

依嘉庆帝所言，和珅擅权二十年，各省官员"奔走"其门下者不胜枚举。彼此之间"逢迎馈赂，皆所不免"。倘若对此"一一根究"，难免会"连及多人，亦非罚不及众之义"。近来"弊端百出，事难悉数"。如何宣示和珅罪状、重新掌控信息渠道，才是皇帝首先考虑的问题。若令"臣工误会朕意，过事搜求"，并刻意"攻击阴私，摘发细故"，或启"告讦报复之渐"，实乃祛除"巨蠹"后"流为党援门户陋习"。因此，嘉庆并未"别有株连"，而是要求大小臣工"迁善改过"，为国出力，不至"终身误陷匪人"，以副"咸与维新之治"。经此训饬后尚不改悔，则必加惩治。

如果说嘉庆对依附和珅之官员的宽免，旨在维护刚刚推行的广开言路政策，那么其对已故御史曹锡宝的嘉奖则带有明显的榜样作用。嘉庆四年（1799）正月二十八日，皇帝颁布谕旨为参劾刘全却因和珅权焰熏天职留任、抑郁而终之曹锡宝正名："从前已故御史曹锡宝，曾经参奏和珅家人刘全倚势营私、家赀丰厚，彼时和珅正当声势薰灼之际，举朝并无一人敢于纠劾，而曹锡宝独能抗辞执奏，殊为可嘉，不愧诤臣之职。今和珅治罪后查办刘全家产竟有20余万两之多，是曹锡宝前此所劾信属不虚，自宜加之优奖，以旌直言。曹锡宝著加恩追赠副都御史衔，并将伊子照加赠官衔给予荫生。"①

我们应该注意的是，皇帝朱批"举朝"、"不愧诤臣之职"、"可嘉"等添改之语。虽寥寥数字，却彰显了直言犯谏的无上形象。如果说嘉庆此举有邀名之嫌，那么其对原内阁学士、"敢言之臣"尹壮图的态度，则明显带有榜样之意。对于此等"敢言之臣"，皇帝谕令"即行来京候旨擢用，并著准其驰驿"。虽然不忍尹壮图"母子万里暌违"，令其驰驿回籍侍母，却依然赏给事中衔，俟他年再候旨来京供职。即便尹壮图关于清查陋规的奏议"实不可行"，皇帝也令其于"百日大祭行礼后起程"，赏伊母"大缎二匹"以示恩眷，准其以给事中职衔"在籍奏事"。② 所有呈递奏折，交云南巡抚转递。不过，须择其紧要据实入告，不得因奏事之责挟制地方。

从嘉庆帝对伊壮图的态度来看，皇帝在强调敢于言事的同时，依然提醒其要据实入告。换言之，嘉庆帝对据实陈奏的认可远远高于敢于言事。因此，如何在敢于言事与据实陈奏之间取得平衡，便成为皇帝须谨慎对待的问题。从文本解读来看，嘉庆帝似乎更倾向

---

① 中国第一历史档案馆编：《嘉庆道光两朝上谕档》第四册，广西师范大学出版社 2000 年版，第 41 页。
② 《清实录·仁宗睿皇帝实录》卷四二，中华书局 1986 年版，第 510 页。

于据实陈奏。四月，萨彬图奏和珅财产甚多，应请密派大臣研讯追究。① 嘉庆帝以其言不足取，当即详加开导，不可苛求。② 然而，其随后又请和珅家掌管金银内帐使女交慎刑司提讯，慎刑司提讯，所言更属乖谬。③ 因此，特派萨彬图无知妄渎之罪，百喙难辞矣。④ 萨彬图不仅以此等谬妄之言渎听，竟以欲借追究和珅财产为图报之地，实为卑鄙不堪。因此，嘉庆帝将萨彬图著交部严加议处，并谕令"嗣后大小臣工，不得再以和珅资产，妄行渎奏"⑤。尽管部议将萨彬图革职，皇帝也认为实属咎所应得，姑念其究系言事。若竟予罢斥，则此后人怀顾忌。遇有应奏之事，又将缄默不言矣。萨彬图著加恩赏给七品笔帖式衔，前往万年吉地工程处，自备资斧，随同盛住、明德效力行走。⑥

萨彬图因渎奏获罪，却也因皇帝不欲破坏言路局面而减罚。如果说嘉庆关于萨彬图的处罚并不足以充分证明其态度，那么王尔烈所言武闱一折，则明确表达了皇帝烦渎圣听却又宽待容忍的谨慎之态。对于王尔烈所奏，嘉庆帝认为事属难行，今大学士与兵部逐款指驳，所议甚为允当。王尔烈以断不可行之事，擅议更张，识非台谏，事非官守，真所谓无知妄渎矣。⑦ 在皇帝看来，其之所以广开

---

① 《清实录·仁宗睿皇帝实录》卷四三，中华书局1986年版，第523页。
② 《清实录·仁宗睿皇帝实录》卷四三，中华书局1986年版，第523页。
③ 《清实录·仁宗睿皇帝实录》卷四三，中华书局1986年版，第523页。
④ 《清实录·仁宗睿皇帝实录》卷四三，中华书局1986年版，第523页。
⑤ 《清实录·仁宗睿皇帝实录》卷四三，中华书局1986年版，第525页。
⑥ 《清实录·仁宗睿皇帝实录》卷四四，中华书局1986年版，第537页。
⑦ 《清实录·仁宗睿皇帝实录》卷四四，中华书局1986年版，第536页。

言路者，原因国事至重，必须兼听并观。凡在臣工，自当于国计民生，直言无隐。① 然而，自亲政以来，军机王大臣并无单衔陈奏之摺。大臣中如朱珪者，于内外诸务，岂不深知，亦未尝专摺奏事。盖缘国家大政，皆已次第举行，不欲以寻常事务琐屑渎陈耳。朕近阅臣工条奏，累牍连篇，率多掇拾浮词，毛举细故，其中荒唐可笑，留中不肯宣示者，尚不知凡几。若诸臣无所建白，不必有意搜求，希图塞责。朕于未经条奏之科道，又何尝加之责备耶?② 宥于无知妄渎与广开言路之间的平衡，皇帝既想建白有术，又担心加以限制引发的后果。因此，皇帝只能小心平衡两者的取舍，谕令"有官守者，各言官守。有言责者，各尽言责。即风闻陈奏，不应以漫无凭据者肆意指摘，开报复之渐。如内外大臣中有应举应劾之人，必须列具实迹，秉公入告，何得以琐事空言，逞臆渎听乎"③。虽然不是禁令，嘉庆帝也在强调："宣谕及此，并非因封事纷陈，厌于听纳，所望者直言正论，有裨国是，诸臣亦不得因有此旨，误会朕意也。"④ 至于王尔烈于科场年分违例条奏，本有应得处分，姑念降旨求言之时，免其议处，原折著掷还。⑤

自广开言路以来，除了信息机密性之外，嘉庆帝始终重视奏折信息的真实性。其在与四川布政使林俊的奏折往来中称："川省连年兵火，民不堪命，哀哉赤子，待哺嗷嗷。朕所望者，惟在汝等此

① 《清实录·仁宗睿皇帝实录》卷四四，中华书局 1986 年版，第 536 页。
② 《清实录·仁宗睿皇帝实录》卷四四，中华书局 1986 年版，第 536 页。
③ 《清实录·仁宗睿皇帝实录》卷四四，中华书局 1986 年版，第 536 页。
④ 《清实录·仁宗睿皇帝实录》卷四四，中华书局 1986 年版，第 537 页。
⑤ 《清实录·仁宗睿皇帝实录》卷四四，中华书局 1986 年版，第 537 页。

数字切实奏报耳。若仍不以实告，惟务粉饰取悦，则闾阎疾苦，从何而知。嗣后不许说假话，俱以实告，慎志毋忘。"① 嘉庆四年（1799）五月，皇帝密谕贾淳："朕思安民首在任贤，移荒必先去贪，汝之操守虽优，察吏之才过宽。若以此为积阴功，则大谬矣，去一贪吏，万姓蒙福；进一贤臣，一方受惠，所积阴功，孰大于是。汝其照朕所，列贤否各员，留心徐访，据实陆续奏闻，慎勿迎合朕意，颠倒是非。"② 令其查访蒋兆奎认真办事，不收馈送，确否。康基田操守尚好，性情微觉刚愎自用。开通微山湖闸一事，颇觉不妥。述德办事糊涂，婪赃舞弊，南河漫工用至三百余万。伊系专管之员，难保无侵蚀浮冒。王秉韬老成历练，有守有为；方昂任江宁时，甚得民心；许兆椿洁己奉公，严明听讼；谭大经廉洁爱民，声望素著；张永浙一切贪婪，骄侈狂纵，此皆得自风闻。汝应细心访问，优者即保，劣者即参，后贾淳因瞻徇含混交部议处。③

第三节　嘉庆对封章慎密的要求

封章密奏是嘉庆广开言路的重大举措。如果说严禁副封军机处、道员密奏指向信息来源的机密，那么封章则是强调传递过程中的意外或人为泄露。

---

① 《清实录·仁宗睿皇帝实录》卷三八，中华书局 1986 年版，第 448 页。
② 《清实录·仁宗睿皇帝实录》卷四五，中华书局 1986 年版，第 554 页。
③ 《清实录·仁宗睿皇帝实录》卷四五，中华书局 1986 年版，第 554 页。

一、严格遵行封章密奏方式

正是因为对密奏的看重，皇帝才会借诸多时机加强对信息传递机密的防范。嘉庆四年（1799）六月初一日，皇帝因湖南从九品谭学庠条奏事宜一折封套并未黏口一事训诫群臣。在其看来，封章陈奏事件应如户部堂官般将"原封进呈"以直达御前，若先经拆阅，难免会出现"私行压搁不为呈递"或素相交好"代为隐匿"之事。为了防止"和珅之续"局面的出现，嘉庆帝传谕各部院衙门，若呈控事件"系本人喊禀及露章投递者，自不妨先行阅看；傥系本人自行缄封，即应将原封呈览，不许私自拆阅……以杜壅蔽而昭慎密"。① 密折正是因其机密而成为皇帝驾驭群臣的利器，虽然如今广开言路、明目达聪，但密折之本质与犀利并不会改变。嘉庆对不许私自拆阅的重视以及与转奏之人无涉的强调，不仅彰显其将广开言路下的条陈当作有效的信息来源、驭下工具，而且表明其对信息掌控和信息机密的重视。

嘉庆帝不仅重视奏折的保密性，而且注重其呈递方式。嘉庆四年（1799）八月，湖南广西候补吏目二人，径至乾清门呈递奏折，经奏事处官员驳斥未接，仍行据实具奏，自以不接为是。② 在嘉庆帝看来，现当广开言路，明目达聪，原俾下情无不上达，但朝廷设官分职有一定阶级等差，应否自递奏章，皆系体制所关，不容淆

---

① （清）昆冈：《钦定大清会典事例》卷一二〇〇，新文丰出版公司 1976 年版，第 17091 页。

② 《清实录·仁宗睿皇帝实录》卷五〇，中华书局 1986 年版，第 620 页。

混。① 依嘉庆所言，广开言路并非是任何人均可以在任何地方、以任何方式呈递奏章，而是按阶级等差分别采取不同的方式。就降旨封奏而言，外省人员必须是道员以上，岂可越分至不应至之地，滥行呈奏之理耶？② 倘若官职品级未到，那么此等人员若于内外利弊确有所见，或别含冤抑急欲诉呈。原准其在各衙门封递，直达朕前，并不致于壅蔽。③ 换言之，无论是官员与否，均可以通过所在衙门呈递奏折，进而实现下情上达。若不论何项人员，皆纷纷赴宫门递摺，尚复成何政体。之所以出现不应呈奏呈递至奏事处，皆由门禁不严，该管大小官员因循怠玩，不能留意稽查，以致外省候补微员径赴宫门，蓦越呈递。④ 因此，嘉庆帝谕令："禁城内阁门出入人员，著前锋统领护军统领，各率所属之章京等认真稽查，按照旧例行走。如再有似此越分递摺之事，必将该管大小官员治罪。"⑤

与乾隆强调信息的绝对机密不同相比，嘉庆更看重奏折的信息传递功能，慎密则是保证有益国事之举的密达朕前。乾隆时期，李禧条奏在京汉军兵丁请借四个月钱粮并恳格外施恩赏给资生银两一事。其时王大臣等以李禧诸事败露，且将密奏之件宣扬示恩，所奏且不必施行。⑥ 在乾隆看来，李禧劣迹，虽已败露，其人甚属可

---

① 《清实录·仁宗睿皇帝实录》卷五〇，中华书局 1986 年版，第 620 页。
② 《清实录·仁宗睿皇帝实录》卷五〇，中华书局 1986 年版，第 621 页。
③ 《清实录·仁宗睿皇帝实录》卷五〇，中华书局 1986 年版，第 621 页。
④ 《清实录·仁宗睿皇帝实录》卷五〇，中华书局 1986 年版，第 621 页。
⑤ 《清实录·仁宗睿皇帝实录》卷五〇，中华书局 1986 年版，第 621 页。
⑥ 《清实录·仁宗睿皇帝实录》卷五四，中华书局 1986 年版，第 703 页。

恶，而其言未必一无可采，此《鲁论》所谓不以人废言也。① 因此在嘉庆帝看来，其赏给汉军兵丁生息一事，岂可因李禧陈奏而中止？② 倘若秉公持正，任事实心，于旗民利病，据实上陈，固不当怀市恩邀誉之念，但诸臣等若豫存此见，将一切应行陈请加恩事件匿不以闻，则下情何由上达？③ 因此，凡诸臣有应行奏请加恩事宜，务当胪实入告，切不可以迹涉沽誉，恐因此获谴，引嫌不奏，则甚非朕殷殷图治，咨询民瘼之意矣。④ 换言之，嘉庆首先考虑的并不是居心为何，而是所言是否有益于国事。若有益于国事，即便怀加恩事宜，也应当据实入告。不过，虽然嘉庆帝首先考虑陈奏的裨益国事，但封章入奏理宜慎密。所谓君不密则失臣，臣不密则失身。内外诸臣，果实心为国，于裨益政治民生之事，封达朕前，即至亲密友，亦不可稍有泄露。是又在诸臣屏去私衷，各抒谠论。⑤

嘉庆帝对封章陈奏方式的重视，代表其对言路的倚重。嘉庆五年（1800）正月，肃亲王永锡因三阿哥于本月十八日上学，备进玉器陈设等物，并不奏明，辄令伊本府太监，转交皇后饭房太监递进。⑥ 在嘉庆帝看来，向来皇子上学，外廷臣工本不应与闻。即朕兄弟子侄从前入学读书，廷臣亦初不知有其事。如仪亲王永璇、成亲王永瑆、庆郡王永璘、定亲王绵恩等均系近支，因曾在上书房读

---

① 《清实录·仁宗睿皇帝实录》卷五四，中华书局 1986 年版，第 703 页。
② 《清实录·仁宗睿皇帝实录》卷五四，中华书局 1986 年版，第 703 页。
③ 《清实录·仁宗睿皇帝实录》卷五四，中华书局 1986 年版，第 703 页。
④ 《清实录·仁宗睿皇帝实录》卷五四，中华书局 1986 年版，第 704 页。
⑤ 《清实录·仁宗睿皇帝实录》卷五四，中华书局 1986 年版，第 704 页。
⑥ 《清实录·仁宗睿皇帝实录》卷五九，中华书局 1986 年版，第 786 页。

书，备物致送，亦祇系笔墨等件，并无玉器。若永锡祇系远派宗藩，三阿哥上学，与彼何涉？① 如果先行陈奏，朕必不准其呈递。又况所进之物，内中并有玉器陈设等件，乃并不奏明，私遣太监递送至皇后饭房，更属冒昧。② 与永璘未经先行奏明不同，永锡乃妄行呈递，其罪更重。将所管镶蓝旗汉军都统及管理圆明园八旗事务，俱行革退，仍交宗人府议处。伊子敬敏著革去副都统散秩大臣、敬叙革去额外散秩大臣，俱在闲散王公上当差，稍示内外之限制。至内外臣工，此后如尚有不知谨饬，仍前以陈设玩好私相馈送者，一经察出，必重治其罪，决不姑贷。③

　　除了严格要求封章密奏之外，嘉庆帝还对发递本章方式做出严格要求。向来外省各督抚等发递本章及折奏事件，皆先行跪拜，亲授所差员弁赍捧，礼因宜然。至在京王公、内阁、部院及八旗各营大臣等，应奏事件较多，固非外省可比，然亦应亲自递奏。乃近来王、公、大臣等，日久相沿，多不亲赴宫门，率令护卫、太监、司员、笔帖式章京、骁骑校等代为递奏，殊非敬谨之道。嗣后各王公大臣等于自行陈奏事件，务须亲身呈递。即各部旗衙门公递事件，亦应轮值堂官一人亲到宫门，递交奏事官员转奏。如有仍前派交护卫、太监、司员章京等代递，并无一人亲到者，奏事官不准接受，并将该堂官交部议处。再各王公及部旗大臣等于带领官员引见后，往往即在丹墀之下传宣谕旨，而引见官员亦在乾清门内拥挤听候，

---

① 《清实录·仁宗睿皇帝实录》卷五九，中华书局1986年版，第786页。
② 《清实录·仁宗睿皇帝实录》卷五九，中华书局1986年版，第786页。
③ 《清实录·仁宗睿皇帝实录》卷五九，中华书局1986年版，第787页。

殊非体制。此后每逢引见官员日，著御前大臣派出乾清门侍卫二三员，于官员引见后，告知带领引见之大臣官员等，令其退出乾清门，再行传旨。即大臣中有在内廷行走者，亦应于宫门外传宣谕旨后，再行进内。倘带领引见之大臣等有仍在丹墀下传旨者，即著御前大臣指名参奏，将此通谕知之。①

与严格陈奏方式相对的是，嘉庆帝对办理庶务承写密旨之地军机处的机密也多加强调。军机大臣传述朕旨，令章京缮写，均不应稍有漏泄。自去年正月以后，军机处颇觉整饬严肃，闲杂人等亦觉稀少。近日又觉废弛，军机处台阶上下，窗外廊边拥挤多人，"藉回事画稿为名，探听消息，折稿未达于宫庭"，新闻早传于街市，广为谈说，信口批评，实非政体。② 因此，此后军机大臣止准在军机处承写本日所奉上谕，其部院稿察不准在军机处办理，本管司员不准至军机处回事。军机章京办事之处，不准闲人窥视。自王、贝勒、贝子、公、文武满汉大臣，俱不准至军机处，同军机大臣谈说事体，违者重处不赦。自今日，每日著都察院科道一人轮流进内，在隆宗门内北首内务府官员直房监视。军机大臣散后，方准退直。如有前项情弊，即令直班科道参奏，候旨严惩。若科道旷班，或推故早散，亦准军机大臣指名参奏，再此后有通谕王公大臣之事，俱在乾清门外阶下传述，不准在军机处传旨。③

① 《清实录·仁宗睿皇帝实录》卷七三，中华书局 1986 年版，第 975 页。
② 《清实录·仁宗睿皇帝实录》卷七六，中华书局 1986 年版，第 1025 页。
③ 《清实录·仁宗睿皇帝实录》卷七六，中华书局 1986 年版，第 1026 页。

二、封章密奏下的言事违例

为了确保信息渠道的专享与排他，嘉庆采取禁止副封、道员密奏、条陈封口等多种措施，强化陈奏的机密与高效。洪亮吉将露章条奏一式三份委托永瑆、朱珪、刘权之代为呈奏，最终触及皇帝全面掌控信息渠道的底线。尽管嘉庆帝指斥"无稽之言"，但在封章密奏框架内结合皇帝的相悖言辞进行分析，便会发现洪亮吉之咎不在言论，而在陈奏时的"言事违例"。

（一）洪亮吉上书获罪

乾隆五十五年（1790）考中进士的洪亮吉，喜论当世事，因力陈内外弊政言为时所忌，后为朱珪起用再次入京，"派充实录馆纂修官，恩诏封典如例"。嘉庆四年（1799）八月二十日，洪亮吉以"春初束装匆遽，在在都车马衣履未具"为由乞假获准。由于当时"川陕余匪未靖，湖北、安徽尚率兵防堵"，皇帝时发谕旨筹饷调兵。对于时局之艰，洪亮吉"晨夕过虑，感叹焦劳，中宵不寐"。鉴于"曾蒙恩遇，不当知而不言"①，遂于二十四日书《乞假将归留别成亲王极言时政启》极陈时政，分别委托成亲王、吏部尚书朱珪、左都御史刘权之代呈。

二十五日，成亲王将洪亮吉上书呈奏皇帝，嘉庆帝阅后龙颜大怒，当即谕令："其所言皆无实据且语无伦次，著交军机大臣即传该员，将书内情节令其按款指实、逐条登答。"因洪亮吉所供"言

---

① 参见林逸编：《清洪北江先生亮吉年谱》，台湾商务印书馆1981年版，第183页。

语闪烁，不实不尽"，嘉庆遂于申刻再发谕旨，将"编修洪亮吉著革职，交军机大臣会同刑部严审，定拟具奏"。① 洪亮吉被押入刑部南所狱，因"司事者不测上意"而对其用刑，"令两吏夹持以寝，四鼓即唤起，严加桎梏"。②

二十六日，军机大臣会同刑部将洪亮吉照大不敬律定拟斩立决。二十七日，嘉庆帝谕令洪亮吉从宽免死，发往伊犁交与将军保宁严行管束。同日传谕保宁：俟洪亮吉解到后严加管束、随时察看，如能改过自新、安静守法，俟三五年后据实具奏，侯朕降旨。倘或故态复萌，使酒尚气，甚或妄肆议评、诋訾国是，又复形诸笔墨，保宁即一面锁拿，一面据实严参具奏，毋得稍为讳饰。③

依嘉庆帝所发上谕，主要看洪亮吉三五年之后的表现再考虑是否召回。但事与愿违，洪亮吉不出百日便被赦免召回，其原因在于嘉庆五年（1800）的祈雨活动。由于该年自入春以来雨泽较少，立夏以后仍未降雨，嘉庆帝降旨清理庶狱，将各省军、流以下各案分别减等，派遣官员于三坛行礼致祭风神，并且亲至社稷坛斋心步祷，以期天降甘霖，缓解旱情，却始终不见效。皇帝对此"寸衷悚惕，昼夜靡宁"，反复思量后认为"惟有渥沛恩施，庶可仰祈昊贶"。因此，于闰四月初二谕令刑部详细查明从前所办重案中久

<hr />

① 参见中国第一历史档案馆编：《嘉庆道光两朝上谕档》第四册，广西师范大学出版社 2000 年版，第 302—303 页。

② （清）洪亮吉：《平生游历图序》，载洪亮吉：《洪亮吉集》第四册，中华书局 2001 年版，第 1082 页。

③ 参见中国第一历史档案馆编：《嘉庆道光两朝上谕档》第四册，广西师范大学出版社 2000 年版，第 307—310 页。

禁圉圄犯官及各员子孙释放回籍后仍不准当差应试之人，以及发遣新疆等处永远不准释回的官常人犯，俟皇帝"酌量加恩，以期敬迓麻和，速敷霈泽"。① 洪亮吉被释放回籍，行知江苏巡抚岳起留心查看，不准出境。②

富有戏剧性的是，就在谕旨颁发当天"下午以后，彤云密布"。"及至子时，甘霖大沛，连宵达昼。"京师"近郊入土三寸有余，保定一带亦皆渗透"。③ 对于诏下而雨降，嘉庆帝制诗纪事："本日亲书谕旨，夜子时甘霖大沛。天鉴捷于呼吸，益可感畏。"④ 无独有偶，《朗潜纪闻》亦以"天人感应之捷"记载了此事："嘉庆朝，洪稚存太史以上书成亲王、朱文正公，妄言时政，谪戍伊犁。明年，京师旱，上诣坛祈祷，减军流罪，不雨。诏赦直言获罪洪亮吉归，是日大雨，天人之感应捷矣。"⑤ 天气的干旱、降雨与洪亮吉上书事件的种种巧合，似乎预示着上天对嘉庆统治的惩罚和褒奖。也就是说，天人感应之说背后暗含的是嘉庆帝对待洪亮吉的不公，以致令其遭受不白之冤。如果说天人感应具有的神秘色彩令人难以捉摸，那么《清稗类钞》的记载则更为直截了当，"赦下之次日，朱文正公珪入见，仁宗手洪书示朱，朱跽捧以观，则见御笔

① 中国第一历史档案馆编：《嘉庆道光两朝上谕档》第五册，广西师范大学出版社 2000 年版，第 195 页。

② 参见中国第一历史档案馆编：《嘉庆道光两朝上谕档》第五册，广西师范大学出版社 2000 年版，第 196 页。

③ 参见林逸编：《清洪北江先生亮吉年谱》，台湾商务印书馆 1981 年版，第 190 页。

④ （清）赵尔巽：《清史稿》卷三五六，中华书局 1977 年版，第 11315 页。

⑤ （清）陈康祺：《朗潜纪闻二笔》，中华书局 1997 年版，第 494 页。

署其首四字，曰：'座右良箴。'朱顿首泣曰：'臣所郁结于中，久而不敢言者，至今日而皇上乃自行之，臣负皇上多矣，尚何言！'伏地久之始起。"① 洪亮吉上书事件中的种种疑虑之处，在某种程度上昭示了事件背后的另有隐情与特定目的。

从洪亮吉上书获罪，到定罪谪戍新疆，短短三天时间，该案件便告完竣；从谪戍新疆到嘉庆帝亲书谕旨赦免罪行"仅及百日"，"自辟新疆以来，汉员赐还之速，未有如先生者"。② 三天定罪反映的是嘉庆帝的雷霆万钧，"仅及百日"则映射着皇恩浩荡，如此明显的差异难道仅仅是祈雨所致？军机处会同刑部严审后，以"无礼于君者，罪在不赦，况敢肆其诽谤，实属丧心病狂、无复人理"③ 为由，将洪亮吉照大不敬律拟斩立决，嘉庆帝亦认为洪亮吉"肆意妄言，有心诽谤"，实属"罪由自取"④。但在嘉庆五年（1800）闰四月的赦免谕旨中，嘉庆帝不仅称洪亮吉所言"实无违碍之句，仍有爱君之诚"，而且"洪亮吉所论，实足启沃朕心"，因而"置诸座右，时常观览"。⑤ 这种截然相反的评论，恐怕仅仅用祈雨难以予以贯通解释！洪亮吉所奏洋洋洒洒数千言即非撅拾浮

　① （清）徐珂：《清稗类钞》，中华书局1984年版，第1501页。

　② （清）洪亮吉：《天山客话》，援引自陈金陵：《洪亮吉评传》，中国人民大学出版社1995年版，第260页。

　③ 中国第一历史档案馆编：《嘉庆道光两朝上谕档》第四册，广西师范大学出版社2000年版，第307页。

　④ 中国第一历史档案馆编：《嘉庆道光两朝上谕档》第四册，广西师范大学出版社2000年版，第309页。

　⑤ 中国第一历史档案馆编：《嘉庆道光两朝上谕档》第四册，广西师范大学出版社2000年版，第196页。

词、毛举细故，亦非挟私报复、逞臆渎听，"全都属于国家大政，所举事例，也大多有实据，既有对内外诸臣的弹劾，亦有对君王的规谏，实不失为切中时弊的肺腑之言。"①

（二）以沽直名？皇权祭品！——洪亮吉上书事件再分析

广开言路之本质，在于将信息渠道掌控于手并借此调控帝国、驾驭百官、体察民情。因此，皇帝对于此有威胁之事严厉打击，同时又对有利于斯之事大加褒扬。禁抄附稿、道员密奏、条陈封口、臆言妄奏等事不仅成就了此分析框架，同时又有力地证明了此框架的正确。换言之，我们可以在此框架中理解嘉庆帝的种种举措，同样也可以据此分析洪亮吉遭受重惩之过失。无论洪亮吉的条奏如何言辞恳切，所言之事如何切中时弊，其所采取的上书方式终与嘉庆帝日常所强调之机密性大相径庭。不仅露章呈递，而且还一式三份分别委托成亲王、朱珪、刘权之代投。自广开言路以来，嘉庆帝所为均是围绕密奏展开，旨在将其打造为掌控全国动态的武器。因此，其对奏章的重要性、机密性、排他性亦大肆强调，但洪亮吉的做法却与之背道而驰。所以，嘉庆帝对洪亮吉的斥责与定罪亦绕此展开。

洪亮吉所写奏章一式三份，其投于成亲王处因转呈于圣案而获罪，其分投于朱珪以及刘权之处却因二人未呈递而遭议处。嘉庆四年（1799）八月二十五日，内阁奉上谕：朱珪、刘权之奏伊等未

---

① 关文发：《试评嘉庆的"广开言路"与"洪亮吉上书事件"》，《华南师范大学学报》（社会科学版）1996 年第 1 期，第 115 页。

将洪亮吉投递原书并诗句进呈，自请交部严加议处各摺。洪亮吉书词荒诞，朱珪、刘权之既经拆阅，自应即时呈进。乃经奉旨查询，始行交出。此等书词若系满洲人员投递，伊等未必不即时呈出，可见朱珪、刘权之均不免因自由翰林出身意存回护。惟念朱珪平日人品端正，刘权之节次陈奏之事尚能切实敷陈，伊等所请严加议处之处，著加恩改为交都察院、吏部议处。① 从嘉庆帝所发上谕来看，其不满之处有二：一为奉旨查询始行交出之行；二为出身翰林意存回护之嫌。但无论怎么说，朱珪、刘权之二人却"交都察院、吏部议处"。倘若说嘉庆对帝师朱珪以及广开言路的支持者刘权之心有宽容，那么其对洪亮吉则无所顾忌。

八月二十六日，军机大臣会同刑部严审洪亮吉后由成亲王等呈奏，除却对其所言逐条批斥外，还对洪亮吉的上奏方式严加谴责："洪亮吉身系翰林，即使条陈时事，现当圣主广开言路之时，亦应自具封章转交该管衙门代进，况关涉皇上起居政治，竟将毫无影响之谈妄写书札，各处投递，居心更不可问。敬思我皇上敕几勤政，求莫求宁，中外臣民无不共闻共见。洪亮吉自外生成，何伤日月，但无礼于君者，罪在不赦，况敢肆其诽谤，实属丧心病狂、无复人理。"② "丧心病狂""无复人理"，字字诛心，无怪乎定拟为斩立决！但导致此等结局之原因难道是洪亮吉所奏之言？实乃洪亮吉的

---

① 参见中国第一历史档案馆编：《嘉庆道光两朝上谕档》第四册，广西师范大学出版社2000年版，第304页。

② 中国第一历史档案馆编：《嘉庆道光两朝上谕档》第四册，广西师范大学出版社2000年版，第306—307页。

条奏方式已经触及了嘉庆帝的底线。无论所奏内容如何，"亦应自具封章"。倘若如此，亦不过是如嘉庆帝所言般"妄抒臆见"且亦不使军机大臣预闻而已。但洪亮吉之条奏不仅一式三份分投他处，而且并未封章，加以其所奏之内容指陈嘉庆甚为得意之诛和珅、开言路等事，这无疑在将嘉庆逼入死角的同时也使其自身失去了最后的台阶，那么洪亮吉之获罪便不难预料。

八月二十七日，嘉庆帝所发上谕开篇便对洪亮吉的上奏方式大加斥责，再者才是对其所疏内容的批斥。在嘉庆帝看来，洪亮吉所奏语涉不经、全无伦次，但其笔锋一转，却又言：身系编修且曾在上书房行走的洪亮吉，若有条奏事件原可自具封章直达朕前，或交掌院及伊素识之大臣代奏，但洪亮吉并未如此，而是辄作私书呈递成亲王处以及朱珪、刘权之。① 虽然嘉庆帝于上谕中对洪亮吉所言多方批斥，但对于其所书三件却甚为宽容："成亲王呈进者留以备览，虽所陈系毫无影响之事，朕必不因此含怒，以干太和之气而阻敢言之风，且可随时披阅，藉以为始勤终怠之儆。其呈递朱珪、刘权之二书，仍著发还，听其或留或毁，可也。"②

既然所言不经，又何必"留以备览"？这足以说明嘉庆帝发怒并非其内容，而在于其陈奏方式。其于伊犁将军保宁所发寄信谕旨中所言则直言不讳地提出了重惩洪亮吉的本质缘由："其书内所指

---

① 参见中国第一历史档案馆编：《嘉庆道光两朝上谕档》第四册，广西师范大学出版社 2000 年版，第 308 页。

② 中国第一历史档案馆编：《嘉庆道光两朝上谕档》第四册，广西师范大学出版社 2000 年版，第 309 页。

摘者，朕自问初无其事。即廷臣亦共知无其事，不值与之辩论。其关切朝列各款，按问亦无所凭，其意不过欲拼伊一身触怒朕前，以沽直名。殊不知彼之所言，即毫无影响，朕亦且引为良规，藉以修省，初不以此介意。特以洪亮吉身则词馆、曾直禁廷，有所条陈不于该管衙门初封求代进，乃率意书写，各处呈送，居心殊不可问。"① 无论是用"不值与之辩论"以显帝襟开阔，还是因此"引为良规、藉以修身"彰显虚心纳谏之风，无不凸显出嘉庆帝之怒的原因不在于所奏之内容，而在于"各处呈送"，亦由于洪亮吉的各处呈送，才导致朱珪、刘权之降三级从宽留任。

虽然有学者称洪亮吉上书事件是嘉庆帝对妄言渎奏的总爆发，但笔者却依然认为此举是嘉庆帝强化密折的排他性与机密性的驾驭手段。退一步讲，我们可以称嘉庆帝是因洪亮吉上书中的指责恼羞成怒而重惩上书者，但次年嘉庆帝借"清狱囚、释久戍"之际赦还洪亮吉时仍让其耿耿于怀的是后者的"言事违例"。其于上谕中称："去年洪亮吉言事违例，朕详加披阅，实无违碍之句，仍有爱君之诚，然自此以后，言事者日见其少，岂非因洪亮吉获咎，钳口结舌，不敢复言，以致朕不闻过，下情仍壅，为害甚钜。洪亮吉所论，实是启沃朕心，置诸座右，时常观览，勤政远佞，警省朕躬。今特宣谕伊犁将军保宁，将洪亮吉释放回籍，仍行文知照江苏巡抚岳起留心查看，不准出境。"② 正如嘉庆帝所言，洪亮吉所言并无

① 中国第一历史档案馆编：《嘉庆道光两朝上谕档》第四册，广西师范大学出版社 2000 年版，第 309—10 页。

② 《清实录·仁宗睿皇帝实录》卷六五，中华书局 1986 年版，第 867 页。

"违碍之句"且"警省朕躬"，遂下令释放回籍，不准出境。几个月的发配伊犁与随后的递解原籍，更像是对其"言事违例"的惩罚。

"官僚责任制度的运作是围绕着对信息的控制而展开的"，① 皇帝与官僚体系之间掌控信息多的一方，便在行政过程中占据较有利地位。嘉庆帝激活广开言路这一政治信息渠道，其真实目的便是凭借掌控的信息实现对帝国动态的洞悉，必然看重作为信息来源的奏折以期实现政治信息的机密。我们以此解释嘉庆帝对妄言渎奏的包容，甚或无奈，但其对洪亮吉的惩处却又与此言论互相抵触、难以贯通解释。不过在笔者看来，这种彼此对立的抵触性悖论之中又蕴含了前后连通的一致。或者说，正是由于嘉庆帝看重的是广开言路所带来的巨大社会信息，从而使其对妄奏包容有加，同样，这正是缘于此目的，才使得其对陈奏方式有别的不同官员采取了相异的举措。

---

① ［美］孔飞力：《叫魂：1768 年中国妖术大恐慌》，陈兼等译，生活·读书·新知三联书店 2012 年版，第 157 页。

第六章　从言路到京控：民隐上闻
与科道监察坍塌

　　奏折制度自其创立之初，便因机密、高效、与朝臣的直接对话，成为皇帝掌控社会、监察朝堂、应对国事的犀利武器。其传递信息的优势与军机处提高信息加工的合璧，不仅有助于祛除壅弊、下情上达，而且强化皇权对帝国的控制与治理。不过，军机大臣和珅在乾隆晚期强制采取"另有副封"借掌管部务之机，任意延搁、擅自驳奏各处奏折，直接影响到皇帝的信息收集与反馈。国家利器因一己之私，成为排斥异己、上下其手、逢迎乱纪的工具。为了祛除下情上达的壅弊，嘉庆帝一方面通过封章密奏确保信息提供、传递环节的机密，另一方面又借助京控调控地方积弊。然而，通过行政命令建立起来的临时性信息渠道，虽然暂时性弱化了壅弊问题，却很难应对监察缺失造就的外省积弊。即便钦派大臣前往各地，在审案的同时担负监察之责，也难以解决地方的因循疲玩。广兴案的发生便表明，随着科道监察的弱化，临时性的信息渠道并不能解决制度设计带来的壅弊问题，反而在某种程度上加速或见证了科道监察的坍塌。

第一节　民隐上闻与信息控制

一、嘉庆帝言路的成功

嘉庆四年（1799）正月十一日，嘉庆帝在明发谕旨中将壅弊归咎于"钳口结舌"。无论是"及早参奏"的抱怨，还是"立置重典"的肯定，甚至"无一人奏及"的不满，无不彰显皇帝在了解社会信息问题的缺失。虽然嘉庆帝一直强调"元恶"不除不足以大刀阔斧的前提性条件，但真正令嘉庆帝苦恼、亟须解决却又难以解决的是，因和珅擅权导致皇帝失聪背后的官僚体系问题。[①] 如果说失聪或壅弊，可以通过言路解决，但整个官僚体系的利益一致及其与皇帝之间的天然冲突，绝非诛杀和珅一人所能解除。因此，就信息传递来讲，嘉庆四年（1799）正月初五日推行的封章密奏，完全解决了皇帝对信息机密性、排他性的掌控。

嘉庆帝遵"求言"之例，循"兼听"之训，谕令"有奏事之责者"于"用人行政、一切事宜"皆得"封章密奏"，使"民隐得以上闻，庶事不致失理"，以符"集思广益至意"！[②] 我们应该注意的是，皇帝言辞背后指代的政治隐喻。如果说用人行政指涉整个官僚

---

① 　中国第一历史档案馆编：《嘉庆道光两朝上谕档》第四册，广西师范大学出版社 2000 年版，第 16—17 页。

② 　参见中国第一历史档案馆编：《嘉庆道光两朝上谕档》第四册，广西师范大学出版社 2000 年版，第 11 页。

体系，那么一切事宜则涉及国家上下。无论是时间上的因循相称，还是空间上的扶同隐饰，均表明其所面临壅弊境地的两难。因此，其强调了"奏事之责"者的"封章密奏"。如果说前者强调的是言事者的范围，那么后者则着重言事的方式。相对于奏事之责者的人员相对固定，"封章密奏"则强调信息传递的共同特征——机密。

嘉庆帝一方面赋予分巡道、分守道以密奏之权，在增加信息来源的同时，加强了社会信息的真实与可靠；另一方面则集矢于禁止另副军机剥离军机处对信息的筛选与驳回，进而确保皇帝所需信息的全面与独享。随着嘉庆对帝国掌控的日渐稳固，其广开言路的目的渐呈于天下。换言之，倘若说其诛杀和珅之后以"下情上达"来激励群臣以收"肃清庶政、整饬官方"之效，那么在其统治渐稳后便开始以上谕这种直接方式调整、引导，甚或指示群臣条奏的内容或方向。嘉庆四年（1799）八月二十七日，内阁奉上谕：

> 本年正月，朕亲政之初，即特颁谕旨，广开言路。原欲内外臣工各抒所见，指陈利弊，以收兼听并观之效。不特事关国计民生、弹劾官吏，俱当直言无隐。即朕用人行政，有能规谏者，如果敷陈得当，朕必虚心采纳，特加奖擢，以风励有位。①

无论是关乎国计民生，还是弹劾官吏、指陈用人，均在嘉庆帝的优先关注之下。因此，在自下而上单一传递以及自上而下的特定反馈

---

① 中国第一历史档案馆编：《嘉庆道光两朝上谕档》第四册，广西师范大学出版社 2000 年版，第 308 页。

作用下，嘉庆帝的广开言路极为成功。昭梿在《啸亭杂录》中曾言：

> 嘉庆下"求言之诏"后，言官"指摘朝政"，上则"改如转圜"。虽然其间不无"以妄言获咎"之人，但于朝政却"补益良多"。广泰、广兴"参劾和珅奸慝诸款"，使其"即时伏法，人争快之"。蒋攸铦参劾外省贪吏，李奉翰、景安、秦承恩等官员"因之先后获罪"，外省吏治为之更张。瑚图灵阿条奏关税、盐务诸弊，马履泰参劾景安畏缩偷安，尹继善条陈翻译科场诸弊，张鹏展陈奏出师八弊政，后又参劾刑部郎中金光悌比昵为奸。诸如此类，不胜枚举，一时言官皆有丰采。①

就嘉庆帝广开言路旨在信息收集这一首要目标而言，大量的社会信息进入中枢，并成为皇帝准确应对的考量。嘉庆元年（1796）二月，有人条奏贵州学政取进童生例缴红案银三两、八两不等，后愈加愈多，廪保、书役藉端需索，遂至四五十两。嘉庆帝下令彻查后谕令，贵州学政养廉本少且距京较远，"挈其家属、延请幕友、前赴任所，需费自不免稍多"。令新进童生量为致送出考费用，"其事亦尚在情理之中"。不过，"此项红案银两只应令新进童生量力交送，总不得过五六两之数，其实在无力者，即当量为减免，不得强令交纳。在学政既可从容办公，而新进寒微亦可共邀体恤"。②

---

① （清）昭梿：《啸亭杂录》卷一〇，中华书局 1997 年版，第 350—351 页。

② 《清实录·仁宗睿皇帝实录》卷三九，中华书局 1986 年版，第 464 页。

相对于红案银而言，嘉庆似乎更关注军营安抚事宜的条奏。对于所言之不便之端，皇帝认为"所言实切事理"，并传谕勒保留心体察，酌量采取。三月，有人条奏外省积弊，嘉庆遂饬令"督抚藩臬道府各员，务当力加整顿，改涤前非"。倘若经此次训诫之后，仍敢视为具文，一经觉察或被人指参，必当重治其罪、不稍宽贷。① 七月二十七日，尹继善陈奏扈从官员、兵丁分领马匹及驼载官物，驼只回京后竟有不交马驼，以钱文、银两折交之事。嘉庆据此颁发谕旨："嗣后监视收马王、大臣自当特加遴派，认真稽察，并著兵部严行查禁。如有携钱折交者，即行严拿，指名奏闻惩究。"②

除了与国家相关的弊政及应对建议，言路还成为监察官员腐败与否的利器。关于布政使郑源璹的条奏中称：属员到任，需为其提供多金，方准到任，各员藉书役为之干办，纵令吓诈浮收、苦累百姓。令嘉庆意外的是，条奏者所言凿然有据，与其对郑源璹"官声平常"的认知相符。随即将其革职拏问，交与姜晟审讯。其任所资财，即行严密查抄，毋任隐寄。秉公据实，彻底根究。若稍有回护，即行提案并姜晟来京严审，无难得实。

郑源璹供词为嘉庆提供了解地方吏治的真实信息。各省督抚、两司署内教演优人，及宴会酒食之费，"并不自出己资，多系首县承办，首县复敛之于各州县。率皆朘小民之脂膏，供大吏之娱乐。辗转苛派，受害仍在吾民"。因此，嘉庆帝据此推断：川楚陕教匪

---

① 《清实录·仁宗睿皇帝实录》卷四〇，中华书局 1986 年版，第 475 页。

② 参见中国第一历史档案馆编：《嘉庆道光两朝上谕档》第四册，广西师范大学出版社 2000 年版，第 263—264 页。

藉词滋事，未必不由于此。随后，皇帝颁布谕旨：各省督抚司道署内，俱不许自养戏班，以肃官箴而维风化。州县等因藩司扣平过多，征收钱粮时亦必多取于民，闾阎深受其累，所关甚重。著通谕："各直省藩司，务当洗心涤虑，悛改积习，勉为廉吏，毋负朕谆谆训诲至意。"①

　　如果说言路之于嘉庆帝，在于社会信息真实可靠、高效便捷的传递，那么其之于陈奏者便在于进入皇帝视野的政治资本。安徽贵池县民人方士杰呈递封奏进呈，文理清通，所奏事件可行，不仅留中备览，还赏授入学生员、准其乡试。对方士杰而言，封奏的直达天听为其提供了快速接近官场的便捷通道。如果说方士杰因民人的身份而受益有限，那么从九品雒昂呈递剿抚事宜各条，则因事属可行前往陕西，交与松筠差委。如果奋勉出力，即照原衔补用。此后不久又封奏鼓励乡勇以助军威事，其言多有可采。嘉庆依据此法谕令各路将领：于乡勇团头分外出力杀贼者，即议请授职，予以实在顶戴。义勇知有破格之荣，自然效命争先，于协剿更为得力。对于良民被贼围裹、面刺白莲逼勒入伙者，谕令带兵大员务须查讯明确。如实系被胁良民，毋论短辫刺面，俱准归降，给照复业。使陷入贼中者闻风投首，亦解散贼党之一法，著额勒登保妥协酌办二事。

二、言路的渎奏浮词与皇帝的禁令

　　虽然广开言路卓有成效，但诸多不合圣意的臆奏仍是令人不

---

① 《清实录·仁宗睿皇帝实录》卷四五，中华书局 1986 年版，第 547 页。

快。正如皇帝所言，"其中妄抒臆见、荒唐可笑者……因此留中未经宣示之折，虽军机大臣亦不使预闻者甚多。"① 尽管嘉庆并未据此采取激烈措施，却也时有牢骚之语。嘉庆四年（1799）五月，王尔烈以"断不可行之事擅议更张"被批驳为"无知妄渎"。虽然因"降旨求言之时"而"免其议处"，嘉庆却也就臣工条奏多"撏拾浮词、毛举细故"，甚至"荒唐可笑"之情做出指示："若诸臣无所建白，不必有意搜求、希图塞责。朕于未经条奏之科道，又何尝加之责备耶！嗣后有官守者，各言官守；有言责者，各尽言责。即风闻陈奏，不应以漫无凭据者肆意指摘，开报复之渐。"②

六月，江苏监生周矼具折所言数十款，皆大抵难行。即便稍有可采者，亦业经施行之事。其所言不仅"多系空谈"，甚至"欲变乱旧章以峻法绳人、以操切为政"。不过，现当广开言路之时，不应"以言语罪人"。"若加之罪，是自蔽耳目、杜言路，小民之疾苦何由得知，臣工之贤愚从何考察！"③ 诚如嘉庆帝所言，杜言路实为自蔽耳目之举，不仅难以了解民间疾苦，更不利于把握臣工之贤愚。因此，无论是"以副都统干预查抄和珅之事并欲审讯使女、寻掘金银"之萨彬图，还是"妄参司员"之礼部右侍郎恒杰，甚或"以京师商贾不行，请普赏八旗以资市易货物"之富森布，不

---

① 中国第一历史档案馆编：《嘉庆道光两朝上谕档》第四册，广西师范大学出版社 2000 年版，第 207 页。

② 参见中国第一历史档案馆编：《嘉庆道光两朝上谕档》第四册，广西师范大学出版社 2000 年版，第 155 页。

③ 中国第一历史档案馆编：《嘉庆道光两朝上谕档》第四册，广西师范大学出版社 2000 年版，第 212 页。

管三人所言如何"无知渎奏""尤出情理之外"，亦"不得已予以罢斥"而已。①

　　嘉庆帝对妄言渎奏的包容，甚或无奈的背后，暗含着广开言路的目的与群臣条奏之间的缠杂不清与相互牵制。之所以广开言路，正在于借此实现掌控帝国动态，因而对作为信息来源渠道的奏折便甚为看重；而群臣则将条奏视为晋身之阶、挟私抱怨之路，因此才会出现臆奏之事以及循此而来的皇帝抱怨和循循善诱。质而言之，嘉庆帝虽然不满于群臣在广开言路下的表现，却又不得不倚重于这一供政治信息渠道。

　　嘉庆四年（1799）九月二十三日，内阁奉上谕：杨道纯以民人而条陈事件，深合于庶人传语之义，著加恩以从九品未入流，交与直隶总督胡季堂差遣委用。遇有缺出，再行咨补。② 倘若说嘉庆借一介民人杨道纯条奏事件"并无违碍"、折奏体制亦符合而恩赏从九品未入流以激励内外臣工陈奏用心的话，那么其对方世杰的恩赏亦是出于此种考虑。十月初八日，内阁奉上谕，安徽贵池县民人方世杰呈递封奏进呈，文理清通，所奏事件尚属可行，已留中备览，方世杰著赏授入学生员，准其乡试。③

　　虽然嘉庆帝于开禁京控之初尚对条陈保有耐心，但当其明辨三

---

①　参见中国第一历史档案馆编：《嘉庆道光两朝上谕档》第四册，广西师范大学出版社 2000 年版，第 207—208 页。

②　中国第一历史档案馆编：《嘉庆道光两朝上谕档》第四册，广西师范大学出版社 2000 年版，第 342 页。

③　中国第一历史档案馆编：《嘉庆道光两朝上谕档》第四册，广西师范大学出版社 2000 年版，第 382 页。

味并借京控案件以及钦派大臣搅动地方官场或惩戒不法之徒且卓有成效后，其对广开言路所致的不满彻底激发出来。在嘉庆看来，下诏求言旨在"博采周咨，俾下情无不上达"；各省道员具折奏事，意在"广咨询之路"、"除壅蔽之端"。"在京之各部郎中以下及外省知府以下，从未有封奏之事"之原因，正是出于"国家体制"考虑而"不敢越职言事"。然而，候补捐纳微员以及平民却有"自具封章于军机处及部院大臣前投递者"。若其所言"稍有足录，间有恩奖"。"望恩幸泽者，遂视此为干进之阶，纷纷具摺呈递。累牍连篇，不过首列颂扬虚语，后述干乞私情，于公事毫无裨益。""无言责者而妄言，即属越分。岂可令微贱之人，以自私自便之事冒昧陈奏耶。"嗣后不应奏事之人，不得妄行封奏，否则按例治罪。①

　　不管如何强调求言之意在于"诸臣各抒谠论""下通民隐"，始终难掩嘉庆对候补捐纳微员、平民陈奏中"干乞私情"和"无厌之求"的抱怨，以及"不应奏事之人，不得妄行封奏"背后暗含的对广开言路的制止步调。倘若说仅凭一道上谕似乎存有以偏概全之感，那么钦天监博士何隆武违例陈奏交部按例治罪一事，则完全表明广开言路采取了禁止之法。嘉庆四年（1799）十二月初六日，内阁奉上谕："何隆武以博士微员，并无言责，辄持封口奏摺，两次乞绵恩转奏，殊属违例。且……所言荒谬……何隆武越职陈奏，本应治以应得之罪，姑念其尚无妄诞字句，究系进言，著交

---

① 参见中国第一历史档案馆编：《嘉庆道光两朝上谕档》第四册，广西师范大学出版社 2000 年版，第 438—439 页。

部照例议处。"① 如果何隆武所奏尚可划入"进言"行列，那么安徽县民彭皓的奏疏便属"荒诞不经"之语。不仅所陈各款皆系"逞其臆说，妄议更张，断不可行之事"，而且所言离间教匪一节更属"狂悖不法"，遂被"按律定拟具奏"。在嘉庆帝看来，彭皓捏造谣言，荒谬妄诞，即当严行究讯，按律承办，而安徽巡抚岳起仅将其交藩司看守，实属"不晓事"，遂传旨申饬。②

第二节 京控：督抚贪黩及关涉 权要的下情上达

一、京控方式的改变

嘉庆帝于中央可借用官员调补来打破和珅利益网络，借助奏折这一犀利武器掌控地方官吏动态，但当奏折失去其锋时便会沦为官员争斗的工具，那么此时又该如何举措？我们可以跳出围绕广开言路所展开的信息控制这一分析思路，而从方式归类上来思考这一问题。无论是官员条奏，还是地方督抚司道密奏，均是一种自上而下的梳理与反思。此种方式因缘于集权体制下的分权而最终会难以为继，那么自下而上的逆向所激起的碰撞便成为皇帝掌控帝国百态的确凿证据及典型个案。

---

① 中国第一历史档案馆编：《嘉庆道光两朝上谕档》第四册，广西师范大学出版社 2000 年版，第 516 页。
② 中国第一历史档案馆编：《嘉庆道光两朝上谕档》第四册，广西师范大学出版社 2000 年版，第 518 页。

　　清代地方政府职责之重，在于刑名与钱粮。较之钱粮统计的繁琐以及对自然环境的依赖，刑名似乎更能体现地方官员的贤勤与否。案件之多寡，展现的是一地之治安，进而反映官吏之贤愚；审断之公正及冤抑，展现的是一人之勤勉与能力。因此，有清一代对地方刑名案件的规制亦全面细致。州县设循环簿，每月申送上司查考。户婚田土及笞杖轻罪，由州县自理；命盗重案，则逐级审转复核。在审断体系之外，还有上控体系，用以平反冤屈。倘若说省内上控仅止步于省而无法直达天听，那么京控却补此不足，令地方冤案直达御前。也就是说，"京控者在将其冤情带入京城的同时，也将一些重要的社会信息传递给了皇帝。"① 如此一来，能反映各地民情以及官吏贤勤的媒介便因京控这一方式自下而上地传递开来，进而使之成为皇帝掌控帝国的又一犀利武器。

　　何谓京控？京控是当事人向京师都察院或步军统领衙门呈递诉状请求审理案件的一种上诉制度。按照清朝严格的上诉程序，如果当事人在地方按照府、道、司、院的程序上诉之后，案件仍未在规定的期限内得到审理或案件审理不公，当事人便可到京师呈递诉状，以求案件得以审理或昭然天下。与一般上控案件相比，京控案件因在京师都察院、步军统领衙门、通政使司等衙门呈递诉状而更容易进入皇帝视野。② 换言之，皇帝借助京控案件更容易把握或反

---

　　①　崔岷：《山东京控"繁兴"与嘉庆帝的应对策略》，《史学月刊》2008年第1期，第51页。
　　②　那思陆：《清代中央司法审判制度》，北京大学出版社2004年版，第214—216页。

思地方的吏治民情。因此，京控为有清一代统治者多加重视。从京控定义来看，其本就是对不服原审衙门之审判而自己出赀远赴京师呈控，因此，嘉庆帝以前的皇帝一般钦派大臣前往审办。在京控案件数量有限、帝王勤恳、司法程序有序运行的情况下，此类案件不仅能得到迅速而快捷的审理，而且还会成为颂扬皇帝的有力标杆。向以仁政爱民而著称的乾隆帝曾不无炫耀地吹嘘，"来京者，控无不准，准无不办。"①

随着社会发展，尤其是经济增长所导致的人口增加，土地、继承纠纷日渐上升，在某种程度上亦导致了京控案件的增多。对于此种情况，好大喜功的乾隆帝曾大加训斥：

> 各省督抚膺封疆重寄，藩臬为通省钱谷、刑名总汇，皆
> 朕特加简擢，委任非轻。自当仰体朕怀，勤恤民隐，俾所辖
> 地方狱讼平允，方为无忝厥职。乃近来民间词讼经州县审断
> 后复赴上司衙门控告者，该督抚司道等往往仍批交原审之府
> 州县审办。在该州县等心存回护，断不肯自翻前案。即派委
> 邻近之府州县会办，亦不免官官相护、瞻狗扶同。无论其审
> 断不公，民情屈抑。即使所办允当，而形迹之间易涉嫌疑，
> 亦不足以服告者之心。又何怪小民之纷纷渎诉耶！嗣后各省
> 案件如有赴上司衙门控告者，其距省较近地方，该督抚即应
> 亲提人证卷宗至省，发交藩臬，亲率秉公审办。设或道路遥

① 《清实录·高宗纯皇帝实录》卷一三七〇，中华书局 1986 年版，第 386 页。

远、人证较多，恐致拖累，通省内岂无公正明干、熟谙刑名
之道府大员？即当遴委。前往研讯确实，毋枉毋纵，庶各得
其平，自不致藉口衔冤，复行渎控。著此宣谕各督抚等转饬
所属，均宜勉矢公正，详慎听断，庶不负朕谆谆告诫，无使
一夫失所之至意。如有仍蹈徇隐故辙，发交原审官以致案情
出入，小民屈抑求伸赴京控告者，一经钦派大臣审出实情，
惟该督抚是问。①

从谕旨来看，乾隆帝认为督抚是导致京控案件增多的直接原
因。在其看来，督抚藩臬作为地方大员，自当担负起维持所辖地方
狱讼平允之责，但由于省级官僚体系的存在，导致官官相护以及小
民冤抑，进而引发京控案件的增多。因此，乾隆帝颁发谕旨，饬令
督抚详慎听断，以期减轻京控之繁多。从司法体系来看，京控之案
原本就衍生自省级官僚体系内的审断不公，乾隆此谕仍是从体系入
手寻求解决办法，根本无法从本质上解决问题。即便其所期望的钦
派大臣审理，亦出现了钦差骚累地方、违例滥支情形。面对日益增
多的京控案，乾隆君臣并未深加反思，而是试图用强化制度的刚性
方式达致消弭案件的效果。所以，面对御史徐烺以"近年多有来
京越控之案"而请"令在京各衙门遇有控案先向诘讯，如未经在
院司道府衙门控理者，即将该犯解交本省督抚审拟题报"，以及副
都御史刘权之奏称"如本省未告而捏称已告者，照诬告律治罪"，

① 《清实录·高宗纯皇帝实录》卷一二一〇，中华书局 1986 年版，第
69 页。

乾隆立即赞同。①

　　"万事胚胎，始于州县。"虽然京控案件并不能如州县词讼般了解民间百态，但从州县或地方逐层筛选而达致御前所具有的典型性以及对地方官场动态疲玩与否的映衬，却为皇帝提供了社会运行的诸多信息，不过此信息渠道并不为乾隆所看重。笔者认为，这可能与和珅专擅有极大关联。深谙皇帝心思的和珅利用奏折"另有副封"掌控天下信息并加以封驳，从而使好大喜功的乾隆对督抚懈怠所导致的京控增加多有不满。但及至嘉庆朝，事情却有所改变。乾隆薨逝后，嘉庆帝借机将和珅剔除，同时采取广开言路、明目达聪之措。其间有成功，亦有些许臆奏，但从掌控信息渠道方面却可以解释清晰。不过随着嘉庆帝对帝国控制的加强以及所需求信息的明确，其便开始启动不同的信息来源渠道。正如前文提及，京控案件原本滋生于省级官僚体系内的审断不公或官官相护，但这又恰恰能充分反映帝国社会以及官场百态。正如欧中坦先生所言，"既然皇帝不仅真心想要通过京控遏制非正义行为，而且借助京控作为获得有关帝国状况的基本信息的源泉，他必须能够依赖他所获悉的东西。为了保持皇帝的'洞察'力，不能让有偏向的、欺骗性的和琐碎的事情妨碍他处理那些真实的、有根据的和重要的事情。因此，正像皇帝开启或关闭其他沟通渠道（言路）一样，他控制着京控的范围和流动。"② 所

---

　　① 《清实录·高宗纯皇帝实录》卷一三七四，中华书局 1986 年版，第 439—440 页。

　　② ［美］欧中坦：《千方百计上京城：清朝的京控》，谢鹏程译，载高道蕴等编：《美国学者论中国法律传统》，清华大学出版社 2004 年版，第 477 页。

以，嘉庆帝广开言路之后，或者说其对奏折这一信息来源感到无奈之时，便采用了为其父不喜却又能直接满足迫切需要的信息来源渠道——京控。嘉庆四年（1799）八月二十八日，皇帝颁发谕旨，对京控做出重大调整：

> 向来各省民人赴都察院、步军统领衙门呈控案件，该衙门有具摺奏闻者，有咨回各该省督抚审办者，亦有径行驳斥者，办理之法有三。似此则伊等准驳，竟可意为高下。现当广开言路、明目达聪，原俾下情无不上达。若将具控之案擅自驳斥，设遇有控告该省督抚贪黩不职及关涉权要等事，或瞻顾情面压搁不办，恐启贿嘱消弭之渐，所关非小。嗣后都察院、步军统领衙门遇有各省呈控之案俱不准驳斥，其案情较重者自应即行具奏，即有应咨回本省审办之案，亦应于一月或两月视控案之多寡汇奏一次，并将各案情节于折内分晰注明，候朕披阅。倘有案情较重不即具奏，仅咨回本省办理者，经朕看出，必将各堂官交部严加议处，着为令。①

对于呈控案件的处理方式，无论是具折奏闻、咨回本身，还是径行驳斥，纳入皇帝视野之案件的决定权在都察院、步军统领衙门而非皇帝。也就是说，皇帝借助京控掌控帝国动态是由都察院或步军统领衙门筛选之后呈递的信息，这显然与其广开言路的真实目的

---

① 中国第一历史档案馆编：《嘉庆道光两朝上谕档》第四册，广西师范大学出版社 2000 年版，第 310—311 页。

不符。所以，其借广开言路开禁京控的目的便一目了然，即借京控
案件掌控社会运行信息，尤其是"督抚贪渎不职及关涉权要等事"
或"瞻顾情面、压搁不办所致的贿嘱消弥之渐"。总而言之，即直
接指向地方官场及官员。

二、派员委审与稽察地方

　　无论是官员条奏，还是地方督抚司道的密奏，均是一种自上而
下的梳理与反思。此种方式因缘于集权体制下的分权而最终会难以
为继，那么自下而上地呈控案件所激起的碰撞便成为皇帝掌控帝国
百态的确凿证据及典型个案。作为一种向京师衙门呈递诉状请求审
理案件的上诉制度，京控案件因在京师都察院、步军统领衙门、通
政使司等衙门呈递诉状而更容易进入皇帝视野。① 换言之，皇帝借
助京控案件更容易把握或反思地方的吏治民情。既然皇帝不仅
"真心想要通过京控遏制非正义行为"，而且还将其视为"获得有
关帝国状况的基本信息的源泉"。为了保持皇帝的"洞察"力，不
能让"有偏向的、欺骗性的和琐碎的事情妨碍他处理那些真实的、
有根据的和重要的事情"。正如"开启或关闭其他沟通渠道（言
路）一样"，嘉庆帝也会控制"京控的范围和流动"。② 所以，当
皇帝对广开言路感到无奈时，便采用了其父不喜却又能直接满足迫

---

　　① 那思陆：《清代中央司法审判制度》，北京大学出版社 2004 年版，第
214—216 页。
　　② 参见欧中坦：《千方百计上京城：清朝的京控》，谢鹏程译，载高道蕴等
编：《美国学者论中国法律传统》，清华大学出版社 2004 年版，第 477 页。

切需要的京控这一信息渠道。

嘉庆四年（1799）八月二十八日，皇帝颁发谕旨对京控做出重大调整："现当广开言路、明目达聪，原俾下情无不上达。"如果仍按先前的处理方式将具控之案擅自驳斥，若遇"控告该省督抚贪黩不职及关涉权要等事"，便会出现"瞻顾情面压搁不办"之事，而"启贿嘱消弭之渐"。因此，"都察院、步军统领衙门遇有各省呈控之案俱不准驳斥，其案情较重者自应即行具奏，即有应咨回本省审办之案，亦应于一月或两月视控案之多寡汇奏一次，并将各案情节于折内分晰注明，候朕披阅。倘有案情较重不即具奏，仅咨回本省办理者，经朕看出，必将各堂官交部严加议处"。① 与先前由都察院或步军统领衙门筛选后呈递的方式不同，即行具奏和定期汇奏的处理使全部控案完全纳入皇帝视野。所以，对京控制度的调整正在于借京控案件掌控社会运行信息，尤其是"督抚贪渎不职及关涉权要"或"瞻顾情面、压搁不办"等事。

如果说条奏仍是奏事者加工或带有个体喜好的表述，那么案件却完全以个案的形式将其所反映的信息展现出来。其间"有关地方吏治的内容，更是成为中央直接了解地方治理情形的重要渠道"。② 所以，京控案件因其逐级上诉且赴京呈控而具有的代表性和独特性，进而能映衬地方官场的疲玩官风以及官员的懈怠详情，

① 中国第一历史档案馆编：《嘉庆道光两朝上谕档》第四册，广西师范大学出版社 2000 年版，第 310—311 页。

② 胡震：《最后的"青天"？——清代京控制度研究》，《中国农业大学学报》（社会科学版）2009 年第 2 期，第 47 页。

而嘉庆正是依据中央对京控的控制"约束官僚群体的腐败"并"对制度进行局部纠错"。①

京控因其独特的司法特征而成为社会运行信息纳入皇帝视野的重要媒介，但正如欧中坦所言，京控既是启示的工具，又是补救的工具，这种双重性质解释了何以在一个奉行认为诉讼有损和谐的儒家思想的社会要有一个延续诉讼存在的机制。② 所谓"启示"，我们可以将之与信息来源联结起来，至于"补救"，则是皇帝针对京控案件所反映之官场情势做出的反应或采取的措施。因此，此制度之存在，不仅可以提供一个了解帝国运行的窗口，而且还可是借以调控帝国行进的小权柄，尤其是在其数量明显增加的情况下。因为连年剧增的京控案所体现的是无法治愈的"吏治腐败"以及"讼棍等社会闲散势力的负面影响"。③ 所以，在开禁京控之初，嘉庆帝所看重的是京控的"启示"作用。

虽然笔者赞同欧中坦所言京控的"启示"及"补救"功用，但在明确区分方面却力有不逮，或言两者本身就是彼此依存、互为表里之情态。"启示"为"补救"提供了指引，而"补救"措施的采取则又在某种程度上令百姓对伸冤昭雪提供了希望或激励其进京呈控，进而又提供了发挥"启示"作用的资源。但在初开京控

---

① 马俊亚：《盛世叩阍：清前期的皇权政治与诉讼实践》，《历史研究》2012 年第 4 期，第 101 页。

② 参见〔美〕欧中坦：《千方百计上京城：清朝的京控》，谢鹏程译，载高道蕴等编：《美国学者论中国法律传统》，清华大学出版社 2004 年版，第 474 页。

③ 参见赵晓华：《晚清讼狱制度的社会考察》，中国人民大学出版社 2001 年版，第 191—205 页。

之时，嘉庆可能出于试探或磨勘考虑，大多将案件交地方督抚审讯。如嘉庆四年（1799）八月二十九日，谕令将伊江阿任内审结之山东荣城县民人王佶等翻控伊兄王传控告荣城县知县及书吏等科派讹诈乡民一案，交山东巡抚陈大文提集案内人证秉公严讯、定拟具奏。至于湖南武陵县民人熊若佑呈控该县按地丁派买仓谷并多收加耗、重征钱粮一案，嘉庆以"此案事关勒买仓谷及浮收加耗、重征钱粮，如果属实，必当严行究办。倭什布现在边界防堵，无暇兼顾。而此案系姜晟任内之事，未便交伊审办，著交高杞提集犯证，彻底严究，不可稍有徇隐"。①

随着在直隶所发生的塘汛废弛以及长新店铺户被盗等事，嘉庆帝对于地方吏治有了进一步的认识，从而开始利用京控进行补救。就在胡季堂查办长新店铺户被盗一案时，直隶民人王者相呈控王路康盗卖伊祖遗地亩，该县将伊父王静思押禁未经审结。虽然案件式微，却令嘉庆大为恼火。在其看来，此案情节虽小，但本年五月内经王路康之侄王雨赴京控告，即经步军统领衙门咨送该督查办，何以清苑县迟至数月总未审结。况此案亦并无查拿应行质证之人必须等候者可以藉口。可见胡季堂一味因循疲玩，不以事为事，致属员等多有怠玩。于是，对胡季堂传旨申斥，同时令江兰前赴保定审讯。②

---

① 中国第一历史档案馆编：《嘉庆道光两朝上谕档》第四册，广西师范大学出版社 2000 年版，第 313 页。

② 参见中国第一历史档案馆编：《嘉庆道光两朝上谕档》第四册，广西师范大学出版社 2000 年版，第 377—378 页。

　　相较于以胡季堂为首的直隶省级官僚体系的拖沓，所派钦差江兰则效率甚高，仅仅六天便将案情厘清。不过，从史料来看，嘉庆所派钦差不仅担负审案职责，还具有察视地方的任务。如江兰在呈奏王者相控案大概情形的同时，亦另片将胡季堂查办长新店铺户被盗的进展做了描述，称胡季堂现在已经拿获陈臧儿一犯，该犯供出听从赵更贵等五人行劫，又将五人拿获并正在严讯。嘉庆对此作出谕示："著江兰会同胡季堂详细审办，向该犯等根究，务得正犯及伙贼下落，以便缉捕净尽，毋使一名漏网。"同时还谕令"此案审结后，江兰再行来京"。①

　　关于派员委审，从既有史料来看并不普遍，或者说仅仅是独特现象。对于提供地方信息来源的京控案件，嘉庆帝仍是多交由督抚审讯。如四川西昌县民人邓师恒等呈控伊父邓智首报私铸人犯张耳泰等，反被诬以致酷刑毙命，历控道府俱不审办一案。正如嘉庆所言，"如果属实，则该州于挟仇诬扳之案并不虚衷研讯，竟将原拿之乡约邓智酷刑毙命，历控本省，上司又不究办，殊属玩纵"。但其仍是将原折发交魁伦阅看，如距达州甚近，即将案内人证提集，秉公查审，定拟具奏。若魁伦现在查办军需各项事务繁多，或离达州地方稍远，不能兼顾，即将此案交藩司林侨审办。②

　　据上而论，嘉庆明知案件之重大，仍是将之交由省级官僚体系

---

　　①　参见中国第一历史档案馆编：《嘉庆道光两朝上谕档》第四册，广西师范大学出版社 2000 年版，第 390 页。

　　②　参见中国第一历史档案馆编：《嘉庆道光两朝上谕档》第四册，广西师范大学出版社 2000 年版，第 386 页。

内部审办。再如山东曹县生员刘廷栋呈控本县户书徐光林重征蠲免钱粮并工房书吏王振鲁等人派买河工秸料、侵吞银两，历控不为究办一案。嘉庆谕令：刘廷栋所控情节关系书吏重征钱粮、侵蚀官银，入已扰累阊阎，殊干法纪。惟刘廷栋一面之词，且渎控历任抚藩，屡经委员审讯，俱属虚诬。刘廷栋并具有甘结完案，所控情事恐未必确实。但即来京翻控，著交陈大文亲提犯证卷宗，详加查审，秉公定拟具奏，不可稍有瞻徇。①

第三节 从广兴案透视科道监察的坍塌

一、嘉庆重用广兴之意

广兴，字赓虞，满洲镶黄旗人。敏于任事，背诵案牍如泻水，累迁给事中。嘉庆四年（1799），凭首劾和珅罪状而加副都御史衔，命押带饷银赴四川治军需。旋因月节靡费数十万金被劾，后又屡与总督魁伦互劾，遂被嘉庆召还而左迁通政副使。九年（1804），擢兵部侍郎，兼副都统、总管内务府大臣，署刑部侍郎。同僚轻其于刑名非素习，广兴引证律例，屡正误谳，众乃服。十一年，奏劾御前大臣定亲王绵恩拣选官缺专擅违例，廷臣察询，不直所言，降三品京堂，罢兼职。寻补奉宸苑卿，擢刑部侍郎，复兼内务府大臣。上方倚任，广兴亦慷慨直言，召对每逾晷刻。②

---

① 参见中国第一历史档案馆编：《嘉庆道光两朝上谕档》第四册，广西师范大学出版社 2000 年版，第 386 页。

② 参见（清）赵尔巽：《清史稿》，中华书局 1977 年版，第 11301 页。

从上述史料来看，作为高晋第十二子的广兴虽然多有秉性，却也卓有才干。不仅于刑名多有见地，且敢于慷慨直言，正符合嘉庆心中所设想的搅动地方官场的派委之人形象。我们在某种程度上也可以如此言说，嘉庆选中了广兴并将之作为搅动地方官场、整饬官方的利器。京控案件因其典型性自可将地方官场动态展露无遗，但将其交回地方再审则无疑等于将小民又推入水深火热之中，虽然亦有督抚能秉公执法、还民清白。所以，嘉庆派员委审在注重案件审理的同时亦将此视为稽查地方的大好时机。

如嘉庆十年（1805）六月，皇帝将赤峰县民人林钟伯呈控伊兄林钟兴被战礼等人扎毙、该县捏详纵凶一案，降旨交由广兴审办。广兴接奉谕旨即先行札饬该县拘齐犯证备质，但在其于赤峰驻候八日后，县官仍未将案内紧要犯证提到，遂以"该县德克进泰怠玩拖延，请旨交部议处"。关于此案起因，在于私挖矿砂，但前任知县珠尔杭阿却删改情节、捏辞通报，亦"请旨交部严议"。面对广兴奏折所言，嘉庆当即谕令："德克进泰以奉旨特派大员查审案件，并不迅集犯证听候质审，屡催罔应，饰词延宕，其平日于地方公事废弛阘茸可知。珠尔杭阿于该管应禁私矿不能查办，以致酿成命案，又复规避处分，删供捏详，均干重咎，不必交部议处。德克进泰、珠尔杭阿，俱著革职。"① 同时谕令广兴赴建昌县覆审孟于氏控案，而将此案交明兴驰驿前往严审。

派委之人并非广兴之人，此类职责也非仅仅集矢于广兴一人。

---

① 《清实录·仁宗睿皇帝实录》卷一四五，中华书局 1986 年版，第990 页。

嘉庆十二年（1807）二月，谕令都察院左都御史周廷栋、奉宸苑卿广兴前往河南审案。嘉庆十二年（1807）六月，山东栖霞县民人柳开生呈控伊妹被盗抢劫轮奸一案，降旨交周廷栋、广兴亲提研鞫，嘉庆似乎对由案件所看到的臬司渎职甚感兴趣。虽然周廷栋等以臬司石韫玉"于此案并未亲提研审，即以恐系和诱同逃污词率行批饬"为由，请将石韫玉交部严加议处，但嘉庆却更看重石韫玉在案件审理中的懈怠与无知。在嘉庆看来，柳开生之幼妹被贼匪三人硬行拉至深山侮辱后爬伏回家，情节甚为可悯，且案犯已供认强抢轮奸事实。但因县官差传柳氏致其羞忿自缢的错谬在先，臬司"以该氏不死于被奸之时而死于奸夫获案之后，难保其非和诱同逃羞愧而死等词批饬"之误在后，遂指斥此等"玩视命案、凭空捏臆"之人"岂可复膺臬司之任"！将石韫玉革职，赴京候旨。[①]

再如嘉庆十二年（1807）六月，钦差左都御史周廷栋等参奏，山东泰安府知府鸣清于人命重案经尸亲具控到府两次后并不提犯亲审，迨叠赴上司衙门呈控且批府查讯后仍不速为讯办，一直迟至九月之久才始为亲审。接案之后又借词悬宕，经年不结，以致尸亲心怀不服，来京控诉，才发交钦差提集人卷审明后定拟结案。嘉庆由此认为，"设该府早为亲讯，将案内情节向原告细为剖析，折服其心，何至屡控不休。是该地方人民来京控案之多，皆官司不为申理所致。刁风之长，实由于此。"因此，认为吏部将鸣清议以降三级调用仍属轻纵，更言"此等不以民命为重，惟知尸位偷安之劣员，

---

① 参见《清实录·仁宗睿皇帝实录》卷一八一，中华书局 1986 年版，第378 页。

尚何足惜"。遂将鸣清实降三级，其本有加一级不准议抵。①

京控案件被嘉庆帝最大限度地利用，不仅借派员委审之际查办渎职官员，而且还凭靠控案数量思虑地方官吏的勤勉。嘉庆十二年（1807）五月，其在谕令周廷栋、广兴审办山东监生张元鹤呈控一案时，亦对山东的官僚行政体系表达了不满："都察院近日所奏外省控案，惟山东为最多。若云东省距京较近，民间控案便于赴愬，则直隶为畿辅近地，即山西、河南亦均密迩都城，该三省虽亦间有赴控之案，然总不至如山东一省之多。岂直隶等三省遇有上控之案，该地方官竟豫为拦阻，不使来京申愬乎。可见山东州县官于民间词讼案件怠惰偷安，竟不及时申理，全置民事于不问，以致小民冤抑莫伸，不得不赴京呈控。而该抚长龄一任各该州县因循延宕，漫不加察。所司何事，自问能无愧乎。……嗣后该抚当留心察吏，严饬地方官于民间词讼随时秉公审断，毋再狃于积习，俾衔冤控告者立得剖雪，不至纷纷来京呈控。"②

开禁京控成为嘉庆帝广开言路之后搜求信息的又一重要来源，而作为京控主体的地方案件则成为其试图驾驭或驱驰地方官僚机构的工具。虽然因对官僚体系的估量不足而使自己陷入两难境地，但嘉庆却又顺手采用了借力打力的持中之道，即以皇帝的谕令与派员委审相结合整饬或警示官场。前者侧重于循循善诱，后者则集矢于

---

① 参见《清实录·仁宗睿皇帝实录》卷一八二，中华书局 1986 年版，第 395 页。

② 参见《清实录·仁宗睿皇帝实录》卷一七九，中华书局 1986 年版，第 347 页。

雷霆打击。但在官场疲玩如常态以致"清朝皇帝永远地失去了与官僚制度对抗的可能"① 的情况下，嘉庆帝所采取的措施如暗夜中的烛光般倏然而逝，官场旧态复萌：州县惟知以逢迎交结上司为急务，遂置公事于不问，视陋规为常例，以缺分美恶，得项多寡，总思满载而归，视民生如膜外。而督抚司道等亦只知收受属员规礼，并不随时督察上紧严催。而胥吏等又利于案悬不结，可以两造恣其需索，以致拖累多人，日久尘积，上下相蒙。②

　　虽然嘉庆帝就某些案件派员委审，但仍有相当多的案件是交由督抚审办，这似乎成为其不得不采用的办法。对于此种进退维谷，嘉庆帝一语中的：虽然各省督抚身任封圻，于民人上控之案未必尽有意瞻徇，但难免会出现委审之员心存袒庇、有意蒙混之状。于是，督抚便在欺瞒下"将就完结或转坐原告诬控之罪"。如此一来，则会因小民负屈莫伸而赴京吁诉，皇帝又"因该省上司不可尽信"不得不"特派钦差前往审谳"。在嘉庆看来，倘若督抚等能秉公讯断，那么平民百姓怎会"远涉关河，来京呈渎"。况且"钦差皆部院大臣，均有本任应办之事，亦不可驰驱于外久旷职守"。倘若外省案件必须派员前往审理，那么"又安用督抚耶"。③

　　无论是"安用督抚"的愤然之词，还是钦差"不可驰驱于外久旷职守"的无奈说辞，甚至是派员委审以稽查地方的目的，其

---

　　① ［美］柯娇艳：《中国皇权的多维性》，载刘凤云等编：《清朝的国家认同："新清史"研究与争鸣》，中国人民大学出版社 2010 年版，第 57 页。
　　② 《清实录·仁宗睿皇帝实录》卷六一，中华书局 1986 年版，第 809 页。
　　③ 参见《清实录·仁宗睿皇帝实录》卷一二四，中华书局 1986 年版，第 668 页。

背后暗含的仍是对官僚体制的依赖与无奈。因此，其更多的是对以督抚为首的省级官僚体系的谆谆训诫与苦口婆心。嘉庆八年（1803）六月，皇帝颁发上谕，指示各省督抚当严饬属员，于地方词讼申详事件务须依限审结，不得迟逾。即便是州县自理，亦须迅速完结。倘若出现久延不结在省上控之案，督抚当迅速催结并将延玩之地方官照例参处。倘若督抚狃于积习而任意延宕，以致小民抱屈含冤远来呈诉，审明后必将该上司一并严惩，不稍宽贷。① "审明后必将上司一并严惩"的威胁语调跃然纸上，如此表述的依赖便是派员委审后所得到的案件真况以及官员的徇私枉法之据。也就是说，嘉庆帝在借派员委审恫吓地方督抚，进而由其担负起涤清地方官场之责。同年十二月再发谕旨，要求各省督抚当力改袒护属员积习，于民人控诉事件一秉大公，虚衷审办，务得实情，以"申民隐而肃吏治"。不可存稍存"徇庇"之心，颟顸结案，以致"使轺络绎，徒滋案牍"。② 嘉庆帝对督抚位置的强调，其目的显然在于让其意识到职责所在，从而认真做事、以报皇恩。

　　因不可一一派员的限制而交由督抚同审、督抚所审不可尽信而又派员委审的有苦难言，令嘉庆采取了挑选某些人驰赴各省审案之法。虽然取得了些许成效，却不能从根本上解决问题，因为官场疲玩作风似乎愈演愈烈。嘉庆十三年（1808）十一月十七日，内阁

---

① 参见《清实录·仁宗睿皇帝实录》卷一一四，中华书局 1986 年版，第 520 页。

② 参见《清实录·仁宗睿皇帝实录》卷一二四，中华书局 1986 年版，第 668 页。

奉上谕，近来外省地方官办理词讼，率多怠缓因循，甚至出现命盗案件压搁数年拖延不办的情况。如安徽省蒙城县民人朱子康呈报被劫一案，虽然拏获案犯，但自事主于嘉庆十年（1805）十月中呈报至今已延搁三年、押毙四命。由此可见，"外省地方事件似此疲玩耽延者正复不少"。对此，嘉庆别无他法，只是"通谕各督抚务宜督率属员，恪勤供职。遇有案件随时速办，力挽颓风，毋任稍有积压废弛，致干咎戾"。①

不仅地方如此，即便刑部亦即难逃颓风。嘉庆十三年（1808）十一月二十日，内阁奉上谕，近来刑部审办案件，多不肯用心研求，失之疏纵。如本年五月刑部仅将持刀滋事之已革马甲珠鲁拟以枷杖，但检查原案却并非如此。刑部在审问珠鲁时，仅凭其所称"止于乘醉吵嚷，并未持刀逞凶"便信以为实。并且于应传之各证据内又只传到领催八十七一名，以其供亦相同率行定案。诚如嘉庆所言，"珠鲁一面之供，岂有不避重就轻之理？领催八十七又安保其非扶同混供？"足见刑部堂官以及承办司员的疏漏怠玩。因此，嘉庆帝谕令"所有办理此案之刑部堂官，著交部议处。其承办司员，著交部严加议处。其珠鲁一犯，著交步军统领、顺天府、五城各衙门查拏务获，奏交刑部详加审讯，严行定拟具奏"。②

---

① 参见中国第一历史档案馆编：《嘉庆道光两朝上谕档》第十三册，广西师范大学出版社 2000 年版，第 664 页。

② 参见中国第一历史档案馆编：《嘉庆道光两朝上谕档》第十三册，广西师范大学出版社 2000 年版，第 669—670 页。

正如韩书瑞所言，政府职能的扩大以及更有效率的官僚机构的发展，对包括皇帝在内的任何单独个人的权力都有全面的限制作用。① 虽然嘉庆帝所采取的举措能在某种程度上缓解或消弭制度漏洞所引发的危机，但这毕竟是治标不治本的临时性举措。当其采取的措施因实施日久而再次引发弊政时，除了弃而不用外似乎别无他法。

二、广兴的需索与枉法

广兴赀产的丰厚以及其所供在河南审案时阮元、齐布森等人曾馈送公帮银两，山东起身时升任总督的长龄亦曾送银三百两，使得嘉庆认定广兴"难保无任意勒索情事"，因此曾饬令吉纶查察。

十二月二十三日，吉纶呈奏，内称广兴十一年赴东审案之差费，系嵩山依照济南府张鹏昇关移转行所属十州县共同摊派银八千二百两；十二年九月二十三日，广兴与周廷栋并司员等到东昌审办茌平县民吴月三控案，嵩山与张鹏昇督同前任聊城县知县郭捍按照东昌所属十州县公摊银一万一千四百两，起身时在差费内取送广兴银一千两、没有门包，郭捍、沈鸿勋又在差费内送广兴银一千两并杨姓家人门包一百两。②

虽然吉纶的奏折表明了广兴在山东审案的花费巨大与需索受

---

① ［美］韩书瑞等：《十八世纪中国社会》，陈仲丹译，江苏人民出版社2008 年版，第 223 页。

② 参见中国第一历史档案馆：《嘉庆年间查办广兴受贿案》，《历史档案》2002 年第 4 期，第 51 页。

贿，但较之王嵩之供词，却在细节方面相距甚远。依据王嵩所供，嘉庆十一年（1806）六月间，钦差广兴带同司员一员、笔帖式一员、供事二员赴省审办莱州府属平度州命案，在贡院安设公馆，所有供给一切，本应莱州府承办，因莱属距省较远，经莱州府邓守、平度州知州马振玉托令卑职代为办理，并经邓守及济南府张守先后发给银八千二百两。钦差住省十二日，安设厨房四处。广大人厨房一处，食必鲜美丰富，且备不时赏人。内如莲蓬一项，每日总须数百支，始而每支价银七八厘，继因每日必要之物，每支竟长价银至一分五六厘，以致每日伙食杂项通共核计约用银三十余两。住省十二日，总共用银四百二十三两五钱二分。又司员、笔帖式、供事，共厨房三处。每处每日伙食杂用等项，约用银十二三两至八九两不等，计十二日共用银三百五十七两五钱。又广大人由省赴热河，由热河进京，长轿夫、长车、长骡，计十九站，价银三百二十两二钱。又喂养长车，共用银一百五十三两八钱。缘首城并非大路，车辆难以猝办，兼之早晚行走不定，只得将原车价留以备不时之需。又喂养听差、马匹及伺候审案刑招房皂役并厨役、水火夫、吹砲手工食、裱糊公馆及一切零星日用，共用银七百八十八两一钱八分。又碾修房屋，用银一百八十三两四钱。又搭盖天棚四座，用银一百一十五两九钱。又置备木磁锡等器，除事后变价外，实用银一百五十两七钱。以上十一年，共用去银二千四百九十三两二钱，余银五千七百六两八钱。

至嘉庆十二年（1807），钦差周廷栋、广兴带同司员二员、笔帖式二员、供事四员，亦在贡院安设公馆。虽然有藩司石韫玉准日销银二百两的谕示，却仍靡费甚巨。钦差四月初一日到省，至七月二十五日始行出省，计厨房七处。广兴厨房一处，每日伙食杂项，约用银三十余两四钱。周廷栋厨房一处，每日伙食约用银十二两余。住省一百一十五日，总共用银一千四百二十七两七钱。又司员二员、笔帖式二员、供事四员，共厨房五处，每处每日伙食约用银七八两不等，住省一百一十五日，共用银四千三百三十七两四钱。广兴由省赴热河，由热河进京，长轿夫、长车、长骡，计十九站，价银三百二十两二钱。在省喂养原来长车骡马七十九匹，并车夫三十五名，每日半价银十九两三钱，住省一百一十五日，共用银二千二百一十九两五钱。伺候审案刑招房皂隶并厨役工食等项用银八百三十九两六钱。广兴由贡院搬住院署，由院搬至盐政行馆，一切供账裱糊用银一百四十三两二钱。由搭盖天棚九座，用银一百九十三两四分。喂养听差马匹裱糊公馆及吹砲手工食等项，用银四百八十七两六钱。粘修房屋用银二百六十三两四钱七分。置备木磁锡等器，除事后变价外，实用银二百七十九两二钱。以上十二年钦差住省一百一十五日，共用银一万四千二百六十一两三钱一分。①

　　虽然如此巨大之花费完全归咎于广兴一人，但在皇帝亦知浮冒情弊的情况下却并未将此作为广兴的罪名继续查察。加之山东公盛铺户会票的出现，使得嘉庆帝对广兴在山东的需索与纵情枉法更加深信不疑，从而将侧重点转向于斯。当吉纶于奏折中将如下之事呈奏圣案：济宁州李瀚之胞弟李滢所开元金号估衣铺内伙计杨大自十

———————————

　　① "呈广兴案内历城县知县王嵩供单"，中国第一历史档案馆藏《军机处录副奏折》，档号 03-1631-034。

二年九月初七日至十二月初十日，先后在省城公盛号、济宁公盛号兑银四万两、一万六千两，会到京城公盛号交付，会票由杨大携往；广兴所审即墨县民妇盛姜氏京控案内曾经会检之员、丁忧平度州知州马振玉，于嘉庆十二年（1807）七月初十日兑会银一万两，会交京城公盛号。① 嘉庆便在十二月二十五日的谕旨中就前者之事用了"已属显然"字样，明显将广兴纵情枉法之罪名坐实。

在嘉庆帝看来，省城公盛号以及济宁公盛号分别兑付的四万两、一万六千两，为李瀚贿赂广兴之款已属显然，那么作为盛姜氏案内被控会检之人的丁忧知州马振玉所兑付的一万两，"自即系马振玉贿赂之项"。遂饬令吉纶亲提李瀅、杨大、马振玉等详细研究、加以刑讯，将广兴如何因事受财、所审各案是否允当、有无得赃屈法之处，一一究明实在证据、分晰奏闻。"即使广兴审断无枉而事后得受多金，计赃论罪亦难宽贷。但此两案原委不可不查讯明确，以成信谳，不得意存欲速转致草率也。"

嘉庆帝所看重的是广兴在审案时的得受金银，即使审断无枉，若事后受金，亦计赃论罪。换言之，嘉庆就是要利用作为钦差的广兴在审案时的不法行径来警示群臣，要不然也不会由此及彼地推断了。如果说马振玉因作为盛姜氏案内被控会检之人而被皇帝怀疑尚有依据，那么嘉庆对与广兴同往山东审办案件之周廷栋的推断则略显武断。不过，嘉庆帝亦有自己的认识："周廷栋与广兴同往山东审办案件，广兴既得受赃银数万，周廷栋岂无闻知？且贿赂广兴之

---

① 参见中国第一历史档案馆：《嘉庆年间查办广兴受贿案》，《历史档案》2002 年第 4 期，第 52—53 页。

人宁不虑周廷栋于审案时有意挑斥？或亦以财行求，俱未可定。即不能如广兴得受赃银数万之多，亦难保不无染指。著一并确查，毋稍隐饰。"①

　　嘉庆十四年（1809）正月初六日，山东巡抚吉纶就皇帝所谕令之事回奏，虽然案内各人证均无周廷栋受财确据，且前藩司杨志信欲送程仪一千两亦为周廷栋面辞，因此"周廷栋似无染指情弊"。虽然吉纶于奏折中就周廷栋之事使用了可能的语气，但关于广兴的罪名则确凿有据。依据李滢所供，因广兴情性不好以及另有书信备好公馆，李瀚便叫店伙李云芳到同人钱店开写银票八张、共银八万两，由其于嘉庆十二年（1807）八月十六日早晨交予张承绪。是日午后，广兴提审时并未将李瀚蹋，次日释放回家。后来张承绪称，同人号银票于广兴取银不便，要换京中公盛号会票，兑银五万七千两。店伙李云芳、霍省斋转托杨兆远向济宁公盛号铺伙赵志学讲明照数交兑，会赴京中。其余二万三千两银票张承绪并未交出，后向同人钱店兑去。②

　　面对李滢所言的威吓取财，广兴称其接奉审办李瀚谕旨之后，便行文该州将李瀚看守，后来请将两造革职送部之后，将李临等一干应行送部人犯一并交州看管，迨奉到朱批毋庸送部后才札州释放，并未先将李瀚省释。以此来看，似乎并不存在威吓取财的事

　　① 参见中国第一历史档案馆编：《嘉庆道光两朝上谕档》第十三册，广西师范大学出版社 2000 年版，第 785—786 页。
　　② 参见中国第一历史档案馆：《嘉庆年间查办广兴受贿案》，《历史档案》2002 年第 4 期，第 56—57 页。

情。再者，李瀚案中因原告李临情节大曲且甚力诈，决不能再断给财产。若专将李临治罪，必致议论偏富欺贫。因此奏明将李临、李瀚均革去职衔，送部审办。正如广兴所言，倘若其于"彼时希图得贿，为何不在外自行完结，反肯推出此案送部办理呢"？在议定送部之后，署州张秉锐才肯求毋庸送部，并情愿送银三万两。后来接奉谕旨毋庸送部，即就案完结。张秉锐便差他亲戚到东昌找广兴家人杨玉，将此三万两会票送到东昌。因李临并无输服供词，将来必要翻控，便不敢收取。后来李临果然差人赴京翻控，改交吉纶审办。十一月十三日，张秉锐又差人将会票带来。广兴称其已经料到张秉锐必向李瀚多要银两，但因不能与李瀚见面且其又不差人来，从而致使张秉锐居中收受。①

依照广兴所言，其于李瀚案中似乎并无过错，虽然收受银两，却并无五万七千两之数。但无论广兴如何辩解，皇帝似乎再也不相信广兴所言。事实也确实如此，从广兴交银时间与其在鲁、豫两省审案日期的相契合，从大量地产到无数的房产，无不彰显广兴财物来源的大有问题。既然在李瀚案中会有威吓取财之举，那么其收受馈遗更是不证之罪。虽然广兴坚不承认郭捍送银一千两、门包一百两，但在嵩山、王嵩、金湘等人的证词下，广兴确实收过此等银两。

嘉庆十四年（1809）正月十二日，庆桂等人就广兴罪行定拟具奏，内称广兴出差山东、河南任性作威、肆意娄索各款，叠经查

---

① 参见中国第一历史档案馆：《嘉庆年间查办广兴受贿案》，《历史档案》2002 年第 4 期，第 59 页。

出赃私多至累万。除节次供认得受馈送银数千两外，其在山东审办李临控告李瀚霸占家产一案，现经供明收过李瀚汇票银三万两。并经东省查明广兴先行札令该州牧派员将李瀚严押，因而李瀚恐其凌辱，浼知州张秉锐说合，许送给银两，广兴即和平审断，旋将李瀚释放。核其情节，实系威吓取财。此外，广兴在豫省勒索银二万两，虽然狡赖，但廷讯刑鞫后始供吐属实。此外抄出家产内现存银钱并查明取租折合计已不下数万。其整玉如意、大件玉器及绸缎多至千余件，隐匿房产叠次查出又不下数万两，是其恣意贪婪之确据。

在嘉庆帝看来，广兴在山东婪赃需索、收受馈遗，那么其在河南自然亦会有此等情事，再加上广兴在河南较山东尤甚的听闻，从而完全将其在河南的罪名落实。除却皇帝，地方大员亦是持此种看法。河南巡抚清安泰于奏折便以"广兴出差东省既有骚扰婪索款迹"为据，推定其"从前来豫三次，自必有苛求供顿、需索馈送之事"，况且巴哈布系广兴胞侄，"更难保无代为示意从中关白情事。"无论是清安泰揣摩帝意之词，还是掌握实据后的逢迎之语，均暗示广兴在河南审案的种种不堪行径。

依据巴哈布所供，广兴在河南接见司道府县等官员从不假人词色，倘若公馆灯彩、铺垫、饮食稍不如意，便大加挑斥。因此，其在河南审案时，负责办理供顿等项的祥符县知县"无不加意丰美，每次均费银一万两上下"。第二次赴豫审办粮道孙长庚匿名揭帖一案时，粮道出银六千两交祥符县办差，其余俱系府县挪借垫用，事后通省摊派归还。每次起身时公送程仪二千两，亦系通省摊派。虽然巴哈布与广兴是叔侄关系，但并不亲密，见面时动辄生气、吆喝罚跪。前两次来豫，每次送过公馆零用银三百两，做过皮棉衣二十余件，第三次并未送过衣服银两。此外别人有无馈送无从知悉，不敢妄供。①

巴哈布所言"并不亲密""动辄生气""吆喝罚跪"等语，直接将其与广兴区分开来，因此不会出现替广兴"代为示意、从中关白"之事。但其在供认馈送广兴银两以及皮衣、棉衣的情况下使用的"别人有无馈送无从知悉"之语，却似乎暗示此种情况的存在以及理所当然。依据现署开封府知府孔传全、现任祥符县知县周书同所查差费账目，广兴第一次办差用银一万一千两、第二次用银一万两、第三次用银九千三百两，况且每次公送盘费二千两，以上开支除粮道出银六千两外，其余皆系通省摊派。

面对清安泰所查，嘉庆帝似乎并不甚看重。在其十二月二十五日的寄信谕旨中就广兴三次赴豫审案共摊差费银三万六千三百两一事称，"外省地方官藉差浮开，每将无著至项影射列入，实所不免。"况且"此项差费是否系供应日用，抑另有勒索馈送之事"，亦难以确定，因而要求清安泰"一一查究明确，不可稍涉牵混"。从此来看，嘉庆似乎对地方情弊亦有所了解，不然不会有"藉差浮开"之词。不过，其随后的谕示似乎表明其真正感兴趣之所在：

至此外有无婪索赃款及因事受财确据，仍著遵照节次谕旨

① 中国第一历史档案馆：《嘉庆年间查办广兴受贿案》，《历史档案》2002年第4期，第49页。

严密访查，据实复奏。山东已有婪索实据，河南岂独无有？汝
若稍存迁就徇隐，轻则新疆，重则不可问矣。慎之！①

在皇帝看来，山东已经有婪索的确凿证据，那么河南也应该
有。之所以没有查到，似乎是清安泰的有意庇护或故意疏漏。如果
说嘉庆之语气所表明的是其对广兴在河南婪赃证据的期盼，那么
"因事受财"则指向广兴在河南审案时有无山东的纵情枉法之事。
虽然嘉庆之寄信似乎更侧重于饬谕清安泰查找广兴枉法之事，但从
随后而来的资料来看，广兴似乎并没有此等情事。

虽然没有审案时的因事受财，但广兴收受馈遗以及需索供顿
的罪名却最终落实。十二月二十七日，广兴供词中称，第二次出
差河南临行时，藩司齐布森等曾公送银三千两。第三次审案时，
因阮元署理巡抚不便再收，广兴便将公送阮元的一千两亦收下，
共收受二千两。初次出差河南，止有其侄儿巴哈布陆续给过三百
两，地方官并未送过公帮银两。在广兴看来，其"未待查来已将
前后情节自行供明，已属罪无可逭，何必必定赖此二千之数呢？"
至于供应如此之多，实非其一人吃用。我亦不敢再辩，只求从重
治罪。②

从广兴供词来看，其承认收受馈遗，但对于需索供顿之罪名并

---

① 参见中国第一历史档案馆编：《嘉庆道光两朝上谕档》第十三册，广西
师范大学出版社 2000 年版，第 786 页。

② 参见中国第一历史档案馆：《嘉庆年间查办广兴受贿案》，《历史档案》
2002 年第 4 期，第 55 页。

不认罪。在笔者看来，"实非其一人吃用"表达的似乎是审案花费巨大的真实情形，而"不敢再辩""只求从重治罪"表达的似乎是广兴对欲加之罪的无奈与愤懑。但不管如何言说，在其于山东李瀚案中威吓取财的映衬下，广兴在河南审案时的收受馈遗以及需索供顿完全成为不可否认的罪行。

三、嘉庆的以儆效尤之罚

广兴于李瀚案中的威吓取财以及在山东、河南审案时的收受馈遗，最终在嘉庆皇帝别有用心的推动下尘埃落定。虽然广兴伏法，但由此而来的连带却预示着此案的进一步推进，且有秋后算账及以儆效尤的深层意蕴。嘉庆十四年（1809）正月十二日，内阁奉上谕："广兴种种蔑法营私，虽已身罹重典，尚觉罪浮于法。"在嘉庆帝看来，广兴所受之罚并不足匹配其所犯罪行，因而又将现任通政司学习经历的广兴之子蕴秀革职，发往吉林充当苦差，以示惩戒。倘若说广兴之子的惩处所表明的仅是皇帝对广兴婪赃枉法的痛恨，那么其对广兴案中引申出的其他渎职行为的惩处似乎可见皇帝的惩贪墨、儆官邪及以儆效尤之目的。

（一）地方送往之弊

在中国传统社会中，师生之情、同年之交、同乡之谊往往成为熟人社会中加深彼此关系或联系的纽带。因此，迎来送往、互相帮衬等手段，便成为加深情谊的媒介。但在嘉庆帝看来，"钦差查办事件，原应洁己奉公、屏除馈遗。即使有一二交好解囊相赠，尚应远嫌辞却。"① 皇帝所言完全勾勒了其所想象的理想状态，但在官僚体系之中却完全行不通。纵横交错的利益以及盘根错节的关系，将官员完全纳入到一张利益网中。虽然嘉庆帝认为地方官对钦差的迎奉供应、馈送程仪，是惧怕指摘弊窦的消弭之举，但在笔者看来，这又何尝不是利益网中强化利益关系的一种手段！

　　先不深究送往之弊的深层次原因，而是将目光继续集矢于围绕此展开的以儆效尤之目的。嘉庆帝所派钦差在审办案件的同时亦担当稽查地方之责，地方官员则可对钦差的不法行为加以参劾，但广兴与地方大员之间的馈送与收受却使嘉庆的目的最终失效。因此，在嘉庆看来，虽然吏部、兵部将馈送广兴银两之长龄、阮元、齐布森降三级调用、毋庸查抵属"照例办理"，但伊三人获咎情节亦微有不同。身任封疆大员的长龄、阮元，固不应有馈送钦差之事，但是自己出赀以尽朋情，尚可托辞馈赆，遂将二人加恩改为降四级留任。但齐布森前在河南职任藩司，并于众人攒凑银两时首先出名馈送，况且其人本平常，著实降一级，作为头等侍卫，留于库尔喀喇乌苏领队大臣办事，仍带降四级留任。②

　　在笔者看来，虽然嘉庆帝对地方的馈送之风深恶痛绝，但其并无彻底杜绝的方法，只能以此种严厉手段加以警示，从而在某种程度上达到一定时段内的弥缝功效。因此，在对阮元、哈布森等人加

---

① 参见中国第一历史档案馆编：《嘉庆道光两朝上谕档》第十四册，广西师范大学出版社 2000 年版，第 37 页。
② 参见中国第一历史档案馆编：《嘉庆道光两朝上谕档》第十三册，广西师范大学出版社 2000 年版，第 780 页。

以惩处之后，又将目光瞄向其他官员。嘉庆十四年（1809）正月十四日，内阁奉上谕，广兴第三次赴豫审案，藩司齐布森向臬司诸以谦、道员吕昌会谈及上次曾有司道公送广兴程仪一万两，此次亦照前办理，随与臬司诸以谦、道员吕昌会、知府阿勒景阿凑银一万两，仍交巴哈布转寄。所有致送程仪之马慧裕、齐布森、诸以谦、吕昌会、阿勒景阿，均著交部严加议处。巴哈布因为广兴豫备公馆已照部议降三级调用，今又查出两次寄送银二万两，著再交部严加议处。① 二十一日，内阁奉上谕，齐布森、诸以谦、吕昌会、阿勒景阿、巴哈布，均著照部议革职；至马慧裕两次馈送广兴银一千两，且失察所属司道凑送银两。姑念其所送银两系自己出赀，较之齐步森公同摊凑尚属有间，所有部议降四级调用之处著加恩改为革职留任。②

（二）杜逢迎、饬法纪——滥行摊派之罚

与地方送往相呼应的是接送之后费用的滥行摊派。虽然广兴曾极力辩解审案时的开销并非其一人之过，但其不可否认的是，在山东审案时所引发的巨大开支以及由此而来的对各州县的摊派，进而又引发了地方借用藩库银两以应付审案开销。依据吉纶所奏，十一年同来之托津，于审明李亨特一案后即由济宁州回京，十二年同来

① 参见中国第一历史档案馆编：《嘉庆道光两朝上谕档》第十四册，广西师范大学出版社 2000 年版，第 22 页。
② 参见中国第一历史档案馆编：《嘉庆道光两朝上谕档》第十四册，广西师范大学出版社 2000 年版，第 37 页。

之周廷栋所需供给，不过费用至一千五百余金，而广兴于十一、十二年两次来东审案，其供应食物、车马等项共摊派银至七万四五千两。张鹏昇、金湘等于十一年五月至九月间联衔向前任藩司邱庭隆于库存节省项下借领银四万九千九百九十一两，金湘承办济宁差务六十余日共用银三万三千五百余两。莱州府邓再馨因即墨县盛姜氏控案，托王嵩代为供应，计用银八千二百两。①

　　托津以及周廷栋供需的一千五百余金与广兴的七万四五千两形成了鲜明的对比，如此之差似乎昭示着广兴的肆意需索与地方的滥行供应。在皇帝看来，"奉差大员应得夫马、廪给，俱有定例，何至滥行供应需数万两之多？"况且已革知府张鹏昇、金湘因广兴审案需费繁多便联衔禀明藩司邱庭濂借领库项，而邱庭濂亦竟听属员之言如数支发，更是"殊出情理之外"。因为"藩司经理钱粮，丝毫皆关国帑。即便因公挪移，尚干例禁，况不过供给所需！竟敢擅发库项，以资预备公馆食用，希图见好于钦差，实为外省恶习。且藉此为名，浮冒多销，从中侵蚀，未必果系办差之用。似此相率效尤，非亏短库项，即摊派闾阎，弊窦丛生，何所不至？此而不加以惩治，何以杜逢迎而饬法纪？朕又岂能因此停派钦差审案，一任民间冤抑不为申理乎？"②

　　无论是"杜逢迎而饬法纪"所表达的真实目的，还是"岂能

---

① 参见中国第一历史档案馆：《嘉庆年间查办广兴受贿案》，《历史档案》2002 年第 4 期，第 58 页。

② 参见中国第一历史档案馆编：《嘉庆道光两朝上谕档》第十四册，广西师范大学出版社 2000 年版，第 21 页。

因此停派钦差审案，一任民间冤抑不为申理"所彰显的对派员委审的期望，嘉庆字里行间所指向的并不是派员委审，而是广兴的需索供顿以及地方的滥行供应。正是由于类似广兴等人的需索供顿以及张鹏昇之流不顾国计民生的滥行供应，才导致以国帑见好于钦差之举。遂饬令将滥支库项之前任山东布政使邱庭潆革职拿问，交大学士等会同刑部提同另案问以杖徒。在部待质之张鹏昇、金湘严审加等定拟具奏，以"为天下直省只知逢迎、罔顾名义、无耻小人之戒"。至虽遭广兴呵斥却不遵摊差费之前任高唐州孙良炳、前署滕县之禹城县董鹏翔，著该抚给咨送部引见，候降旨意。

当吉纶质证张鹏昇等人后又引出了时任巡抚的长龄，这令嘉庆帝更加恼怒。正如皇帝所言，"库项关系国帑，丝毫不容挪移"。如果藩司违例借支，那么巡抚应当加以参劾，岂有藩司径禀巡抚而巡抚遽准藩司将库项借给属员俾资供应钦差之理？虽然"广兴贪婪不法、恣意横行，固属可恨；而外省一味以供应钦差为名擅动库项，上下一气，扶同弊混，该省吏治又岂可问？"那么地方官员平日办理地方公事究竟有何敝窦，虑其指摘，而为此逢迎消弭之举。"若不严行惩办，法纪安在？"由此来看，嘉庆帝依然将地方官的迎来送往归咎于地方事务的办理不力。那么其所做的便依然是通过某些手段达到饬法纪之目的。正月十六日，嘉庆寄信陕甘总督，饬令和宁接旨后即传旨将长龄革职拏问、严行审讯具奏。如果长龄供认属实并无狡赖，即定拟发往伊犁，由驿具奏将长龄监禁候旨。如长龄坚不承认，即一面具奏，一面派员将长龄押送来京与邱庭潆等人对质。①

嘉庆十四年（1809）二月十二日，内阁奉上谕：大学士会同刑部将山东省挪借库存养廉滥行供应之前任藩司、知府等分别定拟，将邱庭潍发往伊犁、金湘发往乌鲁木齐、张鹏昇发往军台，虽属按例加重办理，但此次差费虽系借支养廉事后归款，若各员等可以自出己赀，何以必须预动库存之项？既不能摊凑于前，又何能归补于后？其来路正不可问。前任藩司邱庭潍，钱粮是其专责，自应慎重出纳，乃辄照该省从前办差陋习，径禀巡抚给发库项至四万九千余两之多以资供给。若各省藩库纷纷效尤擅行挪用，其流弊何所底止？邱庭潍等改发黑龙江效力赎罪，到戍后枷号三个月。金湘一闻广兴奉差东省，恐办差不妥被斥，商同张鹏昇等禀请藩司借领库项支用。且伊于嘉庆十年间因额勒布、金光悌赴东审案已禀借过库银数千两办差，岂亦是额勒布等之贪暴婪索耶？似此逢迎见好，实为卑鄙恶习。至魏绍濂等公送广兴程仪一万一千两，又系金湘转托马振玉汇兑来京，其情罪尤重。金湘亦著改发黑龙江效力赎罪，到戍后枷号半年用示惩儆。张鹏昇联衔禀借库项支应差费，咎亦难宽，著改发吉林效力赎罪。②

虽然长龄于邱庭潍禀借库项时曾经阻止，但后来张鹏昇等人回明已借库存养廉垫办，并未说明银数，才会出现"当时既不参劾

---

① 参见中国第一历史档案馆编：《嘉庆道光两朝上谕档》第十四册，广西师范大学出版社 2000 年版，第 30 页。

② 参见中国第一历史档案馆：《嘉庆年间查办广兴受贿案》，《历史档案》2002 年第 4 期，第 61 页。

事后又未稽查"的湖涂之举。而李临控案则是其升任陕甘总督以后之事，对于广兴娄索歌谣实不知情。不管长龄如何辩解，在嘉庆帝看来长龄却难辞其咎："长龄身任封圻，既经藩司禀请动支库项，有干例禁，并不立时参奏，已属溺职辜恩。祇知朋友私情，不明君臣大义。迨事后张鹏昇等曾经回明系借用养廉银款，长龄又不详询细数据实参劾，直与知情授意无异。至李临控案，广兴威吓取财，虽事在长龄升任以后，但该省吏治废弛，长龄在彼毫无整顿。且地方官争以逢迎为事，自因办理公务多有敝窦。虑及广兴指摘，因而任听属员借帑办差以为消弭地步，长龄实属有负委任，罪无可辞。著即由甘省发往伊犁效力赎罪，以示惩做。"①

由于清代"官俸之薄，亘古未有"②，虽然雍正试图以养廉银来解决官场用度问题，但官僚体系的迟暮之风却已经使其不能满足官员的实际所需了。因此，"道府州县之养廉，因公费繁多，往往为藩署扣尽。于是道府不得不借资于州县，谓之津贴。州县费用尤繁，则于征收钱粮正额外，亦另有所谓津贴。此皆人所共知，相沿已久，第未着为明文……上下相蒙，各为弥缝徇隐之计，而吏治遂不可问。"③ 不管怎么解说，但终难掩饰"上官取之州县，州县取之百姓"④ 的流弊。皇权统治下国家对社会与民众的控制，必须通

---

① 参见中国第一历史档案馆编：《嘉庆道光两朝上谕档》第十四册，广西师范大学出版社 2000 年版，第 181 页。

② （清）何德刚：《春明梦录》卷一，上海古籍书店 1983 年版，第 1 页。

③ （清）王堃：《请定外吏津贴公费疏》，载（清）盛康辑：《皇朝经世文续编》卷二〇，文海出版社 1980 年版，第 62 页。

④ （清）刘锦藻：《清朝续文献通考》卷一四一，浙江古籍出版社 1988 年版，第 9016 页。

过官僚机构的设置及有效运作来实现，但维持体系运转的费用却绝非国家出资，而是地方官员自己筹措，因此导致摊派与陋规便顺理成章。但在嘉庆看来，此等问题是官员之勤勉及克制可以解决的，殊不知制度设计所引发弊政终究要靠制度与规则来弹压，绝非勤勉官员可以对抗。

（三）科道言官之咎

无论是地方的滥行摊派，还是迎送钦差之花费，所展现的均是地方之弊政。正如笔者在文中所卓力论述的那样，皇帝正是借助广兴案将内外之弊借机整饬，从而保证一段时期内的官场清明。前文曾言，嘉庆帝对周廷栋的惩处便是此种目的具体体现。当广兴因李瀚案中的纵情枉法而最终定罪后，周廷栋之事被再次提及。广兴审办李瀚一案即得银至数万两之多，同赴山东之周廷栋于广兴得受赃款竟毫无闻见。该省供应广兴极其繁华，周廷栋照常豫备，伊即不加挑斥，宁不疑及广兴之任性作威为婪索地步？况且在皇帝询问时，犹称广兴尚属敢言。广兴盗弄威福、恣其欲壑、品行卑污，获罪在此，岂因广兴敢言加之罪戾乎？是其庸懦无能，奏对又复颠倒失实。本应发往新疆，姑念其年已衰迈，免其远戍，著革去五品顶带，永不叙用。①

如果说周廷栋尚因与广兴同赴山东审案而难逃咎误，那么嘉庆对科道言官的惩处似乎明显带有以儆效尤或整饬官方之目的。嘉庆

---

① 参见中国第一历史档案馆编：《嘉庆道光两朝上谕档》第十四册，广西师范大学出版社 2000 年版，第 22—23 页。

十四年（1809）正月十三日，内阁奉上谕，广兴在山东、河南二省擅作威福，赃私累累，其势焰熏灼，几于人人切齿，而在廷大臣及言官等从无一人弹劾。倘若说"实无见闻，其谁欺乎！"广兴缘事革职后，经皇帝降旨令山东、河南密行查访，其罪行方一一败露。"设早有人奏及，小惩大诫，何至狼籍如此之甚！"今广兴业经伏法，其平日缄默不言之臣工本应一并交部议处，姑念人数过多而免其深究。至于科道职司言路，其籍隶本省者见闻尤确。"广兴如此败检婪赃，与周廷栋在东省审案，竟有周全天下事广聚世闲财之谣，该省科道焉有不知之理？乃并无简从事者，谓非心存观望而何！"近日科道风气，惟知毛举细事或更改成例，以博建白之名；或竟受人嘱托，邀誉沽名。"遇此等大奸大恶，转相率容隐，国家又安用此台谏为耶。"因此，所有自嘉庆十一年（1806）以后籍隶山东之科道，均著交部议处，以示惩儆。①

嘉庆十四年（1809）正月二十六日，皇帝就吏部奏请将科道言官议以降二级留任之事饬降谕旨，认为所议"尚觉过轻"。在皇帝看来，科道职司纠劾，遇有不公不法者原应随时参奏。乃广兴两次奉差前往山东审案时，擅作威福、赃私累累，其籍隶山东之科道即便不能得其贪婪实据，亦应将外间传闻"周全天下事、广聚世间财"之谣及早密陈，以备查访。不料此等官员仍"心存观望，相率缄默不言，殊非国家设立台谏之意"。再者，近日科道各员条奏，大率摭拾细故，或将原衙门成例多方挑剔，或受人嘱托，若不

① 参见中国第一历史档案馆编：《嘉庆道光两朝上谕档》第十四册，广西师范大学出版社2000年版，第24页。

严行处分，何以示惩。所有光禄寺卿前任兵科给事中汪镛、光禄寺少卿前任刑科给事中贾允升、兵科给事中周廷森、掌广东道御史李本榆、掌江西道御史孔昭雯、江西南安府知府前任掌京畿道御史苏兆登，均著于现任内降一级调用。①

四、皇帝以儆效尤的真实意图

从"惩贪墨、儆官邪"到"杜逢迎、饬法纪"，从惩办长龄到加重处置周廷栋，自地方弊政的查察到科道言官的获咎，无不显示嘉庆帝对官场的整顿之实以及由此所显现的查勘之目的。虽然笔者并不赞同魏斐德所言乾隆统治的最后二十三年完全由和珅掌控，但对其所称"贪污遍及整个官僚系统"②却深有感触。面对如此疲玩懈怠之官僚体系，即便是些许小事，亦成为嘉庆洞察官场、予以警示的切入点。嘉庆十三年（1808）十二月二十五日，其于清安泰的寄信中就十二日由四百里发往之谕旨到十九日戌刻始行接到，计迟三日。虽然查明系风雪甚大，黄河各渡口冻阻导致迟误，但在嘉庆看来，"驿站接递谕旨理宜如期驰送，即因风雪冻阻，亦何至迟逾三日？"③遂饬令清安泰再行详查系由何处迟误，即著参奏示惩、以肃邮政。

---

① 参见中国第一历史档案馆编：《嘉庆道光两朝上谕档》第十四册，广西师范大学出版社 2000 年版，第 48 页。

② ［美］魏斐德：《中华帝制的衰落》，邓军译，黄山书社 2010 年版，第 101—102 页。

③ 参见中国第一历史档案馆编：《嘉庆道光两朝上谕档》第十三册，广西师范大学出版社 2000 年版，第 786 页。

不仅此等小事可以洞悉嘉庆帝的真实目的，其在谕旨中的言语更是将其借机整饬的意图表露无遗。嘉庆十四年（1809）正月二十日，皇帝颁布明发上谕，称"屏斥浮靡，躬行节俭"乃先祖遗风。倘若臣工等果能仰体圣意，怎能导致"篚篚不饬之事"？如广兴赴东、豫二省审办控案，各种贪黩款迹皆因其不自检束、狎玩优伶、任意花消，进而导致娶索多赃以供其挥霍。况且广兴奉差审案，"原令其详核狱情，访查敝窦"，但地方官却以供应馈遗希图见好，倘若地方政务果无指摘，又何必为此"逢迎消弭之举"。既然稔知广兴素性贪鄙，便以捐养廉竭力弥缝、饱其欲壑。浮滥支应后因所费不敷，又导致擅挪库项。即便事后归还，但以有定之俸廉供无穷之靡费，势不能不派累闾阎、多方脧削。"迨至劣款发觉，与受俱有应得之罪。揆厥所由，总由诸务不加撙节之故。嗣后内外大小臣工，惟应交相劝勉、俭以养廉，毋蹈浮靡覆辙，以副朕整饬官方至意。"①

嘉庆帝谕旨中所暗含之逻辑的落脚点始终是地方政务的"不加撙节"，其所采取的开禁京控以及派审之员所担负的职责，亦是集矢于斯，即通过改变规则的方式来达到整饬官场疲玩的目的。但广兴案件的出现以及由此而来的诸多弊政的凸显，使得皇帝的期望大为降低。即便如此，嘉庆还是借助广兴案以整饬官场，因为皇帝仍然将最终的原因归结于"诸务不加撙节之故"。因此，在将广兴正法以儆效尤的同时，亦通过谆谆圣谕循循善诱的勉励官员交相劝

---

①　参见山东师范大学历史系中国近代史研究室编：《清实录山东史料选》，齐鲁书社 1984 年版，第 762 页。

勉，以副整饬官方之至意。

如果说嘉庆帝的此次上谕所指向的仅是地方之政务，那么其于嘉庆十四年（1809）二月十二日所发谕旨则有将其此前之政策通盘考虑的意蕴。内阁奉上谕："朕勤求民隐，整饬官方，惟恐下情不能上达。遇有直省控案或关涉官吏营私民情屈抑者，特派大员前往谳办，实不得已之苦心。该大员仰承简命，必应自矢洁清、虚公听断，方为不负委任。前此山东省控牍频仍，朕以山东虽距京较近，何以小民来京控诉者比之直隶、山西、河南诸近省独为繁多？自由该省吏治废弛之故。"① 依照嘉庆所言，其正是靠下情之上达来整饬官方，即将直省控案或关涉官吏营私、民情屈抑的案件钦派大员前往审办。在厘清案件的同时，亦"访查弊窦"，进而整饬疲玩之官员。正是基于此等考虑，嘉庆才将山东的控案繁多归结为"该省吏治废弛之故"。

虽然嘉庆帝所设计的钦差与地方官互相牵制之策大有作为，但当两者因利益而勾连在一起时，皇帝的设想便最终破灭。广兴之引发以及由此而来的地方官的贪渎行为，嘉庆帝仍归结于地方政务的懈怠疲玩。在皇帝看来，"广兴性本贪鄙，又喜多言，东省官吏遂极意逢迎、饱其欲壑，希冀代为弥缝掩盖。广兴之祸，虽由自作，实东省大小官吏酿成，终亦不免革职发遣。陷人终自陷耳。"无论是"东省大小官吏酿成"所表达的痛恨，还是"陷人终自陷"的嘲讽，嘉庆所关注的仍然是地方政务的疲玩不堪。正如嘉庆所言，

---

① 中国第一历史档案馆编：《嘉庆道光两朝上谕档》第十四册，广西师范大学出版社 2000 年版，第 82 页。

"若该省官吏等平日悉皆奉公守法、无可指摘，亦何至畏惧广兴如此之甚乎！即如山东州县中原逊志、孙良炳、董鹏翱不肯趋奉广兴，广兴亦不能将其任内事件格外搜求。"①

正反对比所表达的仍是对地方官勤于政事的殷切希望，但在"上下交通、敛财取悦"的情况下，"吏治岂复可问？"更不用说外省官吏"乐以办差为糜费开销之地"了。因此，嘉庆帝饬谕："嗣后钦差官员至所差省分及经过地方，永不许有差费名目。其该省督抚大吏除应请圣安者，照例亲身出迎，此外概不准差人迎送。如有违例供给迎送者，钦差官员即指名参奏。若钦差例外需索，著该督抚指名参奏。但不得因有此旨，于钦差官员应得夫马、廪食任听州县官短缺稽迟，致误邮传。如有迟误，亦准钦差官员参奏。"②

面对地方弊政，嘉庆似乎亦无明法，仍然采用了督抚与钦差互相牵制、彼此监视的钳制政策。但将制度设计引发的漏洞，再次转向旧有制度去寻求方法，这本身便是一个逻辑悖论。也就是说，在官僚体制内是寻不到解决由此体制所演化出来的弊政的。换言之，嘉庆帝以儆效尤的真实目的与所发上谕的谆谆教诲、循循善诱，在当时情形下根本无济于事。嘉庆十四年（1809）四月，在广兴案的牵连查办尚未完全终结之时，又出现了给事中英纶巡视东漕勒索使费，南粮过济则勒索帮银，并私唤妓女至署唱曲住宿等事，以致

① 中国第一历史档案馆编：《嘉庆道光两朝上谕档》第十四册，广西师范大学出版社 2000 年版，第 82—83 页。

② 中国第一历史档案馆编：《嘉庆道光两朝上谕档》第十四册，广西师范大学出版社 2000 年版，第 83 页。

嘉庆发出"披览之余，殊深诧异"的感慨。不过，事情也确实令人深感诧异。本年因广兴赴东审案性情乖戾、威吓取财，甫经惩办。身为言官的英纶钦命巡漕，竟罔知儆惕，辄敢效尤，任意挑斥，得受帮银，与广兴"如出一辙"。其唤妓住宿之举不仅"有玷官箴"，而且较之广兴品行更为卑鄙不堪。遂将英纶革职拿问，交军机大臣会同刑部审讯，并著步军统领衙门将英纶家产查抄。①

① 《清实录·仁宗睿皇帝实录》卷二一〇，中华书局 1986 年版，第 811 页。

结　　语

　　在中国传统社会的政治分析框架中，皇权无疑处于不可替代的首要位置。不仅是分析以君主独裁为核心之专制体制的起点，更是揭示其背后政治文化、探究由此衍生之政治制度的归宿。学界对中国传统政治制度中监察问题的兴趣渐起，并不全在于西方理论的引入以及学科间对话的加深，更缘于借助监察强化皇权过程中引起的制度碰撞以及规则演变。

　　在以皇帝为首的官僚体系和家天下的传统社会中，作为王朝之主的统治者与扮演"代理人"角色的各级官员之间，并非"利益完全一致"的同一政治群体，而是一种以君主为主履行职责却又一直存在利益"冲突"的雇佣关系。[1] 所以，在官僚体系的运行过程中，皇帝与各级行政官员之间，即存在指向一致的利益合谋，也会出现利益相悖的政治斗争。为了争取利益最大化，双方均要最大限度地构建政治传递渠道、尽可能地掌握内外信息，以便在纷繁杂

---

　　① ［美］道格拉斯·诺斯：《经济史中的结构与变迁》，陈郁等译，上海人民出版社 2003 年版，第 135 页。

乱的利益分割中占据优势地位、攫取政治收益。御史监察、六科封
驳、巡按钦差、风闻言事、封章密奏等制度的出现，无不彰显隐于
其后的皇帝对信息的依赖、驾驭以及绕此展开的信息争夺。

　　对于中国传统社会的王朝政权而言，信息传递虽然与决策正
确、王朝稳固之间并不存在必然的因果关系，但下情壅弊导致的民
隐难以上闻、皇帝失聪、信息渠道失灵等问题，无疑会给皇权强
化、监察内外带来一定的冲击与影响。因此，信息传递与反馈机制
不仅是历代朝政决策的依据①，也是统治者开阔视听、延展皇权的
重要手段。在某种程度上可以如此言说，官僚制度的运作恰恰围绕
信息控制展开。② 细而言之，即如何实现信息的及时搜集、处理，
并依据掌控之信息高效、准确、快速地做出政治应对。就满清王朝
而言，无论是政简人稀的八旗议政，还是经过政治建设后确定的官
僚体系，无不将信息传递机制置于极为重要之地位。从"人人得
以进言"③ 的民隐上闻，到帝王对"尽言直谏"④ 的鼓励与重视，
足以证明作为信息反馈机制的言路是满清君王监察官员、稽查政务
的重要武器。

　　满清官僚政治与明代政体有着千丝万缕的联系。沿袭自明代的
掌封驳之六科、监察百官之督察院、巡查外省之巡按御史，不仅承

---

①　邓小南：《信息渠道的通塞：从宋代"言路"看制度文化》，《中国社会
科学》2019 年第 1 期。

②　[美]孔飞力：《叫魂：1768 年中国妖术大恐慌》，陈兼等译，生活·读
书·新知三联书店 2012 年版，第 157 页。

③　（清）罗振玉编：《天聪朝臣工奏议》，潘喆等编：《清入关前史料选辑》
第二辑，中国人民大学出版社 1989 年版，第 49 页。

④　《清实录·太宗文皇帝实录》卷八，中华书局 1985 年版，第 114 页。

担着监察内外、强化皇权的政治职能，而且架设了清代下情上达的信息传递渠道。不过，明代国家政治体制中纵横交错的繁密监察网络①，具有明显的以对等权力相互制约②之特征。尽管满清统治者认为，明廷宗社不守与宦寺朋党交相构陷背后的言路失灵大有关联，却忽略了皇帝对言官政治表达的最终决定权，以及儒家政治伦理下言官的自由表达是决策合理的充分条件而非必要条件。所以，就明代既相互补充又相互制约的监察体制而言，满清政府并未不加改变的全盘承袭，而是在明朝国事为言官所坏的认知基础上，对其旧制进行制度层面的职能损益，以期达到构建"主流话语"③、强化信息传递与控制，进而稳固皇权之目的。

满清就事论事的政治理念以及首崇满洲的国家体制④，使其对明朝旧制带有一种天然的防范与疏离，致使其以职能阉割的方式统摄于皇权之下。无论是"人人得以进言"⑤ 由民隐上闻的言事渠道转变为开始掺杂功利目的的青云之路，还是掌封驳、察百官的科道言官弱化为惟皇帝马首是瞻的"耳目之官"⑥，甚或皇帝对风闻之权禁革与否的政治操纵以及日益娴熟地密折运作技巧，无不彰显满

---

① 吴宗国主编：《中国古代官僚政治制度研究》，北京大学出版社 2004 年版，第 425—431 页。

② 张薇：《明代的监控体制》，武汉大学出版社 1993 年版，第 22 页。

③ 罗冬阳：《明亡教训的清朝解题：论清前期的言路整饬》，《求是学刊》2012 年第 5 期，第 134 页。

④ 罗冬阳：《明亡教训的清朝解题：论清前期的言路整饬》，《求是学刊》2012 年第 5 期，第 134—138 页。

⑤ （清）罗振玉编：《天聪朝臣工奏议》，载潘喆等编：《清入关前史料选辑》第二辑，中国人民大学出版社 1989 年版，第 49 页。

⑥ 《清实录·世祖章皇帝实录》卷六三，中华书局 1985 年版，第 491 页。

清君主对信息的重视、科道言谏功能的弱化以及向信息收集渠道的转变。这种转变源于皇帝对科道职司耳目的耳提面命，随着风闻之权的弱化、封章密奏的引入不断加强，并在帝王不断指摘、归咎中促使言官明哲保身、缄口不言。

若从皇权强化的维度切入，科道言谏的弱化无疑反应了君主独裁之权的强大。但从制度运行及行政监察层面而言，言官的渎奏塞责却为信息壅弊、下情不能上达、民隐难以上闻预埋隐患。当言官的政治表达由帝王操纵，并以制度调整、职能阉割等方式予以维护产生的政治隐患完全凸显之后，皇帝尽管试图通过广开言路的方式重新确定民隐上闻、周知天下的信息渠道，但因监察缺失导致的官场因循和蝇营狗苟最终成为积弊难返的重症。以牺牲监察职能换来的耳目之官，不仅没有实现皇帝的政治预期，反而成为吏治、皇权的反噬之物，进而成为嘉庆之后监察失语、吏治坍塌的政治引线。

集矢于信息视角对清代监察权的贯通考察，虽然可以在某种程度上解析巡按停遣、风闻禁革、封章密奏、开禁京控等制度变动，亦可反映监察失控、制度失灵、皇帝失聪等政治问题，却很难直观且深刻、简约并全面的深描信息控制与皇权专制、信息反馈与监察内外、信息传递与权力回流、信息渠道与监察弱化、吏治坍塌与职司耳目之间错综复杂的关联与深层次的政治内涵。不过，从信息渠道分析清代监察问题，或可拓展日后深化研究的解析维度，进而为深入分析监察及其背后政治问题提供些许借鉴。

参 考 文 献

一、档案、古籍类

1. 中国第一历史档案馆：《军机处录副奏折》。

2. 中国第一历史档案馆编：《满文老档》，中华书局 1990 年版。

3. 《清实录·太祖高皇帝实录》，中华书局影印版 1986 年版。

4. 《清实录·太宗文皇帝实录》，中华书局影印版 1985 年版。

5. 《清实录·世祖章皇帝实录》，中华书局影印版 1985 年版。

6. 《清实录·圣祖仁皇帝实录》，中华书局影印版 1985 年版。

7. 《清实录·世宗宪皇帝实录》，中华书局影印版 1985 年版。

8. 《清实录·高宗纯皇帝实录》，中华书局影印版 1986 年版。

9. 《清实录·仁宗睿皇帝实录》，中华书局影印版 1986 年版。

10. 中国第一历史档案馆编：《嘉庆道光两朝上谕档》，广西师范大学出版社 2000 年版。

11. 中国第一历史档案馆编：《雍正朝汉文朱批奏折汇编》，江苏古籍出版社 1991 年版。

12.（元）马端临：《文献通考》，中华书局 1986 年版。

13.（明）王在晋：《三朝辽事实录》，上海古籍出版社 2002 年版。

14.（清）张廷玉：《明史》，中华书局 1974 年版。

15.（清）金梁：《满洲秘档》，台北文海出版社 1967 年。

16.（清）昆冈：《钦定大清会典事例》，新文丰出版公司 1976 年版。

17.（清）洪亮吉：《洪亮吉集》，中华书局 2001 年版。

18.（清）盛康：《皇朝经世文续编》，文海出版社 1980 年版。

19.（清）刘锦藻：《清朝续文献通考》，浙江古籍出版社 1988 年版。

20.（清）昭梿：《啸亭杂录》，中华书局 1997 年版。

21.（清）陈康祺：《朗潜纪闻二笔》，中华书局 1997 年版。

22.（清）徐珂：《清稗类钞》，中华书局 1984 年版。

23.（清）顾炎武：《日知录集释》，上海古籍出版社 1985 年版。

24.（清）赵尔巽：《清史稿》，中华书局 1976 年版。

25.（清）何德刚：《春明梦录》，上海古籍出版社 1983 年版。

26.（清）叶梦珠：《阅世编》，上海古籍出版社 1981 年版。

27.（清）贺长龄：《皇朝经世文编》，文海出版社 1972 年版。

28.（清）洪亮吉：《洪亮吉集》，中华书局 2001 年版。

29. 都察院编：《钦定台规》，海南人民出版社 2000 年版。

30. 潘喆等编：《清入关前史料选辑》，中国人民大学出版社

1989 年版。

31. 吴晗：《朝鲜李朝实录中的中国史料》，中华书局 1980 年版。

32. 山东师范大学历史系中国近代史研究室编：《清实录山东史料选》，齐鲁书社 1984 年版。

二、著作

1. 邱永明：《中国监察制度史》，上海人民出版社 2006 年版。

2. 张晋藩：《中国监察法制史稿》，商务印书馆 2007 年版。

3. 高一涵：《中国御史制度的沿革》，商务印书馆 1934 年版。

4. 徐式圭：《中国监察史略》，中华书局 1937 年版。

5. 钱穆：《中国历代政治得失》，生活·读书·新知三联书店 2008 年版。

6. 白钢：《中国政治制度通史》，人民出版社 1996 年版。

7. 郭松义等：《中国政治制度通史》，人民出版社 1996 年版。

8. 胡宝华：《唐代监察制度研究》，商务印书馆 2005 年版。

9. 张薇：《明代的监控体制》，武汉大学出版社 1993 年版。

10. 陈金陵：《洪亮吉评传》，中国人民大学出版社 1995 年版。

11. 胡鸿廷：《清代官制研究》，五南图书出版公司印行 1999 年版。

12. 李鹏年编：《清代中央国家机关概述》，紫禁城出版社 1989 年版。

13. 林逸：《清洪北江先生亮吉年谱》，台北商务印书馆 1981

年版。

14. 吴予敏：《无形的网络——从传播的角度看中国的传统文化》，国际文化出版公司 1988 年版。

15. 李典蓉：《清朝京控制度研究》，上海古籍出版社 2011 年版。

16. 那思陆：《清代中央司法审判制度》，北京大学出版社 2004 年版。

17. 萧一山：《清代通史》，中华书局 1986 年版。

18. 曾纪蔚：《清代之监察制度论》，兴宁书店 1931 年版。

19. 庄吉发：《清史论集》，文史哲出版社 2000 年版。

20. 张晋藩等：《清入关前国家法律制度史》，辽宁人民出版社 1988 年版。

21. 赵晓华：《晚清讼狱制度的社会考察》，中国人民大学出版社 2001 年版。

22. 王思治：《清史论稿》，巴蜀书社 1987 年版。

23. 高道蕴等编：《美国学者论中国法律传统》，清华大学出版社 2004 年版。

24. ［美］道格拉斯·诺斯：《经济史中的结构与变迁》，陈郁等译，上海人民出版社 2003 年版。

25. ［美］韩书瑞等：《十八世纪中国社会》，陈仲丹译，江苏人民出版社 2008 年版。

26. ［美］孔飞力：《叫魂：1768 年中国妖术大恐慌》，陈兼等译，生活·读书·新知三联书店 2012 年版。

27. ［美］魏斐德：《中华帝制的衰落》，邓军译，黄山书社2010年版。

28. ［美］米勒：《组织传播》，袁军译，华夏出版社2000年版。

三、文章

1. 白新良：《试论努尔哈赤时期满洲政权的中枢决策》，《南开学报》1998年第1期。

2. 崔岷：《山东京控"繁兴"与嘉庆帝的应对策略》，《史学月刊》2008年第1期。

3. 关文发：《试评嘉庆的"广开言路"与"洪亮吉上书事件"》，《华南师范大学学报》（社会科学版）1996年第1期。

4. 关文发：《嘉庆吏治评议》，《华南师范大学学报》（社会科学版）1993年第4期。

5. 冯元魁：《清朝的议政大臣制》，《上海师范大学学报》（哲学社会科学版）1987年第1期。

6. 关汉华：《清代监察官员考选制度述论》，《广西社会科学》2002年第6期。

7. 胡震：《最后的"青天"？——清代京控制度研究》，《中国农业大学学报》（社会科学版）2009年第2期。

8. 刘文鹏：《清代科道"风闻奏事"权力的弱化及其政治影响》，《中州学刊》2011年第4期。

9. 刘丽君：《清代顺治朝科道官员作用受限的初步探析》，

《内蒙古社会科学》（汉文版）2007 年第 2 期。

　　10. 梁娟娟：《论清代皇权的加强与科道谏诤职能的萎缩》，《求索》2008 年第 10 期。

　　11. 马俊亚：《盛世叩阍：清前期的皇权政治与诉讼实践》，《历史研究》2012 年第 4 期。

　　12. 马子木：《顺治朝六科制度述略》，《清史研究》2013 年第 3 期。

　　13. 王为东：《清代六科给事中制度之式微》，《南都学坛》2004 年第 6 期。

　　14. 倪军民：《清代监察官的任职资格及回避制度》，《中国监察》1998 年第 8 期。

　　15. 李光辉：《清代监察官员的选任、生转与考核》，《成都大学学报》2002 年第 1 期。

　　16. 武晓华：《略论清代监察制度》，《山西大学学报》1989 年第 3 期。

　　17. 郑秦：《论明清时期国家权力的监督机制》，《比较法研究》1992 年第 1 期。

　　18. 倪军民：《试论清代监察官的权威及其保障机制》，《东岳论丛》1993 年第 2 期。

　　19. 赵燕玲：《论中国古代皇权制约理论与制约机制》，《湖北社会科学》2013 年第 2 期。

　　20. 张世闯等：《清代"科道合一"得失之再认识》，《北方法学》2015 年第 5 期。

21. 王开玺：《从李毓昌案看嘉庆朝的吏治》，《历史档案》2004 年第 2 期。

22. 王永杰：《论清朝京控的结构性缺陷：历史考察与当代借鉴》，《学海》2007 年第 3 期。

23. 魏克威：《论嘉庆中衰的原因》，《清史研究》1992 年第 2 期。

24. 杨珍：《后金八王共治国政制研究》，《中国史研究》2000 年第 1 期。

25. 王成兰：《从"陈四案"管窥康熙五十年前后的社会控制》，《清史研究》2002 年第 2 期。

26. 张国斌等：《清入关前六部两院考略》，载《沈阳故宫博物院院刊》第十五辑，中国出版集团 2015 年版。

27. 张玉芬：《嘉庆述评》，《辽宁师范大学学报》（社会科学版）1986 年第 4 期。

28. 张世明等：《"包世臣正义"的成本：晚清发审局的法律经济学考察》，《清史研究》2009 年第 4 期。

29. 张国骥：《清嘉道时期的吏治危机》，《湖南师范大学社会科学学报》2004 年第 2 期。

30. 中国第一历史档案馆：《嘉庆年间查办广兴受贿案》，《历史档案》2002 年第 4 期。

31. 屈永华：《中国传统官僚制度的效率之争——从〈荒政〉和〈叫魂〉说起》，《政法论坛》2010 年第 5 期。

32. 焦利：《清代监察法研究》，中国政法大学 2006 年博士学位论文。

33. 徐明一：《清代六科行政监控机制研究》，南开大学 2009年博士学位论文。

33. 刘丽君：《清代顺康两朝科道官员研究》，中央民族大学博士学位论文 2007 年。

34. 梁娟娟：《清代谏议制度研究》，山东大学 2009 年博士学位论文。

35. 张翅：《清代上控制度研究》，中国政法大学 2009 年博士学位论文。

36. 李硕：《顺治帝与汉官集团之间的关系》，《满族研究》2016 年第 3 期。

37. 汤景泰等：《皇权专制与政治传播——以清朝前中期为例》，《国际新闻界》2012 年第 3 期。

38. ［美］罗威廉：《乾嘉变革在清史上的重要性》，《清史研究》2012 年第 3 期。

39. ［日］谷井阳子：《清入关前汉人官僚对其政治的影响》，载中国社会科学院近代史研究所政治史研究室编：《清代满汉关系研究》，社会科学文献出版社 2010 年版。

40. ［美］欧中坦：《千方百计上京城：清朝的京控》，载高道蕴等编：《美国学者论中国法律传统》，清华大学出版社 2004 年版。

41. ［美］柯娇艳：《中国皇权的多维性》，载刘凤云编：《清朝的国家认同："新清史"研究与争鸣》，中国人民大学出版社 2010 年版。

责任编辑:赵圣涛

封面设计:胡欣欣

责任校对:吕　飞

图书在版编目(CIP)数据

清代的信息传递与科道监察:1644—1820/常冰霞 著. —北京:
人民出版社,2019.12
ISBN 978－7－01－021668－3

Ⅰ.①清…　Ⅱ.①常…　Ⅲ.①吏治-研究-中国-1644—1820
Ⅳ.①D691.42

中国版本图书馆 CIP 数据核字(2019)第 299997 号

清代的信息传递与科道监察(1644—1820)

QINGDAI DE XINXI CHUANDI YU KEDAO JIANCHA(1644-1820)

常冰霞　著

人民出版社 出版发行
(100706　北京市东城区隆福寺街 99 号)

北京盛通印刷股份有限公司印刷　新华书店经销

2019 年 12 月第 1 版　2019 年 12 月北京第 1 次印刷
开本:710 毫米×1000 毫米 1/16　印张:17.75
字数:310 千字

ISBN 978－7－01－021668－3　定价:66.00 元

邮购地址 100706　北京市东城区隆福寺街 99 号
人民东方图书销售中心　电话 (010)65250042　65289539